Kindler
Taschenbücher

Geist und Psyche

Die klientenzentrierte Gesprächspsychotherapie

Herausgegeben von der Gesellschaft
für wissenschaftliche
Gesprächspsychotherapie e. V. – GwG.

Mit Beiträgen von Carl R. Rogers,
H. Bommert, J. Eckert, H.J. Fietkau/L. Thiede,
D. Graessner/K. Heinerth,
F. Kiener, W.-R. Minsel, F.–G. Pavel,
M. Perrez, W. M. Pfeiffer, U. Plog,
K. Sander, H. Schild, H.J. Schwartz,
E. und G. Seidenstücker,
G.-W. Speierer, F. Teegen,
D. Tscheulin, A. Wild

Kindler
Taschenbücher

GEIST UND PSYCHE
Herausgegeben von Nina Kindler

Der Abdruck des Beitrages von Carl R. Rogers »Entwicklung und gegenwärtiger Stand meiner Ansichten über zwischenmenschliche Beziehungen« erfolgt mit freundlicher Genehmigung des Autors und des *Journal of Humanistic Psychology*. Die Übersetzung aus dem Amerikanischen besorgte W. M. Pfeiffer.

Abkürzungen

GPT : Gesprächspsychotherapie
Kl. : Klient
kl. z. : klientenzentriert
Th. : Therapeut

Die Übersetzung englischsprachiger Zitate wurde – sofern nicht anders vermerkt – durch den Autor des jeweiligen Artikels vorgenommen.

Redaktion: W. M. Pfeiffer und H. Scharnagl
Korrekturen: M. Flach
Gesamtherstellung: Friedr. Pustet, Regensburg
Printed in Germany
ISBN 3 463 02149 8

Inhalt

Zu diesem Buch 9

Carl R. Rogers
Entwicklung und gegenwärtiger Stand meiner Ansichten über zwischenmenschliche Beziehungen 11

Falk-Giselher Pavel
Die Entwicklung der klientenzentrierten Psychotherapie in den USA von 1942–1973 25

Klaus Sander
Einige Gesichtspunkte zur Abgrenzung des klientenzentrierten Konzepts zu anderen psychotherapeutischen Konzepten und zur Beratungssituation 42

Hans Joachim Fietkau und Lieselotte Thiede
Gesamtgesellschaftliche Gesichtspunkte in Theorie und Praxis des klientenzentrierten Konzepts 55

Agnes Wild
Die Persönlichkeitstheorie von Rogers und die Ziele des psychotherapeutischen Handelns 61

Wolfgang M. Pfeiffer
Erklärungsmodelle zum Verlauf des psychotherapeutischen Prozesses 72

Hanko Bommert
Der therapeutische Prozeß unter dem Gesichtspunkt des Lernens 79

Meinrad Perrez
Gesprächspsychotherapie als Therapie internal motivierter Konflikte 86

Dieter Tscheulin
Gesprächspsychotherapie als zwischenmenschlicher Kommunikationsprozeß 98

Hans Joachim Schwartz
Empirisch überprüfte Prozeßmerkmale in der Gesprächspsychotherapie 114

Hansjörg Schild
Empirische Befunde zum Einfluß von Psychotherapeutenmerkmalen auf den gesprächstherapeutischen Prozeß 124

Franz Kiener
Interaktionsvariablen der Therapeut-Klient-Beziehung 138

Jochen Eckert
Empirische Befunde zum Verlauf des gesprächspsychotherapeutischen Geschehens 147

Wolfgang M. Pfeiffer
Zur Erfassung des therapeutischen Prozesses mit Hilfe komplexer Skalen 155

Dietrich Graessner und Klaus Heinerth
Empirische Befunde der Ergebnisforschung in der Gesprächspsychotherapie 162

Ellen und Gerhard Seidenstücker
Einige Gesichtspunkte zu methodisch-statistischen Fragen der Veränderungsmessung in der Gesprächspsychotherapie 172

Wolf-Rüdiger Minsel
Indikation und Kontraindikation der Gesprächspsychotherapie 181

Gert-Walter Speierer
Der gruppentherapeutische Ansatz nach dem Konzept der Gesprächspsychotherapie
Klientenzentrierte Selbsterfahrungsgruppen 195

Uschi Plog
Partner-Therapie 204

Frauke Teegen
Gesprächspsychotherapeutische Elemente in quasitherapeutischen Interaktionssituationen 212

Literaturverzeichnis 217

Die Autoren des Bandes 233

Namen- und Sachregister 238

Zu diesem Buch

Das vorliegende Buch entstand aus gemeinsamen Bemühungen der Ausbilder der »Gesellschaft für wissenschaftliche Gesprächspsychotherapie« (GwG). Es soll den Teilnehmern an Ausbildungskursen eine Einführung in die klientenzentrierte Gesprächspsychotherapie geben und den Zugang zu der meist englischsprachigen Literatur erleichtern. Darüber hinaus wendet sich das Buch an alle, die sich über diese psychotherapeutische Richtung orientieren wollen.

Unser Ziel war vor allem, die verschiedenen Auffassungen und Arbeitsrichtungen in ihrer Vielfalt zur Geltung kommen zu lassen, ohne jedoch Hypothetisches, empirisch Offenes und empirisch Gesichertes unerkennbar miteinander zu vermischen. Die Vielfalt der Darstellung erschien uns wichtiger als inhaltliche und stilistische Geschlossenheit. So spiegeln sich hier jene Spannungen zwischen Forschung und Praxis, zwischen objektivierender und phänomenologischer Betrachtung wider, die auch die Tätigkeit des klientenzentrierten Psychotherapeuten kennzeichnen. Wir sind überzeugt, daß eben diese Gegensätze fruchtbar sind und in die Zukunft weisen.

Es hätte über den Rahmen dieser Ausgabe hinausgeführt, Themen wie die differentielle Indikation, die Anwendung in der Spieltherapie und in außertherapeutischen Bereichen ausführlich zu behandeln. Auch mußten wir auf die Beifügung von praktischen Beispielen (Transskripte von Bandaufnahmen) und Skalen verzichten. Wir versuchten, diese Lücken durch unsere Hinweise auf weiterführende Literatur zu schließen.

Wir hoffen, daß das Buch trotz einiger Straffungen eine Hilfe im Studium der Gesprächspsychotherapie bietet und darüber hinaus die Diskussion zur Theorie und Methodik fördert.

Gesellschaft für wissenschaftliche Gesprächspsychotherapie
Im Auftrag:

Klaus HEINERTH	Wolfgang M. PFEIFFER	Gert.-W. SPEIERER
Frankfurt/Main	Münster	Göttingen

Entwicklung und gegenwärtiger Stand meiner Ansichten über zwischenmenschliche Beziehungen

*Von Carl R. Rogers**

In diesem Aufsatz möchte ich darlegen, wie sich meine Einstellung und mein Zugang zu anderen Menschen entwickelt und verändert haben. Dabei will ich nicht nur die Veränderung meiner beruflichen Haltung beleuchten, sondern ebenso die meiner persönlichen.

Ich möchte mit meiner Kindheit beginnen. In einer Familie von eng fundamentalistischer Einstellung nahm ich die Wertungen in mich auf, die meine Eltern vertraten. Ob ich wirklich daran glaubte, kann ich nicht mit Gewißheit sagen. Jedenfalls handelte ich nach diesen Werten.

Meine Haltung gegenüber Außenstehenden war durch die große Distanziertheit gekennzeichnet, die ich von meinen Eltern übernommen hatte.

Das College stellte den ersten Durchbruch in diesem einsamen Leben dar. Ich trat in die Landwirtschaftliche Hochschule ein und schloß mich sogleich einer Gruppe von Burschen an, die im Rahmen des CVJM zusammenkamen. Ausgehend von solch einer engen Basis, entwickelten wir uns zu einer Gruppe, die sich den verschiedensten Aufgaben widmete. Hier entdeckte ich zum erstenmal, was es bedeutet, Kameraden, sogar Freunde zu besitzen. Es gab lebendige, erfreuliche und interessante Diskussionen über Haltungen und Vorstellungen in moralischen und ethischen Fragen. Es war sogar möglich, sich über persönliche Probleme auszusprechen, besonders unter vier Augen. Zwei Jahre lang bedeutete mir diese Gruppe viel, bis ich auf das *College of Letters and Science* übertrat, um mich dem Studium der Geschichte zuzuwenden. So verlor ich allmählich die Verbindung zu ihr.

---

* aus *J. Humanistic Psychology*, vol. 13,2, 1973, pp. 3–15 mit Genehmigung des Autors und des Verlags, dt. Übers. W. M. Pfeiffer (leicht gekürzte Fassung)

Auch war ich während des Sommers Leiter eines Lagers für unterprivilegierte Jungen und hatte acht Mann Personal und einhundert Jungen zu beaufsichtigen. Hier habe ich meine erste Erinnerung an einen höchst zweifelhaften Versuch einer »hilfreichen« Beziehung. Geld und einige Gegenstände waren in unserem Schlafsaal verschwunden. Der Augenschein wies auf einen bestimmten Jungen. So nahm ich ihn mit einigen vom Personal beiseite, um ein Bekenntnis von ihm zu erhalten. Die Bezeichnung »Gehirnwäsche« war noch nicht erfunden, aber wir waren darin wirklich sachkundig. Wir schmeichelten, wir argumentierten, wir redeten zu, wir waren freundlich, waren bedenklich – einige beteten sogar für ihn –, aber er widerstand all unseren Versuchen, sehr zu unserer Enttäuschung. Wenn ich auf diese peinliche Szene zurückblicke, so entnehme ich ihr, daß meine Vorstellung, wie einer anderen Person zu helfen sei, darin bestand, sie zum Bekennen ihres Fehltritts zu bewegen, so daß sie im rechten Weg unterwiesen werden könne.

In anderer Hinsicht wurde ich allmählich mehr zu einem sozialen Wesen. Ich begann, mich mit Mädchen zu treffen, sicher mit Scheu, aber es war ein Beginn. Ich fand, daß ich mich gegenüber älteren Mädchen leichter ausdrücken konnte, und als Anfänger verabredete ich mich mit mehreren, die schon älter waren als ich. Damals begann ich, mit Helen zu gehen, dem Mädchen, das später meine Frau wurde, und hier kam es zu einem zunehmend intensiveren Austausch von Hoffnungen und Idealen. Ich entdeckte, daß sich persönliche Gedanken und Zukunftsträume mit einem anderen Menschen tatsächlich austauschen lassen. Das war eine sehr bereichernde Erfahrung.

Wenn ich zurückschaue, wird mir deutlich, daß dies die erste wirklich liebevolle, enge und anteilnehmende Beziehung war, die ich jemals mit einem Menschen geschlossen hatte. Sie bedeutete mir die Welt. Während der ersten zwei Jahre unserer Ehe erhielten wir eine lebenswichtige Lehre: Wir lernten dank zufälliger Hilfe, daß die Elemente der Beziehung, die mitzuteilen unmöglich schienen –, die heimlich beunruhigenden, unbefriedigenden Elemente – am meisten der Mitteilung wert sind. Dies war schwierig, riskant und erschreckend zu lernen – und wir haben es viele, viele Male seither wiedererlernt. Es war eine reiche und eine sich weiter entwickelnde Erfahrung für jeden von uns.

Während des weiteren Studiums am *Union Seminar* nahmen

wir an einigen Kursen gemeinsam teil, verfolgten aber auch getrennte Ziele. Obwohl ich der akademischen Kurse in Religion mehr und mehr überdrüssig wurde, gab es zwei Erfahrungen, die mir halfen, mein Verhalten anderen gegenüber zu gestalten. Die erste brachte ein Seminar für Studenten, das wir ohne Leitung der Fakultät organisierten und durchführten. Hier teilten wir uns in die Verantwortung für die zu behandelnden Themen und für die Art und Weise, wie wir den Kurs gestalteten. Noch wichtiger war, daß wir begannen, unsere Zweifel, unsere persönlichen Studienprobleme miteinander zu teilen. So wurden wir eine Gruppe, die sich gegenseitig vertraute, die tiefreichende Probleme diskutierte, was das Leben von mehreren veränderte. Die zweite Erfahrung war ein Kurs über »Arbeit mit jungen Menschen«, geleitet von Goodwin WATSON – der noch immer ein aktiver Trainer bei den *National Training Laboratories* ist, zudem einer der führenden Männer in fortschrittlicher Erziehung. In diesem Kurs wurde mir erstmals klar, daß ich aus der engen Zusammenarbeit mit anderen Menschen einen Beruf machen könnte. Das bot mir einen Weg aus dem Theologiestudium, und infolge dieser beiden Erfahrungen »überkreuzte« ich (buchstäblich) die Straße zur Pädagogischen Hochschule in Columbia, wo ich in Goodwin WATSON meinen Doktorvater fand. Ich begann in klinischer Psychologie zu arbeiten. Auch kam ich durch William Heard KILPATRICK mit den Gedanken von John DEWEY in Berührung.

Meine Erfahrungen mit zwischenmenschlichen Beziehungen hatten nun Fortschritte gemacht, die für mich später wichtig werden sollten. Ich hatte gelernt, daß ein tiefgehender Austausch mit anderen möglich und bereichernd ist. Ich hatte gelernt, daß in einer engen Beziehung die Elemente, die »unmöglich« mitteilbar scheinen, gerade am meisten mitteilenswert sind. Ich hatte das Vertrauen gefunden, daß sich eine Gruppe in Richtung auf persönliche hochbedeutsame Erfahrungen bewegt.

Während meiner Weiterbildung in klinischer Psychologie lernte ich zwei hauptsächliche Wege, mit hilfesuchenden Personen umzugehen. An der Pädagogischen Hochschule ging man so vor, daß man durch Tests, Messungen, diagnostische Interviews Wissen *über* das Individuum zu gewinnen suchte und daß man als Behandlung Rat und Vorschriften erteilte. Diese kühle Form des Vorgehens erhielt jedoch Wärme durch die Persönlichkeit Leta HOLLINGWORTHS, die uns mehr durch ihre Persönlichkeit als durch ihre Vorlesungen lehrte. Während meiner Internatszeit an dem neuen und reich ausgestatteten Institut für Erziehungsberatung war ich einer ganz anderen Atmosphäre ausgesetzt. Da sie von Psychoanalytikern bestimmt war, lernte ich mehr über das Individuum – daß es nicht verstanden werden könne ohne eine erschöpfende Fallstudie von 75 oder mehr Seiten Länge, die auf die Persönlichkeitsdynamik der Großeltern, Eltern, Tanten und Onkel eingeht und endlich auf den »Patienten« selbst; mögliches Geburtstrauma; Form des Abstillens; Grad der Abhängigkeit; Geschwisterbeziehung etc. Dann mußten ausgefeilte Testuntersuchungen erfolgen, einschließlich dem neu eingeführten RORSCHACH und endlich viele Interviews mit dem Kind. Erst dann wurde entschieden, welche Art der Behandlung erfolgen sollte. Fast immer lief es auf das gleiche hinaus: Das Kind wurde von einem Psychiater psychoanalytisch behandelt, mit der Mutter verfuhr ein Sozialarbeiter auf gleiche Weise, und gelegentlich wurde der Psychologe gebeten, das Kind zu betreuen. Dennoch führte ich dort meine erste Therapie durch. Sie begann als Betreuung, entwickelte sich aber zu immer persönlicheren Gesprächen, bei denen ich entdeckte, wie erregend es ist, die Veränderungen im Verhalten einer Person zu beobachten. Ob sie nun meinem Enthusiasmus zu verdanken waren oder meiner Methodik, kann ich nicht sagen.

Wenn ich zurückschaue, wird mir deutlich, daß mein Interesse an Gesprächsführung und Therapie sicher zum Teil aus meiner frühen Einsamkeit erwuchs. Hier war ein gesellschaftlich gebilligter Weg, Menschen wirklich nahe zu kommen. Er stillte einen Teil des Hungers, den ich zweifellos gefühlt hatte. Auch bot er mir die Möglichkeit, Nähe zu finden, ohne den (für mich) langen und schmerzlichen Prozeß allmählichen Bekanntwerdens durchmachen zu müssen.

Zu der Zeit, da ich meine Arbeit in New York beendet hatte, *wußte* ich – mit all der Sicherheit des Trainierten –, wie ich beruflich mit Leuten umzugehen hätte. Trotz des weiten Unterschiedes zwischen der Pädagogischen Hochschule und dem Institut hatten sie mich beide zu der gleichen Auffassung gebracht, die folgendermaßen formuliert werden könnte:

»Ich will eine ungeheure Menge von Daten über diese Person sammeln, über ihre Intelligenz, ihre besonderen Fähigkeiten, ihre Persönlichkeit. Aus all dem kann ich ein ausgefeiltes diagnostisches Gutachten formen – hinsichtlich der Ursachen ihres gegenwärtigen Verhaltens, ihrer persönlichen und sozialen Hilfsmittel für die Auseinandersetzung mit ihrer Situation und der Prognose für die Zukunft. Ich will mich bemühen, all dies den zuständigen Stellen, den Eltern in einfacher Sprache darzulegen, auch dem Kind, soweit es in der Lage ist, das zu verstehen. Ich werde gesunde Vorschläge machen, die – wenn befolgt – das Verhalten ändern, und ich werde durch wiederholten Kontakt diese Vorschläge unterstützen. Bei alledem werde ich durchweg sachlich, professionell und persönlich distanziert von den betroffenen Personen bleiben. Nur insofern mache ich eine Ausnahme, als es persönlicher Wärme für einen befriedigenden Rapport bedarf.«

Dies klingt mir jetzt ein bißchen unglaublich, aber ich weiß, daß es im wesentlichen wahr ist. Ich kann mich nämlich an den Spott erinnern, den ich gegenüber einem Psychiater – keinem Analytiker – empfand, der mit Problemkindern einfach so umging, als ob er sie *gern* hätte. Er nahm sie sogar mit nach Hause. Augenscheinlich hatte er nie die Bedeutung *professioneller* Haltung gelernt.

So wußte ich also, was ich zu tun hätte, als ich mich nach Rochester, New York, als Mitglied einer »Abteilung für Kinderforschung« begab (tatsächlich eine Erziehungsberatungsstelle für delinquente Kinder und solche, die wegen ihrer schlechten häuslichen Bedingungen in der Betreuung der Fürsorgestellen standen). Ich war so sicher, daß ich mich (schmerzlich) erinnere, wie ich Gruppen aus der Gemeinde und aus der Parent-Teacher Association erklärte, daß unsere Ambulanz einem Diagnostik-Service für Autos ähnlich sei: Man bringt ein Problem herein, erhält eine sachkundige Diagnose und dazu den Rat, wie die Störung in Ordnung zu bringen sei.

Aber meine Anschauungen gerieten allmählich ins Wanken. Da ich in einer stabilen Gemeinde lebte, hatte ich auch mit den Folgen meines Rates und meiner Empfehlungen zu leben – und sie führten nicht immer zum Erfolg. Viele der Kinder, mit denen ich arbeitete, waren vorübergehend in dem im gleichen Komplex befindlichen Verwahrungsheim untergebracht, so daß ich sie Tag um Tag sehen konnte. Ich war erstaunt, daß ein Junge mitunter sich weigerte, mich wiederzusehen, und zwar gerade nachdem ich ihm tags zuvor in einem besonders »guten« Gespräch alle Ursachen seines Fehlverhaltens gedeutet hatte. So mußte ich ihn zurückgewinnen, um herauszufinden, was fehlgelaufen war. Ich begann durch Erleben zu lernen.

Als ich dann Leiter des neuen und unabhängigen *Rochester Guidance Center* war, welches anstelle des *Child Study Department* trat, hatten wir mehr Kl., die aus eigener Initiative kamen. In diesen Fällen besaßen wir keinerlei Autorität über Kind oder Eltern und mußten eine persönliche Beziehung aufbauen, wenn wir von Nutzen sein wollten.

Es folgten einige Ereignisse, die mein Vorgehen nachdrücklich veränderten. Über das lebendigste habe ich schon geschrieben, aber ich will es hier nochmals aufführen. Eine intelligente Mutter brachte ihren Sohn wegen sehr ernsten Fehlverhaltens zur Ambulanz. Ich nahm selbst die Vorgeschichte auf. Ein anderer Psychologe führte bei dem Jungen die Testuntersuchungen durch. Wir stellten in der Konferenz fest, daß das zentrale Problem die Ablehnung des Sohnes durch die Mutter sei. Ich würde mit ihr dieses Problem bearbeiten. Der andere Psychologe sollte den Jungen zur Spieltherapie übernehmen. In mehreren Gesprächen versuchte ich – als Ergebnis meiner Erfahrungen nun viel vorsichtiger und zarter –, der Mutter die Form ihrer Ablehnung und die Auswirkungen auf den Jungen sehen zu lassen. Alles war zwecklos. Nach etwa einem Dutzend Gesprächen sagte ich ihr, daß wir uns beide bemüht hätten, aber zu keinem Ziel kämen und wohl am besten aufgäben. Sie stimmte zu. Als sie dann den Raum verließ, wandte sie sich um und fragte: »Nehmen Sie auch Erwachsene zur Behandlung an?«

Überrascht antwortete ich, daß wir es mitunter täten. Darauf kehrte sie zu dem Stuhl zurück, den sie gerade verlassen hatte und begann, eine Geschichte über die tiefen Schwierigkeiten zwischen ihr und ihrem Mann auszuschütten und über ihr großes Verlangen nach einer Hilfe. Ich war tief bewegt. Was sie mir erzählte, glich in nichts mehr der säuberlichen Anamnese, die ich erhoben hatte. Ich wußte kaum, was zu tun sei, aber vor allem hörte ich zu. Endlich, nach vielen weiteren Gesprächen, besserten sich nicht nur ihre ehelichen Beziehungen, sondern, wie sie eine echtere und freiere Persönlichkeit entwickelte, auch das problematische Verhalten ihres Sohnes.

Dies war für mich eine entscheidende Erfahrung. Ich war eher *ihrer* Führung gefolgt als der meinen. Ich hatte *zugehört*, statt sie heimlich zu einem diagnostischen Verständnis, das ich schon erreicht hatte, hinzulocken. Es war weit mehr eine persönliche Beziehung und nicht annähernd so »professionell«. Die Ergebnisse sprachen für sich.

Etwa zu dieser Zeit fand ein kurzes zweitägiges Seminar mit Otto Rank statt, und ich bemerkte, daß er in seiner Therapie (nicht in der Theorie) einige der Dinge betonte, die ich zu lernen begonnen hatte. Ich fühlte mich angeregt und bestätigt. Ich stellte eine Sozialarbeiterin ein, die an der Philadelphia School of Social Work in Ranks »Relationship Therapy« ausgebildet war und lernte viel von ihr. So wandelten sich meine Ansichten mehr und mehr. Dieser Übergang ist gut festgehalten in meinem Buch *Clinical Treatment of the Problem Child*, geschrieben 1937 bis 1938, wo ich ein langes Kapitel der Relationship Therapy widme, wenn auch der Rest des Buches weitgehend ein diagnostisch-verordnendes Vorgehen zeigt.

1940 ging ich an die Ohio State University und fand dort große Bereicherung, als ich intelligenten und aufgeschlossenen Studenten fortgeschrittenen Semesters meine Ansichten über klinische Arbeit mitteilte. Hier wurde mir auch klar, daß ich etwas Neues (vielleicht sogar etwas Eigenständiges) über Beratung und Psychotherapie sagte, und ich schrieb ein Buch über dieses Thema. Mein Traum, therapeutische Gespräche auf Band aufzunehmen, wurde wahr und half mir, mein Interesse auf den Effekt unterschiedlicher Reaktionen im Gespräch zu zentrieren. Dies führte zu einer nachdrücklichen Betonung der Technik – der sogenannten »nichtdirektiven Technik«.

Dabei fand ich auch, daß dieses neugewonnene Vertrauen in meine Kl. und die Fähigkeit, die eigenen Probleme zu erkunden und zu lösen, in unbequemem Maße in andere Bereiche übergriff. Wenn ich meinen Kl. vertraute, warum vertraute ich nicht meinen Studenten? Wenn dies für einen Menschen in Schwierigkeiten gut war, warum nicht für eine Gruppe von Personal, die sich Problemen gegenübersah? Ich stellte fest, daß ich nicht bei einer neuen Methode angelangt war, sondern bei einer grundsätzlich verschiedenen Betrachtung des Lebens und der zwischenmenschlichen Beziehungen.

Einige dieser Themen arbeitete ich während meines Aufenthaltes an der Ohio State University aus. Als ich dann die Gelegenheit erhielt, eine neue Beratungsstelle an der Universität von

Chikago zu eröffnen, wobei ich selbst das Vorgehen bestimmen und das Personal auswählen konnte, war ich soweit, daß ich meine neue Einstellung hinsichtlich zwischenmenschlicher Beziehungen zu formulieren und ihr gemäß zu handeln vermochte. Ich möchte sie wieder zusammengefaßt ausdrücken:

»Ich bin dazu gekommen, Menschen zu vertrauen, ihrem Vermögen, sich selbst und ihre Schwierigkeiten zu erforschen und zu verstehen, und ihrer Fähigkeit, solche Probleme zu lösen. Voraussetzung ist nur eine enge, andauernde Beziehung, in der ich ein wirkliches Klima der Wärme und des Verstehens schaffen kann.

Ich wage es, dasselbe Vertrauen in eine Gruppe von Mitarbeitern zu setzen, indem ich mich bemühe, eine Atmosphäre aufkommen zu lassen, in der jeder für das Handeln der gesamten Gruppe verantwortlich ist und wo die Gruppe für jeden einzelnen Verantwortung trägt. Autorität ist mir gegeben worden, ich aber gebe sie vollständig an die Gruppe.«

»Ich will auch versuchen, das Vertrauen in Studenten, in Klassen zu setzen, daß sie ihre eigenen Ziele wählen und daß sie ihren Fortschritt nach eigener Wahl beurteilen.«

Chikago brachte mir bedeutende Erfahrungen. Ich hatte im Überfluß Gelegenheit, die eben angeführten Hypothesen zu überprüfen. Ich erweiterte wesentlich die empirische Prüfung unserer therapeutischen Hypothesen, die früher begonnen hatte. 1957 hatte ich eine rigorose Theorie der Therapie und der therapeutischen Beziehung entwickelt. Ich hatte »die notwendigen und ausreichenden Bedingungen für eine therapeutische Persönlichkeitsänderung« dargelegt. Dabei handelte es sich durchweg um persönliche Einstellungen, nicht um professionelles Training. Dies war eine ziemlich anspruchsvolle Abhandlung, aber sie trug prüfbare Hypothesen vor und regte für die nächsten 15 Jahre viele Untersuchungen an, die im allgemeinen bestätigend verliefen.

Es war eine Zeit, in der ich – auf das Drängen meiner Studenten hin – mit Martin Buber bekannt wurde (erst durch seine Schriften, dann persönlich) und mit Sören Kierkegaard. Ich fühlte mich wesentlich unterstützt in meinem neuen Ansatz, der – wie ich zu meinem Erstaunen feststellte – eine hausgemachte Abart existenzialistischer Philosophie war.

Endlich wurde dies eine Periode wesentlichen Lernens in meinem persönlichen Leben. Eine sehr verpfuschte therapeutische Beziehung (sie war tatsächlich eine untherapeutische) trieb mich in eine tiefe innere Krise und schließlich in die Therapie eines meiner Kollegen. Jetzt lernte ich, was es bedeutet, an einem Tag eine erschreckende Woge neuer Einsichten zu verspüren, nur um am folgenden in einer Welle der Verzweiflung alles zu verlieren. Doch als ich langsam herauskam, lernte ich schließlich, was viele Leute glücklicherweise zuerst lernen. Ich erfuhr, daß ich nicht nur Kl., Mitarbeitern und Studenten vertrauen kann, sondern auch mir selbst. Langsam kam ich dahin, den Gefühlen, den Ideen, den Tendenzen zu trauen, die fortwährend in mir aufstiegen. Dies war nicht leicht zu erlernen, aber höchst wertvoll, und es dauerte an. Ich spürte, wie ich freier wurde, echter, tiefer verstehend, nicht nur in den Beziehungen zu meinen Kl., sondern auch zu anderen Menschen.

Die erwähnten Erfahrungen beeinflußten zunehmend meine Beziehungen zu Gruppen; zunächst Workshops, die wir schon 1946 in Chikago begannen, dann die Gruppen, von denen ich in den letzten Jahren so sehr in Anspruch genommen war. Es waren alles Encounter-Gruppen, lange bevor hier diese Bezeichnung geprägt wurde.

Über die Jahre in Wisconsin und La Jolla möchte ich nur kurz berichten. In Wisconsin entdeckte ich aufs neue, was ich schon in Chikago erfahren hatte: Daß die meisten Psychologen im großen und ganzen neuen Ideen gegenüber nicht aufgeschlossen sind. Vielleicht gilt das auch für mich, obgleich ich gegen diese Abwehrneigung angekämpft habe. Doch Studenten waren – wie auch früher – äußerst empfänglich.

In Wisconsin verletzte ich eine Erfahrung, die ich mir mühsam erworben hatte, und ich mußte entdecken, welches Unheil das anrichten kann. In der großen Arbeitsgruppe, die sich zum Studium der Psychotherapie mit Schizophrenen zusammengefunden hatte, übergab ich die Autorität und Verantwortlichkeit der Gruppe. Doch ich ging nicht weit genug, das Klima naher, offener, persönlicher Kommunikation zu schaffen, das Voraussetzung für solche Verantwortlichkeit ist. Als sich dann erste Krisen entwickelten, beging ich den noch schlimmeren Mißgriff, daß ich versuchte, die Autorität, die ich der Gruppe übertragen hatte, wieder an mich zu reißen. Auflehnung und Chaos waren das sehr verständliche Ergebnis. Das war eine der schmerzlichsten Lehren, die ich jemals empfangen habe; eine Lehre, wie man partnerschaftliche Leitung eines Unternehmens nicht handhaben sollte.

In La Jolla machte ich viel günstigere Erfahrungen. Eine in hohem Maße gleichgesinnte Gruppe bildete schließlich das *Center for Studies of the Person*, ein ganz ungewöhnliches und erregendes Experiment. Ich möchte nur versuchen, seine zwischenmenschlichen Aspekte zu beschreiben, denn es ist unmöglich, auf alle Aktivitäten seiner Mitglieder einzugehen. Sie reichen von Kenia bis Rom und Irland, von New Jersey bis Colorado und Seattle, von Psychotherapie bis zu Publikationen und zu esoterischer Forschung. Sie umfassen die Beratung von Organisationen, die Leitung der verschiedenartigsten Gruppen. Sie regen zur Weiterbildung in der Gruppenarbeit an und entfachen einen Umsturz in den Unterrichtsmethoden. Psychologisch bilden wir eine enge Gemeinschaft, in der wir uns gegenseitig eine Stütze geben, aber uns ebenso offen kritisieren.

Es gibt nichts, was uns zusammenhält – außer unserem gemeinsamen Engagement für Würde und Potential der Menschen und außer der bleibenden Gelegenheit zu tiefer und echter Kommunikation miteinander. Für mich ist es ein großartiges Experiment, eine lebendige Gruppe (wirklich eine »Nicht-Organisation«), die gänzlich auf die Kraft zwischenmenschlichen Teilhabens baut.

Ich könnte in meiner Begeisterung leicht zu ausführlich werden. Es gibt einen weiteren Einfluß auf mein Lernen, den ich erwähnen möchte. Zum erstenmal wurde ich vor vielen Jahren durch Leona TYLER darauf aufmerksam gemacht. In einem persönlichen Brief wies sie mich darauf hin, daß mein Denken und Handeln gewissermaßen wie eine Brücke zwischen östlichen und westlichen Vorstellungen erschiene. Dies war ein überraschender Gedanke, aber ich bemerkte, daß ich in neuerer Zeit an einigen buddhistischen Lehren, am ZEN, Freude gefunden habe, besonders aber an den Aussprüchen des LAOTSE, des chinesischen Weisen, der vor beiläufig zweitausendfünfhundert Jahren gelebt hat. Lassen Sie mich ein paar seiner Gedanken vortragen, auf die ich tiefe Resonanz in mir verspüre:*

---

* Anm. des Übersetzers: Die nachfolgenden Zitate wurden aus der von C. ROGERS angeführten Fassung möglichst wörtlich ins Deutsche übersetzt; denn es kommt hier weniger auf eine exakte Wiedergabe des LAOTSE-Textes an als vielmehr auf die Illustration der ROGERSSCHEN Gedankengänge.

Es ist als ob er lauschte
Und solch ein Lauschen hüllt uns in ein Schweigen
In dem zu hören letztlich wir beginnen
Was zu sein uns bestimmt ist.

Eine Aussage vereint zwei meiner liebsten Denker. Martin BUBER bemüht sich, das taoistische Prinzip des »wu-wei« zu erklären, das tatsächlich die Aktion des ganzen Organismus darstellt, aber in seiner vollendeten Form so mühelos geschieht, daß es oft das Prinzip des »Nichthandelns« genannt wird, eine ziemlich irreführende Bezeichnung. BUBER sagt, indem er dieses Konzept erklärt:

In das Leben der Dinge eingreifen, bedeutet, ihnen wie sich selbst Schaden zuzufügen . . . Wer sich jemandem auferlegt, hat die geringe, sichtbare Macht; wer sich nicht auferlegt, hat die große, verborgene Macht . . .

Der vollendete Mensch . . . greift nicht in das Leben der Wesen ein, er erlegt sich ihnen nicht auf, sondern er »verhilft allen Dingen zu ihrer Freiheit« (LAOTSE). Durch seine Einheit lenkt er sie gleichfalls zur Einheit, er befreit ihre Natur und ihre Bestimmung, er setzt das Tao in ihnen frei (BUBER, 1957).

Ich nehme an, daß mein Bemühen um Menschen zunehmend darauf gerichtet war, »ihre Natur und ihre Bestimmung« zu befreien.

Oder wenn jemand eine Begriffsbestimmung für einen erfolgreichen Gruppenfazilitator sucht, braucht er nur bei LAOTSE nachzusehen.

Ein Führer ist am besten
Wenn man kaum weiß, daß es ihn gibt
Nicht so gut, wenn man ihm gehorcht und ihm zujubelt
Am ärgsten, wenn man ihn verachtet . . .
Doch von einem guten Führer, der wenig spricht
Wenn sein Werk getan ist, sein Ziel erreicht
Werden alle sagen: Wir haben es selbst getan.

(BYNNER, 1962)

Ein anderer Spruch des LAOTSE – mir vielleicht der liebste – faßt viele meiner tieferen Überzeugungen zusammen:

> Wenn ich vermeide, mich einzumischen, sorgen die Menschen für sich selber,
> Wenn ich vermeide, Anweisungen zu geben, finden die Menschen selbst das rechte Verhalten,
> Wenn ich vermeide, zu predigen, bessern die Menschen sich selber,
> Wenn ich vermeide, sie zu beeinflussen, werden die Menschen sie selbst.

Ich will einräumen, daß dieser Ausspruch vieles zu sehr vereinfacht, doch enthält er für mich die Form von Wahrheit, die wir in unserer westlichen Kultur noch zu wenig gewürdigt haben.

Schlußfolgerung

Ich habe wohl deutlich gemacht, daß ich mich im Laufe der Jahre von einigen meiner anfänglichen Überzeugungen weit fortbewegt habe: Daß der Mensch wesentlich böse sei; daß er beruflich am besten als Objekt zu behandeln sei; daß Hilfe auf fachlichem Gutachten gründe; daß der Experte den einzelnen beraten, manipulieren und formen könne, um das gewünschte Ergebnis zu erzielen.

Ich will die Erfahrungen, an die ich gegenwärtig glaube, nicht in der Reihenfolge anführen, in der sie mich trafen, sondern in einer Ordnung, die mir natürlicher erscheint.

Ich bin zu der Überzeugung gelangt, daß ich jeder Facette meines Erlebens und mir selbst Wert zuspreche. Gern würde ich meine Gefühle horten: Ärger, Zärtlichkeit, Scham, Verletztsein, Liebe, Angst, Hingabe und Furcht. Gern würde ich die aufsteigenden Ideen aufbewahren – töricht, schöpferisch, bizarr, gesund, trivial – alle ein Teil von mir. Ich mag meine Verhaltensimpulse: angemessen, närrisch, leistungsorientiert, sexuell, destruktiv. Ich möchte alle diese Gefühle, Ideen und Impulse als einen bereichernden Teil meines Selbst akzeptieren. Sicher werde ich mich nicht von jedem zu einer Handlung bestimmen lassen, aber wenn ich sie alle akzeptiere, dann kann ich in höherem Maße echt sein. Daher wird mein Verhalten der unmittelbaren Situation viel besser entsprechen.

Wenn ich zu einem Klima verhelfen kann, das von Echtheit,

Achtung und Verständnis gekennzeichnet ist, dann geschehen – wie mich die Erfahrung gelehrt hat – aufregende Dinge. In solch einem Klima bewegen sich Personen und Gruppen fort von der Rigidität und hin zur Flexibilität, von einem statischen Leben zu einem prozeßhaften Leben, von Abhängigkeit zu Autonomie, von Voraussagbarkeit zu unvorhersagbarer Kreativität, von einem durch Abwehr bestimmten Verhalten zur Selbstannahme. Sie geben lebendigen Beweis eines auf Verwirklichung ausgerichteten Strebens.

Dank dieser Gewißheit habe ich ein tiefes Vertrauen auf mich selbst, auf andere Personen und auf Gruppen entwickelt, wenn wir nur einem solchen wachstumsfördernden Klima ausgesetzt sind.

Dank dieser Erfahrung liebe ich auch eine derartige Umgebung zu schaffen, in welcher Menschen, Gruppen (und sogar Pflanzen) wachsen können.

Ich habe gelernt, daß in jeder wichtigen oder dauerhaften Beziehung anhaltende Gefühle Ausdruck finden sollten. Wenn ich sie als Gefühle, die mir zugehören, ausdrücke, so mag das zwar zeitweilig Aufregung bewirken, letztlich wird das Ergebnis aber viel lohnender sein als jeder Versuch, sie zu verleugnen oder zu verbergen.

Ich glaube, daß für mich zwischenmenschliche Beziehungen am besten in einem Rhythmus verlaufen – Offenheit und Ausdruck und dann Assimilation; Fließen und Wandlung, dann eine Zeit der Ruhe; Wagnis und Angst, dann eine Zeit der Sicherheit. Ich könnte nicht in einer fortwährenden Encountergruppe leben.

Ich selbst empfinde es als viel lohnender, durchsichtig offen zu sein, als eine Verteidigungshaltung einzunehmen. Das ist schwer zu erreichen, selbst auf Teilgebieten, aber für eine Beziehung ungewöhnlich bereichernd.

Es ist für mich nötig, der Erdhaftigkeit realen Erlebens nahe zu bleiben. Ich kann mein Leben nicht in Abstraktionen verbringen. Folglich ist es für mein Leben nötig, daß ich lebendige Beziehungen zu Menschen unterhalte, daß meine Hände von Erde beschmutzt sind, daß ich das Knospen einer Blume betrachte oder dem Untergang der Sonne zuschaue. Zumindest ein Fuß muß auf dem Boden der Wirklichkeit stehen.

Ich liebe mein Leben am meisten, wenn es überwiegend nach außen gerichtet ist. Wohl schätze ich die Zeiten, wenn ich einwärts blicke, nach Selbsterkenntnis suche, meditiere und denke. Aber in meinem Fall muß das ein Gegengewicht im Handeln finden: Interaktion mit Menschen, etwas erschaffen, sei es eine Blume, ein Buch oder ein Stück Zimmermannswerk.

Endlich habe ich einen tiefen Glauben, der nicht nur eine Hypothese sein kann. Er besagt, daß die Philosophie der zwischenmenschlichen Beziehungen, die ich zu formulieren geholfen habe und die in dieser Abhandlung enthalten ist, sich auf alle zwischenmenschlichen Situationen anwenden läßt. Ich bin überzeugt, daß sie auf Therapie anwendbar ist, auf die Beziehungen zwischen Eltern und Kind, zwischen Lehrer und Student, zwischen hohem und niederem Status, auf Personen einer Rasse im Kontakt mit Personen anderer Rassen. Ich bin sogar kühn genug zu glauben, daß sie in Situationen erfolgreich sein könnte, die jetzt von der Ausübung roher Gewalt bestimmt sind – in der Politik, aber besonders im Umgang mit anderen Nationen. Ich stelle mit all meiner Kraft den gegenwärtigen amerikanischen Glauben in Frage, der in jeder Phase unserer Außenpolitik und besonders in unseren irrsinnigen Kriegen offensichtlich wird, der nämlich lautet: »Macht schafft Recht.« Dies ist nach meiner Meinung der Weg zur Selbstvernichtung. Ich halte es mit Martin BUBER und den alten Weisen des Ostens: »Wer sich anderen auferlegt, hat die geringe, sichtbare Macht; wer sich nicht auferlegt, hat die große, verborgene Macht.«

Die Entwicklung der klientenzentrierten Psychotherapie in den USA von 1942–1973

Von Falk-Giselher Pavel

Überblick über die Entwicklung der klientenzentrierten Psychotherapie in den USA

Die kl.z. Psychotherapie wurde um 1940–1942 von dem Psychologen Carl R. Rogers in den USA als neue klinisch-psychologische Forschungsrichtung begründet. Sie erhob zum erstenmal in der Geschichte der Klinischen Psychologie den Anspruch, Psychotherapie mit den Methoden der empirisch-psychologischen Forschung transparent zu machen. Das Neuartige dieses Forschungsansatzes lag besonders in dem Versuch, Hypothesen zur Psychotherapie und den bis dahin weitgehend mystisch behandelten psychotherapeutischen Prozeß der empirischen Erforschung zugänglich zu machen und in ihrer Wirksamkeit zu überprüfen. So wurden beispielsweise zum erstenmal in der Geschichte der Psychotherapie Tonbandaufnahmen therapeutischer Kontakte, systematische testpsychologische und psychologisch-experimentelle Studien des Verlaufs und der Ergebnisse von Psychotherapien durchgeführt.

Im Laufe der nun über 30jährigen Geschichte der kl.z. Psychotherapieforschung hat sich dabei durchgängig gezeigt, daß dem Forschungskonzept dieser Orientierung nicht ein naiver Empirismus zugrunde liegt. Vielmehr werden von den im psychotherapeutischen Prozeß beobachtbaren Phänomenen theoretische Konstrukte sowie theoretische Systeme abgeleitet, deren Aussagegehalt durch empirische Forschung überprüft wird. Die Entwicklung phänomennaher theoretischer Überlegungen und ihre empirische Überprüfung werden als ein notwendiger, sich wechselseitig korrigierender Prozeß verstanden. So wird einerseits wissenschaftlicher Fortschritt und kreative Forschung möglich, zum anderen wird sowohl die Übernahme ungeprüfter spekulativer »Wahrheiten und Dogmen«, als auch eine Anhäufung isolierter und unüberschaubarer »Fakten« verhindert (Rogers, 1951, dt. Ausg., S. 30; Rogers und Dymond, 1954, S. 20; Rogers, 1961, dt. Ausg., S. 216f.; Shlien und Zimring, 1966, S. 33 etc.).

Überblickt man die Entwicklung der kl.z. Psychotherapie in den USA seit 1942, so wird erkennbar, daß sich die Ergebnisse dieses intensiven Forschungsbemühens (ausführliche Darstellungen z. B. bei Tausch, 1973) in der therapeutischen Praxis direkt niedergeschlagen haben. Es zeigt sich im Verlauf dieser Entwicklung ein deutlicher Wandel in der Art, wie die Rolle und Aufgabe des Th. gesehen wird, sowie in der Gestaltung der Beziehung zwischen Th. und Kl. Schlagwortartig ließe sich diese Entwicklung beschreiben als ein allmählicher Wandel der Th.-Persönlichkeit in der psychotherapeutischen Beziehung von einem nicht lenkenden, aber engagierten, akzeptierenden, neutralen Zuhörer zu einem aktiven, den echten mitmenschlichen Kontakt und die offene Kommunikation suchenden Partner. Bezogen auf das Th.-Verhalten und die therapeutische Beziehung, läßt sich daher die Entwicklung der kl.z. Psychotherapie in drei Etappen oder Phasen aufgliedern, die sich naturgemäß überlappen und zeitlich nicht genau begrenzbar sind: nichtdirektive Psychotherapie, gefühlsverbalisierende Psychotherapie, Erlebenstherapie (Experiential Therapy). In übergreifender Weise lassen sich in diesen Entwicklungsphasen aber auch durchgängige Prinzipien und Gemeinsamkeiten feststellen, die dort zwar unterschiedlich stark akzentuiert und thematisiert werden, aber doch das psychotherapeutische Konzept im ganzen beschreiben:

1. Jeder Mensch besitzt grundsätzlich die Fähigkeit, seine Persönlichkeit, sein Verhalten und Erleben – bei vorliegenden geeigneten Bedingungen, z. B. in der Therapie (s. u.) oder anderen guten zwischenmenschlichen Beziehungen – selbständig in Richtung auf die Reifung und Selbstverwirklichung zu entwickeln.
2. Die therapeutische Situation muß für den Kl. weitgehend angstfrei und sicher sein.
3. Der Kommunikationsstil des Th. sollte so geartet sein, daß er dem Kl. ein Nachdenken über seine Person, tiefe Selbst-

exploration und Selbstreflexion über sein Verhalten und Erleben ermöglicht.

4. Die therapeutische Situation sollte eine möglichst echte interpersonelle, d. h. zwischenmenschliche Begegnung sein, in welcher der Th. dem Kl. in echter, warmherziger und einfühlsamer Weise begegnet. Der Th. sollte dabei auch die eigene Erfahrung der therapeutischen Situation und seine eigene persönliche Selbsterfahrung in sensitiver, einfühlsamer und offener Weise dem Kl. zum Ausdruck bringen.

Nichtdirektive Psychotherapie

Die Phase der nichtdirektiven Psychotherapie läßt sich nach Hart (1970) zeitlich etwa von 1940–1950 datieren. Es handelt sich hier um eine überwiegend Hypothesen generierende Forschungsphase. In ihr wurden besonders durch das genaue Studium vollständig durch Tonbandaufzeichnungen registrierter Psychotherapien Hypothesen zum psychotherapeutischen Prozeß gewonnen. Psychotherapie wird hier verstanden als eine psychologische Methode, die durch die Mittel der psychologischen Forschung transparent und überprüfbar gemacht werden soll.

Den Anstoß zur Entwicklung einer neuen Psychotherapieform erhielt Rogers (1966, S. 517) in den Jahren 1937–1941 durch die Begegnung und Auseinandersetzung mit dem Gedankengut des Psychoanalytikers O. Rank. Rank betonte damals besonders den Aspekt der Sicherheit und Geborgenheit in der therapeutischen Beziehung; gleichfalls sprach er dem Kl. die Fähigkeit zu, durch das Akzeptieren seiner eigenen Individualität und durch Befreiung seiner »Willenskräfte« selbständig sinnvolle, seiner Persönlichkeit angemessene Formen der Problembewältigung zu finden.

Der Grundgedanke des Ansatzes von Rogers, der 1942 zum erstenmal ausführlich in seinem Buch *Counseling and Psychotherapy* (dt. Ausg. 1972) ausgedrückt wurde, war denn auch eine eindeutig strukturierte, permissive therapeutische Beziehung, die frei von dirigistisch-therapeutischen Interventionen ist und es dem Kl. ermöglicht, in einem solchen Ausmaß zu dem Verständnis seiner selbst zu gelangen, das ihn befähigt, selbständig konstruktive Schritte zur Lösung seiner Probleme zu unternehmen (nach ROGERS, 1942, dt. Ausg., S. 28).

Ziel der therapeutischen Arbeit war es demnach, eine permissive, weitgehend angstfreie Atmosphäre zu schaffen, in welcher der Kl. Klarheit und Einsicht in seine Probleme gewinnt. Der Th. verhält sich dabei nicht direktiv, nimmt aber am Schicksal des Kl. echt Anteil. Es wird postuliert, daß es dem Kl. unter diesen Umständen möglich ist, Einstellungs- und Verhaltensänderungen in dem von ihm gewünschten Sinne zu erreichen. – Eine solche therapeutische Einstellung ist deutlich unterschieden von der eines Direktiven und Ratschläge gebenden Experten und auch von der psychoanalytischen Haltung, wonach dem Kl. ohne die Interpretationen des Erlebens und ohne die Führung durch den Analytiker eine Problemeinsicht und Verhaltensänderung nicht möglich ist. Der Ansatz der nichtdirektiven Therapie weist jedoch Ähnlichkeiten auf mit dem Verhalten und den Einstellungen von Kinder-Th. der verschiedensten therapeutischen Orientierungen. Nicht-direktive Kindertherapie (AXLINE, 1947, dt. Ausg. 1971) stellte daher auch die erste Erweiterung des Anwendungsgebiets der kl.z. Psychotherapie dar.

Ein kurzes Beispiel für therapeutisches Verhalten in der Phase der nichtdirektiven Psychotherapie zeigt, daß sich der Th. weitgehend verhält wie ein freundlicher, Wärme und Anteilnahme ausdrückender, akzeptierender, nicht lenkender, permissiver Gesprächspartner. (Zit. nach ROGERS, 1942, dt. Ausg. 1972, S. 127.)

Th.: Sie haben das Gefühl, daß sie kein Verständnis zeigen und Ihnen Vorwürfe machen werden.

Kl.: Hm, ja . . . mein Vater wird das sicher tun. Meine Mutter vielleicht nicht. Er ist nicht . . . er kennt das nicht. Er weiß einfach nicht, wie das ist. »Mangelnder Ehrgeiz«, wird er sagen. (Pause)

Th.: Sie haben das Gefühl, daß er Sie niemals verstehen kann.

Kl.: Ja. Ich glaube, dazu ist er außerstande . . . ich komme nicht mit ihm aus – überhaupt nicht!

Th.: Sie mögen ihn nicht?

Kl.: Nein. Eine Zeitlang war ich verbittert, aber über diesen Zustand bin ich hinaus. Jetzt ärgere ich mich nicht mehr über ihn, sondern . . . irgendwie schäme ich mich. Ich schäme mich, daß er mein Vater ist. (Pause)

Th.: Sie haben das Gefühl, daß er nicht sonderlich gut ist.

Kl.: Nun ja, er schickt mich auf die Schule, aber . . . (einige Worte unverständlich) es tut mir leid, das zu sagen, aber das ist meine Ansicht. Und zu dieser Ansicht hat er, glaube ich, einiges beigetragen.
Th.: Das hat Sie lange Zeit sehr beschäftigt.

Gefühlsverbalisierende Psychotherapie

Auch dieser Abschnitt der kl.z. Psychotherapie wird wiederum durch ein Buch von ROGERS (*Client-centered Therapy*, 1951, dt. Ausg. 1973) eingeleitet. Sie läßt sich zeitlich etwa von 1950–1967 datieren und überlappt sich ungefähr ab 1957 mit der 3. Phase, der Erlebenstherapie. In diesem zweiten Entwicklungsabschnitt der kl.z. Psychotherapie traten die mehr auf kognitive Klärung und Einsicht in die Problemlage des Klienten bedachten Aktionen des Therapeuten fast völlig zurück zugunsten einer therapeutischen Verfahrensweise, die dem verstärkten Ausdruck der selbstexplorativen Auseinandersetzung des Kl. mit seiner Gefühlswelt größte Bedeutung zumaß. In dieser Phase, die hier in zeitlich größerem Rahmen gesehen wird wie z. B. bei HART (1970), entwickelte sich das Th.-Verhalten von einem anfänglich reinen Reflektieren der offensichtlichsten wichtigen Gefühle bis hin zu einem umfangreicheren und subtileren Einfühlen in die Gefühls- und Erlebniswelt des Kl. Der Unterschied zur unten beschriebenen 3. Phase der Erlebenstherapie besteht darin, daß das Hauptgewicht hier auf dem echten und warmherzigen Bemühen des Th. liegt, dem *Kl.* zu größerer Selbstexploration zu verhelfen, während der Th. sich weitgehend zurückhält und dem Kl. nur wenig Mitteilungen über z. B. das eigene Erleben der therapeutischen Situation macht.

Die von ROGERS (1951) konzipierte Theorie der Persönlichkeit und des Verhaltens gab der empirischen Forschung großen Auftrieb und führte zu ersten umfassenden, damals methodisch bahnbrechenden empirischen Untersuchungsergebnissen der Psychotherapie (ROGERS und DYMOND, 1954). 29 Kl., bei denen kl.z. Psychotherapie durchgeführt wurde, wurden in ihrer Entwicklung mit einer nicht behandelten Kontrollgruppe verglichen. Umfangreiche testpsychologische Untersuchungen, Fremd- und Selbstbeurteilungen wurden durchgeführt, um die Wirksamkeit kl.z. Psychotherapie zu demonstrieren und zu überprüfen. Das Hauptgewicht dieses Forschungsabschnitts lag zunächst deutlich auf der theoretischen und empirischen Erforschung der Person des Kl. und der Bedingungen, die bei ihm zu Verhaltens- und Erlebensveränderungen führen.

Schlüsselbegriff zum Verständnis der Kl.-Persönlichkeit ist nach ROGERS (1951) das sogenannte Selbstkonzept. Das Selbstkonzept sieht er an als ein relativ autonomes Gebilde, welches das menschliche Verhalten und Erleben ausrichtet. Es ist ein organisiertes, bewegliches, aber konsistentes Konzeptmuster von Wahrnehmungen, die als »Ich« oder »Mich« mehr oder weniger bewußt erlebensfähig und mit Werten verbunden sind. Die Struktur des Selbst formt sich aus als ein Ergebnis der individuellen Auseinandersetzung des Menschen mit seiner Umwelt und wird so durch Sozialisierungsprozesse weitgehend mitgeprägt. Das Selbstkonzept ist weiter bestimmt durch die unterschiedlichen Erfahrungen, wie der Mensch sich im Moment selbst erlebt und den Zielen und Werten, die er anstrebt (Idealkonzept). Nach ROGERS (1951) versucht der Mensch, fast alle Verhaltensweisen mit seinem Selbstkonzept in Einklang zu bringen. Jede Erfahrung aber, die mit der phänomenalen Organisation des Selbst nicht vereinbar ist, wird als Angst auslösende Bedrohung wahrgenommen. Je mehr von diesen bedrohenden Wahrnehmungen existieren, um so starrer wird das Selbstkonzept aus Gründen der Selbsterhaltung und Verteidigung organisiert. Die das Selbst bedrohenden Wahrnehmungen werden dabei entweder ignoriert oder hinsichtlich ihrer Bedeutung verzerrt wahrgenommen. Der Mensch kann dann nicht mehr in freier und angemessener Weise auf wichtige eigene Erfahrungen reagieren, es entsteht Verhaltensunsicherheit und Angst, sowie das Gefühl, die eigene Erlebens- und Handlungsweise nicht mehr richtig zu verstehen. Aufgabe des Th. ist es daher, dem Kl. durch sein Handeln schrittweise eine Entwicklung zu ermöglichen, die zu einem flexiblen Konzept der eigenen Person führt, in dem alle bedeutsamen Erfahrungen unverzerrt und bewußt wahrgenommen und integriert werden können. Entscheidend ist daher eine möglichst sichere und angstfreie therapeutische Beziehung, die es dem Kl. ermöglicht, sich selbst schrittweise in Frage zu stellen. Alle Äußerungen des Th. sollten daher frei sein von Interpretationen, die das Selbstkonzept bedrohen könnten und damit Angst und Verteidigungshaltung auslösen können. Er sollte sich vielmehr einfühlen in die Erlebniswelt des Kl. und versuchen, dessen Gefühle möglichst so genau zu verbalisieren, als ob er sie selbst erleben würde. Der Kl. erlebt sich durch dieses Vorgehen als Person akzeptiert, er erlebt seine Gefühle und Bedürfnisse präziser und bewußter, lernt mit ihnen umzugehen und beginnt, sich allmählich auch mit den Gefühlen und Bedürfnissen auseinanderzusetzen, die ihn ängstlich und unsicher machen. Das »Tempo« dieser Selbsterfahrung bestimmt dabei allein der Kl., denn nur er ist in der Lage, abzuschätzen, in welchem Ausmaß er sich belastenden Erfahrungen zuwenden und sich selbst in Frage stellen kann.

Ein kurzes Beispiel für ein solches Vorgehen (zit. nach Tausch, 1970, S. 89):

Th.: Ja, aber es verschafft Ihnen ein zusätzliches Gefühl, beruhigt zu –
Kl.: Ja, das ist recht. Also am Rande kann ich die Sache immer viel besser verdauen als in der Mitte. (Th.: Ja) In der Mitte habe ich gar nicht mehr gesessen, auch in der Universität setze ich mich nicht mehr in die Mitte. (Th.: Ja) Da spielt aber auch – das habe ich aber früher, als ich noch keine Ängste hatte, schon, da habe ich mich auch gern an den Rand gesetzt, in dem Bewußtsein: Halt! Du mußt während der Vorstellung mal aufstehen, austreten, und (Th.: Ja) da mußt du dich da rausquälen.
Th.: In der Mitte fühlen Sie sich eingeklemmter und nicht so frei in –
Kl.: Ja, da denke ich: Wenn du mal austreten sollst, wie willst du denn hier so schnell herauskommen? (Th.: Ja) Draußen am Rande kann ich jederzeit gehen und kommen.
Th.: Ja, wenn Sie das Gefühl haben, gehen zu können, wenn es notfalls – die Angst zu stark wird, dann ist es nicht so schlimm!?
Kl.: Ja, m – mh!
Th.: Aber wenn es so ist, daß Sie Angst haben, und wenn dann noch zusätzlich die Angst auftaucht: Also – eh – ich kann nicht entweichen –
Kl.: Ja, m – mh!
Th.: – dann wird es stärker.
Kl.: M – mh, ja, ja, m – mh.
Th.: Ja.
Kl.: Also dieses Gefühl – das haben Sie ganz richtig ausgedrückt – ich kann – eh – gehen, wenn ich will, nicht? (Th.: Ja). Das –
Th.: Da sind Sie mehr Herr der Situation –
Kl.: Da bin ich mehr Herr der Situation. Aber wenn ich weiß, da sitzt links und rechts jemand, und da hinten sitzen noch welche, und der ganze Raum usw. usw., dann wird –
Th.: Ja, dann fühlen Sie sich eingeklemmt (Kl.: M – mh). Und diese Ein-

klemmung, das Gefühl, nicht rauszukönnen, das schafft vermehrte Angst.

Kl.: Das schafft mehr Angst, und dann wird mir das Geräusch auf der Leinwand ...

In den Jahren 1957–1962 erweiterte ROGERS (1957, 1958, 1959, 1962) das mehr auf die Untersuchung des Kl. bezogene Forschungskonzept durch theoretische Formulierungen, welche die Rolle des Th. und die Art der therapeutischen Beziehung näher präzisieren. Nach ROGERS (1957) gehört zur Ermöglichung einer therapeutischen Beziehung eine Verhaltensweise des Th. gegenüber dem Kl., die besonders durch drei Variablen beschrieben werden kann:

1. Mitmenschlich echtes, nicht fassadenhaftes Reagieren des Th. im Gespräch mit dem Kl.
2. Warmherziges, nicht an Bedingungen geknüpftes Akzeptieren der Person des Kl.
3. Einfühlendes Verständnis für die Erlebniswelt des Kl. und möglichst genaue Verbalisierung seiner emotionalen Erlebnisinhalte.

Es gelang, diese therapeutischen Grundvariablen in Form von Schätzskalen zu operationalisieren und durch eine Fülle empirischer Untersuchungen als grundlegende psychotherapeutische Verhaltensweisen von Einzel- und auch Gruppenpsychotherapeuten herauszustellen und empirisch abzusichern (referiert z. B. durch TRUAX und CARKHUFF, 1967; TRUAX und MITCHELL, 1971; TAUSCH, 1973). Trainingsprogramme wurden aufgestellt (TRUAX und CARKHUFF, 1967; CARKHUFF, 1969), um diese und andere erweiternde therapeutische »Skills« Studierenden zu vermitteln. Das gelang zum Teil auch in befriedigender Weise; nicht hingegen der didaktische Aufbau, sondern die therapeutische und menschliche Qualifikation der Trainer war in den meisten Fällen ausschlaggebend für den Erfolg dieser Programme (CARKHUFF, 1969).

Einzelne Forscher (TRUAX und CARKHUFF, 1967; TRUAX und MITCHELL, 1971, u. a.) versuchten, lerntheoretische Erklärungsmodelle zur Beschreibung des therapeutischen Vorgehens heranzuziehen: Wertschätzung und emotionale Wärme des Th. lösen nach dem Prinzip reziproker Affekte bei dem Kl. ähnliche Gefühle aus, es findet durch die Sicherheit und Geborgenheit in der therapeutischen Situation eine allmähliche Desensibilisierung der Ängste des Kl. statt; die Verstärkung positiver Elemente des Selbstkonzepts führt zu einer allmählichen Lösung negativer Einstellungen des Kl. gegenüber sich selbst, usw. Der Th. wird als warmherziger, echter, am Kl. interessierter Experte für zwischenmenschliche Beziehungen gesehen (TRUAX und CARKHUFF, 1967, S. 222). ROGERS selbst nimmt dagegen einen anderen Standpunkt ein. Er betont, z. B. in der Auseinandersetzung mit dem Lerntheoretiker B. F. SKINNER (1956), aber auch bei anderen Gelegenheiten (1961, 1966) ausdrücklich, daß die behavioristisch-lerntheoretische Sichtweise des Menschen dem ideologischen Konzept und Ansatzpunkt der kl.z. Psychotherapie entgegengesetzt ist. Er betont dabei, daß die Entscheidung zur Selbstwerdung und die grundsätzliche Fähigkeit zur eigenständigen Lösung von Lebensproblemen beim Kl. liegt. Auch subtile, bewußt vorgenommene Manipulationen des Kl. durch den Th. hält ROGERS daher mit seinem Menschenbild nicht für vereinbar. – Abgesehen von diesen Gesichtspunkten ROGERS', läßt sich jedoch auch festhalten, daß die bisher vorliegenden lerntheoretischen Erklärungsmodelle es bisher nicht vermögen, die subtilen zwischenmenschlichen Prozesse, die in der Therapie ablaufen, hinreichend zu beschreiben oder zu erklären.

Nichtsdestoweniger wurde jedoch durch die Forschergruppe um TRUAX ein bedeutender empirischer Beitrag zur Transparenz und dem Resultat der Psychotherapie geleistet.

Die weitere Entwicklung der kl.z. Psychotherapie fußt jedoch mehr auf der 1959 von ROGERS dargelegten *Theorie der Psychotherapie, der Persönlichkeit und der interpersonellen bzw. zwischenmenschlichen Beziehungen.* Diese Theorie erwuchs in wissenschaftstheoretisch konsequenter Weise aus dem phänomenologischen Ansatz und umfaßte die damals bekannten Erkenntnisse zur Kl.-Persönlichkeit, ihrer Entwicklungsbedingungen und Veränderungsmöglichkeiten, sowie die Rolle und Aufgabe des Th. im psychotherapeutischen Prozeß. Sie leitet über, wie auch schon andere mehr einführende Artikel (ROGERS, 1957, 1958) zu einer neuartigen Sichtweise des psychotherapeutischen Prozesses, den man als Erlebenstherapie bezeichnen kann.

Erlebenstherapie (Experiential Therapy)

Die Phase der Erlebenstherapie erstreckt sich von ca. 1957 bis heute. Sie läuft der eben beschriebenen Forschungsphase in weiten Bereichen parallel und wurde eingeleitet durch die von ROGERS (1957, 1959 u. a.) eingeführten und oben näher beschriebenen theoretischen Überlegungen zur Rolle des Th. in der Therapie. Der Unterschied zur gefühlsverbalisierenden Phase liegt hier jedoch im Schwerpunkt der Forschung. In der gefühlsverbalisierenden Psychotherapie liegt der Hauptakzent – im Zusammenhang mit der Erforschung der Ergebnisse der Psychotherapie – in der Rolle des Th. Seine Aufgabe ist es, den Kl. zu tiefer Selbstexploration und damit zu einem größeren Selbstverständnis der eigenen Person und Handlungsweise zu führen. In der Phase der Erlebenstherapie wird der Akzent dagegen eindeutig auf die Beziehung und den ablaufenden Prozeß zwischen Th. und Kl. selbst gelegt.

ROGERS (1959 b) sah den psychotherapeutischen Prozeß als einen kontinuierlichen Verlauf an, den er in sieben Stufen beschrieb als eine allmähliche Entwicklung des Klientenerlebens von Festgefahrenem zum Flüssigen, von starrer und ängstlicher Abwehr zu offenem, selbstbewußtem Sich-in-Frage-Stellen, von Unsicherheit zur Sicherheit, von Rigidität zur Kreativität usw.

Der von GENDLIN und ZIMRING (1955) eingeführte Begriff des Erlebens (Experiencing) wird zum Schlüsselbegriff in dieser Phase. Psychotherapie kann demnach nur hilfreich sein, wenn es zu einem tiefen zwischenmenschlichen Kontakt und zu einem Prozeß des Austauschs interpersoneller Erfahrung zwischen Th. und Kl. kommt. Der Th. wird nicht als »Experte für zwischenmenschliche Beziehungen« angesehen (TRUAX und CARKHUFF, 1967), der Einfühlungsvermögen, Echtheit und Wärme sowie psychologisches Wissen als gelernte »Skills« (TRUAX und MITCHELL, 1971) in die therapeutische Situation einbringt, sondern versucht, ganz er selbst und Person zu sein (ROGERS, 1961). Therapie wird zu einem Prozeß der Selbsterfahrung in der interpersonellen Situation und umfaßt beide, Th. und Kl. Das Handeln des Th. wird weitgehend davon geleitet, wie er den Kl. und sich selbst in der aktuellen Situation erlebt und begreift. Damit wird deutlich, daß der Handlungsspielraum für den Th. und die Dynamik in der therapeutischen Beziehung erheblich größer wird.

Nicht die genaue Verbalisierung der Gefühle des Kl. ist entscheidend (GENDLIN, 1964, S. 144), sondern, ob das therapeutische Handeln den Erlebnisrahmen des Kl. trifft, ihn sich selbst näher bringt und der intensive phänomenale Kontakt zwischen Th. und Kl. nicht abreißt.

Erlebenstherapie geht damit über ein reines »Verbalisieren von Gefühlen« weit hinaus. GENDLIN (1974) sieht Erlebenstherapie als eine »Methode der Methoden« an, als eine Vorgehensweise, die neben dem »Reflektieren von Gefühlen« auch Techniken anderer therapeutischer Orientierungen umfassen und in sich integrieren kann. Dabei bildet die kl.z. Haltung des Th. die Grundlage für ein umfassenderes therapeutisches Vorgehen. Entscheidendes Kriterium bleibt jedoch immer die Frage: Kommt der Kl. durch das therapeutische Handeln sich selbst und seinem Erleben näher, wird die Intensität der zwischenmenschlichen Begegnung Th.–Kl. damit gefördert und nicht geschwächt? – Es wird deutlich geworden sein, daß in einer derart echten und tiefen zwischenmenschlichen Kommunikation die therapeutischen Hilfsmöglichkeiten nur in dem Ausmaß zum Tragen kommen, in dem der Th. selbst als Mensch »fully functioning«, d. h. sensitiv, offen und eine reife Persönlichkeit ist (ROGERS, 1961).

GENDLIN legte (1964) eine phänomenologische Theorie der Persönlichkeitsveränderung vor, die das therapeutische Verhalten im Zusammenhang mit dem Erleben des Kl. näher präzisiert. Sie könnte Ausgangspunkt für eine phänomenologische Neurosenlehre werden. Das entscheidend Neue dieser Theorie ist, daß in der Erklärung des Seelischen nicht mehr von sogenannten psychischen Inhalten wie z. B. Bedürfnissen, Angst, Selbstkonzept, Hysterie usw. ausgegangen wird, sondern daß diese psychischen Inhalte als verfestigte Erlebnisstrukturen aufgefaßt werden. Damit wird erklärbar, warum sich »psychische Inhalte« z. B. durch Therapie verändern können. Aufgabe des Th. ist es daher, den Prozeß des Erlebens zu »verflüssigen« und damit einen Bedeutungswandel psychischer Strukturen herbeizuführen. Entscheidend für den therapeutischen Prozeß ist es dann nicht mehr, z. B. *über* Angst zu sprechen, wann und wo sie auftritt usw., sondern sich mit dem Kl. zu fragen, welche tiefere Bedeutung hat Angst für den Kl., welche Art von Erleben steht dahinter usw. Psychotherapie wird damit als ein Prozeß gesehen, in dem eine allmähliche Metamorphose von implizit erlebbaren Bedeutungen stattfindet. Die Aufgabe des Th. besteht darin, mit dem Kl. in einen Prozeß des gefühlshaften Erlebens einzutreten, sensibel auf einen Bedeutungswandel einzugehen, sowie Möglichkeiten einer graduellen Strukturwandlung zu sehen und dem Kl. mitzuteilen. Es handelt sich dabei nicht um ein Mitteilen kognitiver Erfahrungen, sondern um ein betont subjektives, höchst intensives Erleben der Kl.-Persönlichkeit durch den Th. Seine Äußerungen erhalten daher ihren Stellenwert nicht aus dem Wissen oder Nimbus eines Experten, sondern sind eindeutig gekennzeichnet als subjektive und für den Kl. nachvollziehbare Erfahrungen des Th. Der Th. wird damit ein Modell für offene intra- und interpersonelle Erfahrung und Kommunikation. Er verhilft dem Kl. schrittweise dazu, ein echter Gesprächspartner zu werden, so daß ein kreativer gegenseitiger Prozeß der Selbsterfahrung in Gang kommt. Ein Beispiel für einen derartigen therapeutischen Prozeß soll das oben Gesagte erläutern (zit. nach ROGERS, 1961, dt. Ausg. 1973, S. 118–119):

Kl.: Ich ließ es sozusagen durchsickern. Aber ich brachte es auch in Verbindung mit Ihnen und mit meinem Verhältnis zu Ihnen. Und das eine, was ich da empfinde, ist eine Art Angst, daß es wieder weggeht; oder es ist noch etwas – es ist so schwer, es in den Griff zu kriegen – es gibt gewissermaßen zwei Zugrichtungen der Gefühle dabei. Oder zwei ›Ichs‹ irgendwie. Eines ist der Verängstigte, der Dinge festhalten will, und den kann ich, glaube ich, gerade jetzt ziemlich deutlich spüren. Wissen Sie, ich brauche irgendwie Dinge, die ich festhalten kann – und ich fühle mich ziemlich verängstigt.

Th.: M – hm. Das ist etwas, was Sie in dieser Minute empfinden können, und was Sie auch empfunden haben und vielleicht *noch* empfinden, was unsere Beziehung betrifft.

Kl.: Wollen Sie mir das nicht gönnen? Denn, wissen Sie, ich brauch' es irgendwie. Ohne es bin ich so einsam und verängstigt.

Th.: M – hm, m – hm. Lassen Sie mich das festhalten, denn ich hätte furchtbare Angst, wenn ich's nicht täte. Ich muß es *festhalten.* (Pause)

Kl.: Es ist sozusagen das gleiche wie – Wollen Sie mich nicht meine Doktorarbeit oder meinen Titel haben lassen, weil dann . . . Weil, ich *brauche* diese kleine Welt irgendwie. Ich meine . . .

Th.: Es ist beide Male auch noch eine Art von Flehen, nicht wahr? *Gönnen* Sie mir dieses, ich brauche es *dringend.* Ich wäre ohne es furchtbar verängstigt. (Lange Pause)

Kl.: Ich spüre ein . . . Ich kann irgendwie nicht viel weiter kommen . . . es ist sozusagen dieser *flehende* kleine Junge, irgendwie, sogar . . . Was will die Geste des Bettelns? (Legt seine Hände aneinander, als wenn er beten würde.) Ist das nicht komisch? Denn das ...

Th.: Sie legen Ihre Hände zu einer Geste des Bittens zusammen.

Kl.: Ja, *richtig!* Wollen Sie dies *nicht für mich* tun, sozusagen irgendwie ... oh, das ist *furchtbar!* Wer, *ich, betteln?*

Hier wird ganz deutlich, daß Psychotherapie ein von Kl. zu Kl. verschiedener, höchst subtiler Prozeß ist, der durch herkömmliche empirisch-typisierende Beschreibung in einer nur sehr groben und unvollkommenen Art erfaßbar ist. Die drei bedeutsamen von ROGERS 1957 zuerst beschriebenen Th.-Variablen Einfühlungsvermögen, Wärme und Echtheit werden dabei zunehmend gesehen als notwendige Basisbedingung therapeutischen Handelns. Diese Basisbedingungen werden aber durch ein breites Spektrum oft personengebundener, differentieller therapeutischer Vorgehensweisen erweitert und dadurch erst mit Leben gefüllt (TRUAX und MITCHELL, 1971; GENDLIN, 1974). Neben der notwendig generalisierenden empirischen Forschung rücken daher zur Erforschung therapeutischer Vorgänge immer mehr in den Mittelpunkt des Interesses: die subtile Beschreibung therapeutischer Phänomene, Einzelfallstudien, sowie die Selbsterfahrung des Th. und des Kl. Th. setzen sich zunehmend verschiedenen zwischenmenschlichen Erfahrungen aus, um neue therapeutische Hypothesen zu gewinnen und die Auswirkungen ihrer eigenen Persönlichkeit, Erfahrungen und Tätigkeiten auf andere Menschen näher kennenzulernen. Gruppenpsychotherapie, Selbsterfahrungsgruppen, Therapie der Familie, von Delinquenten, Drogenabhängigen, Alkoholikern und Psychotikern stehen zunehmend im Mittelpunkt des Interesses.

Besonders die Therapie mit sogenannten psychotischen Persönlichkeiten und psychotherapeutische Selbsterfahrungsgruppen bzw. Gruppentherapie haben neue Hinweise dafür gegeben, wie die Variablen »Echtheit«, »Wärme« und »Einfühlung« im Einzelfall aussehen und was sie im konkreten Fall bedeuten können (ROGERS, GENDLIN, TRUAX, 1967; ROGERS, 1967; ROGERS, 1970).

Das zunehmende Interesse für die Durchführung kl.z. Selbsterfahrungs- und Psychotherapiegruppen hat in letzter Zeit starke Rückwirkungen auf die Entwicklung der kl.z. Psychotherapie in den USA gehabt. Die Sichtweise einer Erlebenstherapie findet dort eine neue Bestätigung und Erweiterung. Der Th. gilt als sensitiver »Facilitator« für eine intensive zwischenmenschliche Begegnung. Er ist ein Modell für offene intra- und interpersonelle Kommunikation mit einer Vielzahl therapeutischer Verhaltensweisen: Vermittlung von Geborgenheit und Sicherheit, Einfühlungsvermögen, Echtheit und Wärme, Konfrontation der Gruppe oder einzelner Teilnehmer mit dem eigenen Erleben des Th., Feedback über Verhaltensweisen usw. – (ROGERS, 1967, 1970).

GENDLIN (1970, S. 560) kennzeichnet die jetzige Situation der kl.z. Psychotherapie in den USA, wenn er betont: im Vordergrund der zukünftigen Forschung sollte – neben der notwendigen Überprüfung operationalisierbarer Hypothesen – besonders die Entwicklung neuer kreativer Hypothesen stehen. Erst auf diese Weise wird es gelingen, neue Ansätze zu gewinnen, die es ermöglichen, unser noch recht eingeschränktes Wissen um psychotherapeutische Vorgänge zu erweitern.

Einige Überlegungen zur Entwicklung der Gesprächspsychotherapie (GPT) in Deutschland

Vergleicht man die Entwicklung der kl.z. Psychotherapie in den USA mit der Entwicklung der seit 1956 durch TAUSCH in Deutschland eingeführten GPT, so wird deutlich: Das Vorgehenskonzept deutscher Gesprächspsychotherapeuten ist weitgehend geprägt durch das »Verbalisieren emotionaler Erlebnisinhalte« des Kl. in einer »warmherzigen« und an der Person des Kl. möglichst »echt« interessierten Weise. Die Selbstexploration des Kl. soll durch ein solches Vorgehen gefördert werden. Eine offene, reversible Kommunikation, die neben der Selbsterfahrung des Kl. die Selbsterfahrung des Th. in die Therapie mit einbezieht (Erlebenstherapie), ist jedoch meist nicht gegeben.

Rückblickend ist zu sagen: Es ist das Verdienst von Reinhard TAUSCH – ähnlich wie C. R. ROGERS 1942 in den USA –, in Deutschland der erste Wissenschaftler zu sein, der sich bemüht hat, Psychotherapie sowie Prozesse der Erziehung und Unterrichtung mit den Methoden der empirisch-psychologischen Forschung transparent zu machen und zu überprüfen. Für die seit ca. 1960 in Deutschland verfolgte Forschungsstrategie der GPT ist dabei symptomatisch, daß die anthropologischen und persönlichkeitstheoretischen Überlegungen von ROGERS immer mehr in den Hintergrund des Forschungsinteresses treten. So wird z. B. das mehr theoretische Gedankengut von ROGERS, ein zentrales Thema noch in der 1. Auflage des *Psychotherapeutischen Gesprächs* (R. TAUSCH, 1960), in der 2., umgestalteten Auflage als *Gesprächspsychotherapie* benannt (R. TAUSCH, 1968), nur noch bruchstückhaft und aus dem Zusammenhang gerissen dargestellt. Die phänomenologisch-theoretische Basis der kl.z. Psychotherapie, in den USA Auslöser ständig neuer kreativer Hypothesen, tritt in Deutschland in den Hintergrund zugunsten der empirischen Untersuchung und Isolierung einzelner, operationalisierbarer Variablen des psychotherapeutischen Prozesses wie »Verbalisierung emotionaler Erlebnisinhalte«, »Selbstexploration« usw. – Bei den umfangreichen, von R. TAUSCH und seinen Mitarbeitern ausgelösten deutschen empirischen Forschungsarbeiten handelt es sich, näher betrachtet, fast ausschließlich um Hypothesen überprüfende Forschungsarbeiten, die sich unter dem Leitthema zusammenfassen lassen: Sind die Ergebnisse der amerikanischen Forschung zur kl.z. Psychotherapie auf deutsche Verhältnisse übertragbar? – Versucht man eine vorsichtige Würdigung dieses intensiven Forschungsbemühens, so läßt sich sagen: Das Bemühen um die empirische Überprüfung von psychotherapeutischen Prozessen hat zu Forschungsarbeiten geführt, die – geleitet von dem Bestreben nach Exaktheit und Objektivität – die Arbeiten zur empirischen Therapieforschung in den USA sowohl an methodischer Sauberkeit als auch in der Größenordnung der erfaßten Kl.- und Th.-Stichproben in vielen Fällen übertreffen (R. TAUSCH, 1970, S. 126; 1973, S. 16–18).

Grundlegende psychotherapeutische Haltungen und Verhaltensweisen wie Einfühlungsvermögen, Echtheit und Wärme sind nun durch eine Vielzahl amerikanischer und deutscher empirischer Forschungsergebnisse überzeugend abgesichert und untersucht. Gleichzeitig ist jedoch auch deutlich geworden, daß mit diesen grundlegenden Variablen nur ein kleiner Teil des realen psychotherapeutischen Prozesses aufgehellt und transparent gemacht werden kann. In der realen psychotherapeutischen Situation ist es vielmehr so, daß – besonders bei guten und erfahrenen Th. – eine Vielzahl oft recht persönlicher Verhaltensweisen die drei grundlegenden Rogers-Variablen erst mit Leben füllen. Das »Verbalisieren emotionaler Erlebnisinhalte« ist für erfahrene Th. oft nur *eine* Verhaltensweise *neben anderen*, die ebenfalls Ausdruck von engagierter Anteilnahme und aktivem, hilfreichem Bemühen des Th. sind (TRUAX und MITCHELL, 1971; GENDLIN, 1974). Kl.z. Psychotherapie geht erst dann über eine methodische »Gefühlsspiegeltechnik« hinaus, wenn die therapeutische Beziehung echt und real ist und wenn der Th. sich soweit wie möglich auch als Person mit dem Kl. auseinandersetzt (TAUSCH, 1970, S. 126).

Ein solches Verhalten ist aber nicht allein mit Variablen wie »aktives Bemühen«, »Konfrontation« usw. beschreibbar und erfaßbar. Es handelt sich hier vielmehr um ein subtiles Wechselspiel zwischen Th. und Kl., um ein im echten Sinne klienten- und personenzentriertes, differenziertes Aufeinander-Eingehen. Dieses im einzelnen differenzierte Wechselspiel zwischen Th. und Kl. kann forschungsmäßig vermutlich nur transparent gemacht werden, wenn von einer phänomenologischen und statistischen Beschreibung der therapeutischen Beziehung des Einzelfalls ausgegangen wird.

Es wird daher Aufgabe der zukünftigen Forschung sein müssen, auszugehen von den aus der Bündelung von Einzelfallstudien gewonnenen Erfahrungen, um so neue differenziertere Hypothesen zum psychotherapeutischen Prozeß zu entwickeln (F.-G. PAVEL, 1973). Bei diesem Unterfangen ist, wissenschaftstheoretisch gesehen, jedoch darauf zu achten, daß Hypothesen und theoretische Überlegungen sowie methodisches Vorgehen und das von Werten und ideologischen Haltungen mitbestimmte praktische therapeutische Handeln *eine* »Sprache« sprechen. Nur so wird es auf die Dauer möglich sein, Überlegungen und Erkenntnisse dieser drei Bereiche ineinander zu übersetzen.

Ein Beispiel: Für einen erlebnisorientierten Th. wird ein lerntheoretisch aufgebautes Erklärungsmodell therapeutischer Prozesse, wie es z. T. auch von Gesprächspsychotherapeuten angestrebt wird, weder nachvollziehbar noch für sein praktisches therapeutisches Handeln hilfreich sein können (vgl. C. R. ROGERS, 1961; J. M. SHLIEN, 1963; G. T. BARRETT-LENNARD, 1965; C. R. ROGERS und J. HART, 1966 u. a.*). Ein lerntheoretisches

* Eine ausführliche Darstellung der lerntheoretischen Aspekte vermitteln die Beiträge von H. BOMMERT (S. 79) und M. PERREZ (S. 86).

Modell würde bedeuten, daß sich der Th. weitgehend begreift als Auslöser und Verstärker systematischer und unsystematischer Lernprozesse. Der Th. beeinflußt damit den Kl. in einer für diesen nicht mehr nachvollziehbaren Weise im Sinne einer Verhaltens- und Erlebensmodifikation. Eine Rückmeldung und Veränderung des therapeutischen Verhaltens durch den Kl. ist bei einer solchen Betrachtungsweise nur in einem sehr eingeschränkten und wiederum nur in einer durch das therapeutische Vorgehen selbst bestimmten und damit festgelegten Weise möglich. Abgesehen davon, daß bei einer lerntheoretischen Sichtweise die Abgrenzung zur Verhaltenstherapie schwerfällt, müssen aber theoretische Überlegungen und methodisches Vorgehen in der GPT – sollen sie praktische Relevanz haben – sowohl die speziellen kl.z. Werthaltungen und Ideologien als auch die Vielfalt der zwischenmenschlichen Beziehungen zwischen Th. und Kl. widerspiegeln.

Eine phänomenologische Vorgehensweise – die auch dem Selbstverständnis der Mehrzahl der kl.z. Th. in den USA entspricht (vgl. J. T. Hart und T. M. Tomlinson, 1970) – wäre daher, wenn sie empirisch überprüft würde, besonders geeignet zur Entwicklung differenzierter Hypothesen zum therapeutischen Prozeß. Vorher wird aber eine wissenschaftstheoretische und wertsondierende Standortbestimmung der GPT in Deutschland nötig sein.

Einige Gesichtspunkte zur Abgrenzung des klientenzentrierten Konzepts zu anderen psychotherapeutischen Konzepten und zur Beratungssituation

Von Klaus Sander

Einleitende Gesichtspunkte

1. Das klientenzentrierte Konzept und empirische Forschung

Im folgenden wird vom »klientenzentrierten Konzept« als einem abgrenzbaren und in den Grundzügen abgegrenzten therapeutischen Konzept gesprochen. Seine Abgrenzung ergibt sich aus der Verankerung und Standortbestimmung eines bestimmten Wertkonzepts menschlichen Erlebens und Verhaltens (weitgehend auf Carl ROGERS zurückgehend) sowie durch die Faktensetzung der historischen Entwicklung. Damit ist das kl.z. Therapiekonzept etwas anderes und abzuheben von der Annahme einer allgemeinen GPT, die sich auf scheinbar »wertfreie«, angesammelte empirische Forschungsergebnisse beruft. Die Abgrenzung des kl.z. Konzepts zu anderen therapeutischen Konzepten liegt meines Erachtens im wesentlichen in den besonderen Wertvorstellungen zum menschlichen Erleben und Verhalten, in der therapeutischen Bezugnahme auf das subjektive Erleben und der damit verbundenen Hinwendung zur phänomenologischen Methode, in der entschlossenen Verwirklichung humanistischer Prinzipien der Interaktion und der Konzeption einer für wechselseitige Erfahrungen offenen Beziehung. Damit ist eine Grundlage geschaffen, ständig Annahmen über das therapeutische Geschehen zu modifizieren und neu zu überprüfen. Neben dem Bemühen um empirische Überprüfung und Offenheit für Modifikationen einzelner Annahmen ist als Gesamthaltung die Offenheit für Erfahrungen auch in der Theoriebildung festzuhalten. Das kl.z. Konzept bietet keine dogmatischen Abgrenzungen und vermittelt keinen verbindlichen Rahmen. Dem lernenden und praktizierenden Th. wird damit die gleiche lenkende Orientierungshilfe verweigert wie dem Kl. in der Therapie. Er ist in gleicher Weise wie der Kl. auf Suchen, Standortbestimmungen und die Mobilisierung eigener Erfahrungen verwiesen. Letztlich ist als verbindlicher Rahmen nichts anzubieten als die aus der historischen Entwicklung oben versuchsweise abgeleiteten Koordinaten.

Jede Art empirischer Forschung zum Psychotherapie-Geschehen ist meines Erachtens nur sinnvoll einzuordnen in den Gesamtrahmen eines therapeutischen Konzepts. Dem wissenschaftlichen Bemühen im empirischen Forschungsprozeß geht – ausgesprochen oder unausgesprochen – eine subjektive Wahl von Zielen und Werten, für welche die wissenschaftliche Arbeit als dienlich angesehen wird, voraus. Erst nach dieser Standortbestimmung kann empirische Forschung objektiv die Bedeutung bestimmter Vorgehensweisen im Hinblick auf das für wichtig gehaltene Ziel ermitteln, kann Annahmen überprüfen, »verifizieren« oder falsifizieren. Dazu Carl ROGERS (in der Auseinandersetzung mit SKINNER, *Science*, 1956): »Die subjektive Wahl der Werte, welche die wissenschaftliche Bemühung erst ins Leben ruft, muß immer außerhalb der wissenschaftlichen Bemühung selbst liegen und kann nie Teil der Wissenschaft werden und in diese Bemühung involviert sein.«

Während einerseits die empirische Therapieforschung eine Fülle von Untersuchungen zur Wirksamkeit von Beziehungsvariablen der kl.z. Theorie auch für andere therapeutische oder therapieähnliche Interaktionen erbracht hat, besteht doch kein Zweifel, daß die therapeutische Aktivität von Th. verschiedener Richtungen ganz unterschiedlich geartet ist und innerhalb verschiedener Vorgehensweisen unterschiedliche Prädiktoren wirksam sind. Die Annahme, aus einem Mittelwert vieler Forschungsergebnisse zum Therapiegeschehen effektive Vorgehensweisen einer allgemeinen GPT entwickeln zu können, scheint mir irreal, da sie die jedem therapeutischen Handeln vorausgehende subjektive Wahl von Zielen außer acht läßt.

Auf die oben beschriebene Problematik scheint Carl ROGERS einzugehen, wenn er sagt (ROGERS u. DYMOND, 1954, S. 6): »Wir haben uns bemüht, das Testen atomistischer Hypothesen zu vermeiden, deren Bestätigung oder Nichtbestätigung wenig Beziehung aufweist zu irgendeiner umfassenderen Theorie. Wir haben im Gegenteil versucht, sicherzustellen, daß jede Hypothese, die wir überprüft haben, einen bedeutsamen Platz hat in der sich entwickelnden Persönlichkeitstheorie der kl.z. Therapie. Auf diese Weise sichert die empirische Unterstützung einer Hypothese eine ganze Theorie; die Nichtbestätigung einer solchen Hypothese wirft Zweifel auf das in Betracht gezogene theoretische System. So glauben wir vermeiden zu können, daß eine bedeutungslose Ansammlung isolierter Tatsachen aufgehäuft wird und daß wir statt dessen den eigentlichen Fortschritt der Wissenschaft vorantreiben.«

2. *»Klientenzentriertes Konzept«: Definition im Hinblick auf die nachfolgenden Erörterungen*

Unter »klientenzentriertes Konzept« soll nicht allein das therapeutische Vorgehenskonzept verstanden werden, sondern auch ansatzweise die Persönlichkeitstheorie. Da sich der Th. in der Therapie-Situation in einer Weise verhält, *die den schädigenden Umgebungsbedingungen des Kl. umgekehrt ist*, impliziert das therapeutische Vorgehen gleichzeitig eine Grundannahme über Bedingungen für Fehlanpassungen. Im folgenden soll auf das Persönlichkeits- und Therapiekonzept der Client-Centered Therapy (C. Rogers) eingegangen werden und Abgrenzungen vorgenommen werden zum tiefenpsychologisch-psychoanalytischen Vorgehen und zur Verhaltenstherapie. Auf einige Unterschiede und Modifikationen der Beratungssituation soll abschließend gesondert eingegangen werden.

Persönlichkeitskonzepte und Konzepte der Fehlanpassung

1. *Klientenzentrierte Theorie**

Allgemein-psychologische Aussagen: Der Mensch lebt nicht in einer objektiven Welt (wie sie die Wissenschaft ansatzweise entwirft), sondern in unmittelbarer Begegnung mit einer Welt, wie er sie wahrnimmt. Für ihn ist das phänomenale Feld das Zentrum seines Erlebens. Sein Verhalten besteht im zielgerichteten Bemühen des Organismus, die Bedürfnisse im wahrgenommenen Feld zu befriedigen, wobei die Art der begleitenden Gefühle von der subjektiven Bedeutung des Suchverhaltens und der Bedürfnisbefriedigung abhängt. Dem Organismus ist ein Streben nach Selbstentfaltung und Aktualisierung gegeben. In der Auseinanderset-

* Lit.: Rogers (1942, 1951, 1959); Grummon (1965)

zung mit der Umwelt formt sich als organisiertes, bewegliches und konsistentes Konzeptmuster das Selbst heraus. Als Selbstkonzept ist es ein gelerntes System erfahrener Wahrnehmungen mit verhaltens-relevanten, kognitiv-affektiven und wertenden Qualitäten. Das Selbstkonzept hat die Funktion eines Selektionsapparates, das die Wertung von Außenobjekten im Wahrnehmungsfeld vornimmt und das bewirkt, ob etwas nicht erfaßt, ignoriert oder verzerrt wird. Konkret bedeutet dies: verdichtete vergangene Erfahrungen des Individuums über sich selbst, seine Eigenarten, seine Beziehungen zu anderen, über Wertqualitäten. Freuds Annahmen über die strukturelle Einteilung in Instanzen wie »Es«, »Ich« und »Über-Ich« werden verworfen. Vielmehr ist Persönlichkeit offen, dynamisch, ein sich selbst regulierendes System. In ihm ist die Tendenz zu einer Kongruenz zwischen wahrgenommenen, konzeptualisierten Erfahrungen des Selbstkonzepts mit realen Erfahrungen des Organismus anzunehmen. Es gibt daher keine Instanz des Über-Ich als wertende Kontrolle. Diese Funktionen sind im Selbstkonzept integriert. Psychologische Anpassung bedeutet die Wahrnehmung bedeutsamer Reize und Eindrücke in der Art, wie sie ihnen durch die Art der Reize zukommt. Dies heißt, daß Impulse, Erfahrungen, Gefühle, Beziehungen zu anderen Personen angenommen und in das Selbstkonzept als augenblickliche Erfahrungen eingegliedert werden können. Zusammengefaßt könnte man Persönlichkeit definieren als das Resultat einer dynamischen Auseinandersetzung des individuellen Selbstkonzepts mit den fortlaufend sich ändernden Erfahrungen innerhalb des phänomenalen Feldes. Als anthropologische Aussage kommt hinzu, daß dieser Auseinandersetzung eine Kraft zur Selbstwerdung, Eigenbildung und Selbstgestaltung zukommt.

Fehlanpassung und Bedingungen für Fehlanpassung: Bedeutsame sensorische und viszerale Reize, die den Organismus treffen, werden nicht bewußt oder nicht adäquat aufgenommen und in die Struktur des Selbstkonzepts eingeführt mit den erlebensmäßigen Folgen der Angst, Gespanntheit und Abwehr. Als Beispiel sei genannt die Ignorierung sexueller Impulse bei einem Menschen, dessen Selbstkonzept die rigide Qualität der »Sündenfreiheit« besitzt. Als weitere erlebensmäßig erfahrbare Folge von Abwehr, Verzerrung, fehlender Integrationsfähigkeit: das Gefühl, sich nicht auf eigene Erfahrungen verlassen zu können, mehr im Bezugssystem anderer leben zu müssen. Bedingungen für Fehlanpassungen sind besonders häufig in der labilen Phase der Kindheit gegeben. Hier werden besonders häufig Inkongruenzen des Selbstkonzepts mit organismischen Erfahrungen erlebt. Im Sozialisationsprozeß wird ein hohes Ausmaß an Verinnerlichung sozialer Normen an ein bestimmtes Ausmaß mit an Bedingungen geknüpfter Zuwendung erlebt. Z. B. sagt die Mutter dem Kind, daß sie es nur lieb hat, wenn es sich »wie ein richtiges Mädchen« usw. verhält. Derartige Wertvorstellungen (z. B. »ein richtiges Mädchen«) sind zumeist starr und statisch und durch die Erfahrungen des Kindes nicht überprüfbar. Als Folge ergeben sich derartige, oben beschriebene Inkongruenzen einschließlich aller psychovegetativen Begleiterscheinungen, wenn das Kind ein solches »fremdes« Wertkonzept in sich aufnimmt. Entsprechend ist auch der Ansatzpunkt einer kl.z. vorgehenden bzw. abgeleiteten Kindertherapie und Erziehungspsychologie (Tausch und Tausch, 1965; Ginott, 1965; Axline, 1947): Werte werden als eigene Erfahrungen kommuniziert, ohne an Bedingungen geknüpft zu sein und sind durch die Erfahrung des Kindes überprüfbar, u. U. in flexibler Form integrierbar. Zusammengefaßt konstituieren sich Fehlanpassungen im Kindesalter aus dem Zusammenspiel von Internalisierungsforderungen (als Erfahrungen oder überprüfbare Konzepte von einer fortschreitenden Aktualisierungstendenz des Organismus, die dieser z. T. entgegensteht, von dem Bedürfnis nach »self-regard« – Selbstachtung des Kindes) und der bedingungsfreien bzw. an Bedingungen geknüpften Zuwendung bei der Vermittlung von Normen, Wertvorstellungen und Verhaltensrichtlinien.

2. *Psychoanalytisches Konzept*

Im folgenden sind stichwortartig – ohne Anspruch auf Vollständigkeit – einige wesentliche Punkte aufgeführt.

Allgemeinpsychologische Aussagen: Weitgehende Beherrschung und Determination des Seelischen von unbewußten Kräften, Ausdrucksformen und Mechanismen. Von entscheidender Bedeutung für die Persönlichkeitsentwicklung und für die Entwicklung von Fehlanpassungen ist die Triebentwicklung. Bindung libidinöser Kräfte an bestimmte Körperregionen in der Kindheitsentwicklung (oral, anal, phallisch, erogene Zonen), phasenhafter Entwicklungsprozeß von autoerotischen Strebungen bis hin zur Wendung auf den andersgeschlechtlichen Elternteil und die damit verbundenen Auseinandersetzungen und Prozesse der Identifikationsbildung (Ödipus-Komplex). Entscheidend ist hier der Widerstand gegen sexuelle Wünsche mit den Folgen der Verdrängung und Kastrationsangst. Einführung topischer Instanzen der Persönlichkeit mit »Ich«, »Es« und »Über-Ich«, dualistische Triebtheorie. Großer Raum des Unbewußten, Ort von Aufstauungen verdrängter Wünsche, die sich in Fehlleistungen, Phantasien, Träumen usw. manifestieren. Persönlichkeit als Ergebnis der Triebentwicklung.

Fehlanpassung und Bedingungen für Fehlanpassung: Zu neurotischen Störungen führt es, wenn Verdrängungen zu frühzeitig und zu stark auftreten. Dabei Fixierungen und Regressionsphänomene als Hinweis für fehlgeleitete Triebentwicklung; Abwehrmechanismen, die den entsprechenden Phasen und der phasentypischen Triebentwicklung zugeordnet sind. Erhöhte Bedeutung für neurotische Entwicklung Ödipus-Komplex: Folgen in überstarker Verdrängung und Stau der Libido, Kastrationsangst.

Bei allen tiefenpsychologischen Schulen ist das Modell des Unbewußten vorherrschend, sog. Kulturschule (FROMM, HORNEY, SULLIVAN), sowie sog. Ich-Psychologie (HARTMANN, v. KRIES) – mehr Hinwendung zu Kulturbedingungen, Orientierungs- und Anpassungsprozessen.

3. Lerntheoretisches und verhaltenstherapeutisches Konzept

Allgemeinpsychologische Aussagen: Persönlichkeit ist das Ergebnis einer Interaktion von Reifung und Lernprozessen in der Auseinandersetzung mit der Umwelt. Verhalten läßt sich wirksam beschreiben in den folgenden Bestimmungsstücken: Umweltreize (S), Bedingungen des Organismus (O), Reaktion (R), Kontingenzen (K) und Verhaltenskonsequenzen (C) (s. KANFER u. PHILLIPS, 1970). Darüber hinaus Selbststeuerung (self-regulation) als Ergebnis von Lernprozessen, die scheinbar ohne äußeres Feedback oder Reinforcement aufrechterhalten werden (KANFER, 1970), einschließlich der dem Selbstsystem zuzuordnenden internalen Regulationsprozesse. Lernprozesse gehen zumeist zurück auf Prozesse klassischer oder instrumenteller Konditionierung einschließlich deren Verquickung. Hieraus Ableitung von Behandlungstechniken für Beseitigung unangepaßten Verhaltens (Beseitigungstechniken: Extinktion, reziproke Hemmung, negative Übung) und für die Aneignung eines neuen Verhaltensrepertoires (Aneignungstechniken: Operant-Conditioning Modell-Lernen).

Fehlanpassung und Bedingungen für Fehlanpassungen: zu starke oder ineffektive Verhaltenskontrolle (z. B. Lernen durch negative Praktiken wie starke Bedrohung, Kindheit) als dauerhafte, unangepaßte Verhaltensgewohnheit eines physiologisch normalen Organismus, erworben durch einen Lernvorgang (WOLPE, 1958). Ineffektive Verhaltenskontrolle beschreibt z. B. die Tatsache kurzfristiger Belohnungen, die das Symptom vermittelt, angesichts dauerhafter Ineffektivität. Zentrale Bedeutung kommt der Angst zu, die als Antriebsqualität im Zusammenhang mit Vermeidung unmittelbar verstärkend Lernprozesse aufrechterhält.

Therapeutische Konzepte

1. Klientenzentriertes Therapiekonzept

Der Th. schafft in der kl.z. Therapie Bedingungen der therapeutischen Interaktion, die umgekehrt den Bedingungen sind, die von der Theorie als verursachende Umgebungsbedingungen angesehen werden. In der Erklärung von Fehlanpassung ist es die Kommunikation, z. B. zwischen Eltern und Kind, die schrittweise zu einer Übernahme »fremder« Bewertungsmaßstäbe geführt hat, zu verstärkter Abhängigkeit von anderen

Menschen, zu verzerrter Wahrnehmung der eigenen Person und anderer Personen, ganz allgemein: zu einer geringen Aktualisierung individueller Erfahrungen. Die Kommunikationsbedingungen der kl.z. Therapie sind dann entsprechend umgekehrt: der Th. tritt dem Kl. mit Wertschätzung gegenüber, er verhilft ihm zu intensiverer Selbsterfahrung, legt zentrales Gewicht auf dessen internalen Erlebnisrahmen.

Neben der Förderung einer intrapersonalen Kommunikation des Kl. durch einfühlendes Verstehen, akzeptierend-wertschätzender Einstellung im Rahmen eines erfahrungskongruenten Verhaltens des Th. gilt für die Einbringung eigenen Erlebens (z. B. in der Selbsterfahrungsgruppe), daß der Th. Wahrnehmungen (z. B. über den Kl.) als subjektive Erlebensäußerungen einbringt, die der Kl. in seiner Erfahrung »verifizieren«, falsifizieren oder teilweise integrieren kann, da sie keine unüberprüfbaren, objektivierenden Beurteilungsmaßstäbe sind. Damit im Zusammenhang steht auch die Vermeidung von Diagnosen, psychologisierenden Beschreibungen und Klassifikationen. Der Th. achtet die Bedürfnisse des Kl. nach Selbstachtung, indem Kritik, Tadel, Zweifel und Beschämung seiner Person ausgeschlossen sind. Die Vermittlung einer wertschätzenden Beziehung ist vom Th. her nicht an Bedingungen geknüpft (unconditional). So bringt er ihm Wohlwollen entgegen, auch wenn der Kl. unangenehme Dinge berichtet, Rückschritte macht usw. Durch die Art der Beziehung vergegenwärtigt der Kl. sich zunehmend unangenehme Inhalte, Angstinhalte und Bedrohungen und baut sie – im selbstexplorativen Prozeß – in sein Selbstkonzept ein bzw. modifiziert dieses. Durch fehlende Lenkung, Bedrohung und Angst vor der therapeutischen Situation entfaltet sich beim Kl. ein zunehmender Prozeß von mehr Eigenaktivität, nicht allein im Sprachverhalten, sondern im Durchleben, Erfahren und Suchen neuer Gefühlsinhalte und Zusammenhänge seines Erlebens.

2. *Tiefenpsychologisch-psychoanalytisches Therapiekonzept*

Die Einnahme der Therapeutenrolle ist so konzipiert, daß sie die von der Theorie angenommenen Auslösungsbedingungen wiederbelebt. Regression des Patienten auf eine infantile Stufe der Triebentwicklung, Wiederbelebung der Eltern-/Vater-Beziehung durch Übertragungsprozesse und damit ausgelöste Widerstandsphänomene. Der Th. agiert weniger als reale Person, sondern verhält sich passiv-rezeptiv, bleibt freischwebend in seiner Aufmerksamkeit, wobei er dem Patienten gerade durch die mangelnde Durchsichtigkeit seines Verhaltens und Erlebens möglichst viel Projektionsmaterial abgewinnen will, das Hinweise für den Deutungsprozeß bietet. Der Hauptbezug der Deutungsarbeit liegt auf vergangenen Inhalten, wobei der Th. auf theoretisch vorgeprägte inhaltliche Deutungskonzepte zurückgreift und dem Kl. zu einem im Sinne der Theorie verstärkten Wiederbeleben, Bewußtmachen und Einsichtigmachen verhilft.

3. Verhaltenstherapeutisches Behandlungskonzept

Die Behandlungssituation hat einen sehr viel stärkeren experimentellen Charakter. Der Th. ist bemüht, die augenblicklich vorhandenen Störbedingungen und Verstärker aufzugreifen; Angehen mehr isolierter Symptome ohne Annahme eines unbewußten Hintergrundes. Die das Verhalten aufrechthaltenden Umgebungsreize werden nicht durch die Person des Th. wiederbelebt und vergegenwärtigt sowie umgekehrt, sondern durch experimentelle Prozeduren (z. B. vorstellungsmäßige Vergegenwärtigung noch erträglicher, angstauslösender Reize bei der systematischen Desensibilisierung). Starke Betonung einer differentiellen, dem Fall angemessenen Behandlungstechnik, Appell an Verstehbarkeit und Mitarbeit des Kl., Kontrollierbarkeit und Objektivität des gesamten Therapieablaufes.

Diskussion wesentlicher Unterscheidungsmerkmale

Das kl.z. Persönlichkeits- und Therapiekonzept stellt in den Mittelpunkt das Individuum, das prinzipiell offen und erweiterungsfähig ist, das sich selbst steuert und auf zunehmende Autonomie hin angelegt ist. Es geht aus von eigenen Wertmaßstäben und ist generell zu eigenen Entscheidungen fähig. Derartige Werte müssen respektiert und auch von sozialen Institutionen gestärkt werden. Autonomie und Verselbständigungstendenzen sind allzuoft unvereinbar mit einer Expertenrolle des Th., der den Kl. deren »wahre« Motive, Anliegen und Bedürfnisse verschreibt. Ein solches Grundkonzept hebt sich sehr deutlich ab gegen die Annahmen unbewußter Determination und gegen die Annahme einer Determination durch äußere Reizbedingungen. Die therapeutische Situation der kl.z. Theorie will Bedingungen schaffen, aus denen heraus zunehmende Selbststeuerung möglich wird. Dabei wird Selbststeuerung als eine dem Menschen von Natur her gegebene Äußerungsqualität erschlossen und nicht ein gesellschaftlicher Wert angelernt. Dieser Konzeption entgegengesetzt ist z. B. die lerntheoretische Position, die sich darauf beruft, daß selbst die Art der Selbstkontrolle durch das Einsetzen positiver oder negativer Verstärker ausgeformt werden kann (SKINNER gegenüber ROGERS unter Berufung auf Tierexperimente, s. ROGERS und SKINNER, 1956).

In der kl.z. Psychotherapie steht die Beziehung des Th. zum Kl. im Mittelpunkt und ist zentrales Konstituens für Änderungen. Die Bedeutung seiner Person ist auch ähnlich zentral, wenn auch anders, als etwa in der Psychoanalyse. Hier sind deutliche Abhebungen von der Verhaltenstherapie zu sehen, in der angenommen wird, daß die Güte der Planung, des technischen Vorgehens und »Wissens« über auslösende und aufrechthaltende Bedingungen im Vordergrund stehen. Ein weiterer, daran anknüpfender Abhebungsgesichtspunkt der beiden Richtungen gegenüber der Verhaltenstherapie besteht in der ganzheitlichen Ausrichtung und – teilweise auch in der kl.z. Psychotherapie – mehr biographischen Hinwendung. Dies widerspricht grundsätzlich einer auf Faktenisolierung, Symptombegrenzung und auf gegenwärtig relevante Aspekte analog der psychologisch-experimentellen Methode konzipierten Behandlungsart. Für die kl.z. Psychotherapie haben neuere Untersuchungen immer deutlicher aufgezeigt, daß das technisch-formale Gesprächsverhalten (etwa in Form der Variablen »Verbalisierung von Erlebnisinhalten«) nur geringe Bedeutung hat im Hinblick auf das Ergebnis der Therapie (Bommert, 1971; Sander, 1971; Minsel, Langer u. a., 1973).

Anders ist die Zuordnung der Therapieformen, betrachtet man das »Material« der Therapien (inhaltlich: Gesprächsinhalte, Situationen, Konflikte). Vom Inhaltlichen her liegt die Bedeutung der kl.z. Psychotherapie auf gegenwärtigen Erlebnissen, Sichtweisen, Gefühlen und Empfindungen. Dies schließt nicht aus, daß der Kl. über vergangene Erfahrungen spricht. Wichtiger ist dabei, wie der Kl. dies *jetzt* erlebt, empfindet, und was in der Gegenwart, gewissermaßen als Erlebensreaktion auf die vergangenen Erlebnisse hin, in ihm vorgeht. Vom rein Sprachinhaltlichen her steht sie dabei der Verhaltenstherapie näher als tiefenpsychologischen Richtungen.

Eingangs wurde darauf hingewiesen, daß – als genereller Ansatz von Psychotherapien – die therapeutische Situation *inkongruent* ist mit der ein- oder vielmaligen auslösenden und aufrechthaltenden Schädigungssituation. Dabei tritt einmal ein *Zurückrufen* ein* und zum anderen ein In-Gang-Setzen einer *Entgegenwirkung*. Im Hinblick auf die beiden Prozesse des Zurückrufens und Entgegenwirkens läßt sich die kl.z. Psychothera-

* Lerndefizite, die durch operantes Konditionieren angegangen werden und Aneignungsprozesse beinhalten, sollen zunächst ausgeschlossen sein.

pie wie folgt abgrenzen: der Prozeß des Zurückrufens bleibt sehr viel mehr dem Kl. überlassen, der selbst bestimmt, wie weit er sich angsterregenden oder unangenehmen Erlebensinhalten im Gespräch aussetzt (eine solche Steuerfunktion wird dem Kl. allenfalls noch in dem Spezialfall der systematischen Desensibilisierung der Verhaltenstherapie zugeschrieben). In dem Prozeß des Zurückrufens sind die beiden anderen Richtungen sehr viel direktiver und rigoroser, man vergleiche etwa die provozierte Wiederherstellung frustrierender Kindheitserfahrungen und Abhängigkeitsbeziehungen in der Psychoanalyse und die massive, vom experimentellen Denken abgeleitete Aussetzung des Kl. bei Reizüberflutungs- und bei Aversionstechniken in der Verhaltenstherapie.

In einem abschließenden Unterscheidungsgesichtspunkt sollen die Therapierichtungen schließlich noch verglichen werden hinsichtlich der Möglichkeiten, die sie für die *Beseitigung* von gestörtem Verhalten und der *Aneignung* neuen Verhaltens, das bisher nicht im Verhaltensrepertoire enthalten war, anbieten. Hierbei hebt sich die Verhaltenstherapie mit ihrem vielfältigen Behandlungsrepertoire deutlich ab. Für die kl.z. GPT geht es überwiegend um Aufhebung von Hemmungsprozessen, die das Erleben und Verhalten einengen und deren natürliche Äußerung, Aktualisierung und Entfaltung beeinträchtigen, wobei die Fähigkeit dazu als grundsätzlich gegeben oder einmal vorhanden gewesen, angesehen wird. Von einer ähnlich engeren Fassung der Verhaltens- und Erlebensmodifikation ging die frühe Psychoanalyse mit der Katharsismethode aus. Umfassendere Möglichkeiten in der Frage der Aneignung bisher im Verhaltensrepertoire nicht enthaltener Verhaltensweisen gibt die Verhaltenstherapie (operantes Konditionieren, Lernen am Modell). Derartige Aneignungsprozesse sind nicht allein auf motorische Reaktionen und auf die habituelle Verfestigung bestimmter Vollzüge (wie z. B. Arbeits-/Lernverhalten) anwendbar und beobachtbar, sondern auch auf komplexere internale Bereiche, wie z. B. die Untersuchungen zum Modell-Lernen deutlich machen. Mit all dem soll jedoch nicht gesagt sein, daß in anderen Therapien als der Verhaltenstherapie keine Aneignungsprozesse stattfinden. Das Methodeninventar der Verhaltenstherapie läßt sie nicht allein bei Störungen mit Rückrufbedingungen zum Einsatz kommen, sondern besonders auch in Phasen, in denen Lernprozesse noch bevorstehen (Kindheitsentwicklung, Erziehung, Sozialisationsprozeß).

Abgrenzung zur Beratungssituation

Wir wollen uns bei der Definition von »Beratung« (identisch mit »counseling«) sinngemäß anlehnen an Stefflre und Grant (1972). Die Autoren fassen Counseling auf als Endpunkt eines Kontinuums, das fließend übergeht in Psychotherapie und nur in seiner strengen Ausprägung durch ein Mehr oder Weniger zu definieren ist: ein – im Vergleich zur Psychotherapie – Mehr an Beschäftigung mit instrumentellem Verhalten mit begrenzteren, gegenwärtigen Zielen. Der Ansatz ist mehr auf kognitive Prozesse und Problemlösungsverhalten gerichtet als auf affektiv-dynamische Prozesse, mit stärker institutionell bedingten Aufgabenstellungen versehen, praktiziert von zumeist weniger ausgebildeten Fachkräften bei im allgemeinen eher »normalen« Kl. Die folgenden Erörterungen beziehen sich nicht auf eine Abgrenzung des Beratungsvorganges gegenüber allen genannten therapeutischen Vorgehensweisen (aus jeder therapeutischen Methode sind Vorgehensweisen für das Beratungsgeschehen abgeleitet worden). Vielmehr soll auf einige Unterscheidungsmerkmale *innerhalb* des kl.z. Vorgehens in der Situation der Beratung und der Therapie eingegangen werden.

Nach Erfahrung des Verfassers ist die Anwendung des kl.z. Vorgehenskonzepts aus folgenden Gründen erfolgversprechend:

1. In der Beratungssituation wird eine interpersonelle Beziehung zeitlich begrenzt aufgebaut. Die kl.z. Therapie hat bedeutsame Beiträge zur Gestaltung einer hilfreichen Beziehung, die zu persönlicher Entfaltung führt, geleistet.
2. Die kl.z. Vorgehensweise nimmt ganzheitlich Bezug auf Gefühls-, Empfindungs-, Erlebens-, Entscheidungsvorgänge des Kl. Da persönliche Entscheidungen (als häufiger Anlaß des Aufsuchens einer Beratung) in seltenen Fällen durch Informationsvermittlung allein zu lösen sind, erscheint ein in diesem Sinne ganzheitliches Vorgehen angemessen.
3. Das kl.z. Vorgehen führt in besonders kurzer Zeit zu einer wachsenden Autonomie und Selbststeuerung des Kl.

Als wesentliche Nachteile der Anwendung des kl.z. Vorgehenskonzepts in der Beratungssituation erscheinen folgende Punkte:

1. Das Ziel einer Beratung wird stärker mitbestimmt durch die institutionelle Einbindung einer Beratungsstelle (z. B. Berufsberatung, kirchl. organisierte Ehe- und Lebensberatung, Drogenberatung, Studienberatung usw.). Dies kann u. U. in starken Gegensatz kommen zur freien Wahl der Ziele des Kl., in seiner Art Entscheidungen zu treffen und mit der – für die Therapie unerläßlichen – Freiwilligkeit, auf der die Beziehung gegründet ist.
2. Die Organisation des Selbst des Kl. ist nicht der kritische Aspekt, der den Kl. mit bestimmten Problemen in die Beratung führt. U. U. fehlt dem Kl. ein Mindestmaß an Unruhe, Angst und Leidensdruck, das in der Therapiebeziehung zu selbstexplorativem Gesprächsverhalten und entsprechenden Lernvorgängen führt.
3. Das kl.z. Vorgehen verfolgt in geringem Maße einen kognitiv-informativen Ansatz und vernachlässigt stärker die Art der Reiz-Situation und die effektive Orientierung in einer Reiz-Situation.

Insgesamt gesehen, erscheint das kl.z. Vorgehen in den meisten Fällen als angebracht in der Beratungssituation, soweit Konflikte und Entscheidungsschwierigkeiten nicht allein durch Informationsmangel, sondern durch emotionale Bedingungen verursacht werden. Ein mehr themenzentrierter Ansatz ist durchaus mit der kl.z. Vorgehensweise zu vereinbaren, wenn die Themenbegrenzung von der Natur des Problems her bedingt ist und Th. und Kl. darin übereinkommen. Was die Anwendung des kl.z. Vorgehens kritisch macht – gerade im Zusammenhang mit der zugrundeliegenden Persönlichkeitstheorie –, ist die zusätzliche Hineinnahme von Information, Testinformationen und Hinweisen. Da die Beratungssituation vermehrt *auch* eine Situation der Information und Orientierung in einer Reiz-Situation ist und nicht allein eine Situation der Vergegenwärtigung und Aktualisierung von Gefühlen und Bedürfnissen, ist der Gebrauch erläßlicher Orientierungs-Anhaltspunkte von vordringlichem Interesse. Inwieweit läßt sich also zusätzliche Informationsvermittlung mit dem kl.z. Konzept vereinbaren und wie kann dies in der Praxis gehandhabt werden?

Information und Testergebnisse sollten nicht als Entscheidungsinstanzen fungieren, sondern einen Teil des Wahrnehmungsfeldes des Kl. darstellen, neben vielen anderen Elementen wie Feedback von Freunden, Auswirkung auf andere Personen usw., aus dem heraus der Kl. sich ein Bild seiner selbst macht. Um den Informationen die rechte Bedeutung zukommen zu lassen, sollten sie mit der gleichen Verläßlichkeit gekennzeichnet werden, die ihnen aufgrund psychologischen Wissens zukommt (z. B. Validität eines Eignungstests). Testergebnisse und Informationen könnten damit bei geeigneter Mitteilung neben vielen anderen Hinweisen, die der Kl. bisher seiner Umgebung entnommen hat, diesem bessere Möglichkeiten einer realistischen Wahrnehmung seiner Person geben sowie Verzerrungen seiner Selbstwahrnehmung abbauen helfen. Letztlich bezieht sich dies auf eine realistischere Selbstwahrnehmung im *gegenwärtigen* Erleben. Diese Eingrenzung auf die Gegenwart enthebt den Kl. nicht der Notwendigkeit, ohne Anlehnung an einen festen Orientierungsrahmen und Verlaß auf fremde Autorität eigenen Zielvorstellungen nachzugehen, Entscheidungen nach eigenen Wünschen und Bedürfnissen zu treffen und Ungewißheit zu ertragen.

Gesamtgesellschaftliche Gesichtspunkte in Theorie und Praxis des klientenzentrierten Konzepts

Von Hans Joachim Fietkau und Lieselotte Thiede

Psychotherapie realisiert sich in der Beziehung von Kl., Th. und ggf. Mitklienten in der Gruppentherapie. Das Handeln und Interagieren von Kl. und Th., das wir Psychotherapie nennen, kann – wie menschliches Handeln generell – nicht isoliert, sondern nur im Kontext des Gesamts der sonstigen Lebensbezüge der handelnden Partner verstanden werden. Beide, Kl. und Th., sind einbezogen in eine komplex gegliederte Vielfalt sozialer Beziehungen, Rollen und darauf bezogener Erwartungen. Beide sind hineingestellt in eine Vielzahl äußerer Handlungszwänge, die auch in ihr Verhalten in der Therapie hineinreichen. Ebenso ist die einer Psychotherapie zugrundeliegende Theorie sinnvoll nur im Kontext gesellschaftlicher Bedingungen zu begreifen. Das, was an psychotherapeutischem Handeln realisiert wird, hängt weiter in großem Ausmaß von dem in der Theorie beschriebenen Menschenbild ab. Diese Theorie ist daraufhin zu durchleuchten, in welcher Weise sie die Beziehung des Menschen zu seiner gesellschaftlichen Wirklichkeit berücksichtigt.

ROGERS selbst nennt seine Methode »ein Produkt ihrer Zeit und ihres kulturellen Hintergrundes« (ROGERS, 1973, S. 23). Sein theoretisches Konzept der Persönlichkeit ist in weitem Ausmaß individualistisch orientiert; es spiegelt insofern die gesellschaftspolitischen Vorstellungen wider, wie sie von Wissenschaftlern in den vierziger Jahren in den USA vertreten wurden. Angesichts deutlicher werdender Diskrepanzen in der gesellschaftlichen Wirklichkeit (z. B. die Behandlung von Minderheitenproblemen in einer sich als demokratisch bezeichnenden Gesellschaft) wurden hier von Wissenschaftlern Ziele formuliert, die als naiver gesellschaftspolitischer Optimismus gekennzeichnet werden können.

Ein enger Zusammenhang des ROGERSschen Persönlichkeitskonzepts mit den Grundgedanken, die das Selbstverständnis des bürgerlich-demokratischen Gesellschaftssystems bestimmen, kann vermutet werden. Der *Krankheitsmythos in der Psychopathologie* (KEUPP, 1972) als ein Modell psychischer Störungen, dem die Auffassung zugrunde liegt, psychische Störungen/Fehlverhaltensweisen seien Krankheiten, die als Prozeß im Individuum ablaufen und analog zum (ebenso angreifbaren) medizinischen Krankheitsbegriff unabhängig vom sozialen Kontext des Individuums verstanden werden können, scheint auch bei ROGERS zum Tragen zu kommen. Ein Blick auf die Forschung in sozialistischen Ländern zeigt, daß dort andere Akzente gesetzt werden (vgl. KOHLER, 1972; ebenso *Kursbuch* 28, insbes. S. 91–104). Zunehmend wird jedoch auch von bürgerlichen Wissenschaftlern erkannt, daß psychische Störungen und Fehlverhaltensweisen nur mit Blick auf soziokulturelle Norm- und Wertmaßstäbe zu begreifen sind. Die Bezeichnung eines Verhaltens als Fehlverhalten ist nur mit Rückgriff auf eine allgemein zugrundeliegende und als richtig anerkannte Norm zu verstehen. Wie wir aber aus der Anthropologie wissen, sind derartige Leitvorstellungen »richtigen« Handelns nicht für alle Menschen gleich, sondern variieren mit den Kulturen und Gesellschaftssystemen (vgl. THOMAE, 1972a). Aber auch innerhalb einer kulturellen Einheit lassen sich unterschiedliche Wert- und Normvorstellungen aufweisen, wie es sich etwa im Hinblick auf schichtenspezifische Sozialisationsprozesse verdeutlichen ließe (vgl. THOMAE, 1972b). So ist es nur zwingend, wenn es PARSONS (1972) unternimmt, psychische Erkrankungen mit Rückgriff auf ein sozialpsychologisches Modell, nämlich das Rollenkonzept, zu definieren. Psychische Erkrankung wird von PARSONS als eine mangelnde Erfüllung sozialer Rollen des Individuums aufgefaßt. Psychische Gesundheit ist aber nicht als die permanente Erfüllung von Rollenerwartungen anzusehen, sondern »betrifft vielmehr die *Fähigkeit*, solche Beziehungen einzugehen und die Erwartungen solcher Zugehörigkeiten zu erfüllen« (S. 58). Versagen die Mechanismen, die diese Fähigkeit zur Eingliederung in soziale Rollen steuern, so wird die psychische Erkrankung zu einer Möglichkeit, die entstehenden Spannungen zu verarbeiten. Im Sinne PARSONS' wäre es also Aufgabe der Therapie, dem Kl. die Möglichkeit der Rollenerfüllung wiederzugeben. Es stellt sich die Frage, ob die Erfüllung sozialer Rollen, oder wenigstens die Möglichkeit, gewünschte soziale Rollen auszufüllen, mit individuellem Glück kovariiert.

Insgesamt wird die Einbeziehung soziologischer und sozialpsychologischer Aspekte in die Therapieforschung zunehmend wichtig (vgl. GOLDSTEIN u. SIMONSON, 1971). Das der kl.z. Psychotherapie zugrundeliegende Konzept wird in letzter Zeit zunehmend kritisch beleuchtet, und es wird der Versuch gemacht, andere theoretische Grundlagen für diese Therapie zu formulieren (z. B. BOMMERT, 1973), wobei jedoch gesamtgesellschaftliche Gesichtspunkte bislang noch nicht hinreichend Berücksichtigung gefunden haben. Es bleibt zu hoffen, daß in neueren theoretischen Konzepten die gesellschaftlichen Bedingtheiten psychischer Störungen stärker Beachtung finden und daß diese Vorstellungen auch angemessenen Niederschlag im konkreten therapeutischen Handeln finden.

Der Th. ist Mitglied seiner Gesellschaft und in deren soziale Beziehungen und institutionelle Zwänge einbezogen. Als Mitglied seiner Th.-Organisation ist er etwa bestimmtem methodischem Vorgehen verpflichtet, als Angehöriger der Institution, in der er Therapien durchführt, ist er einer bestimmten Klientel verpflichtet, hat vielleicht eine bestimmte Anzahl von »Fällen« pro Jahr zu bearbeiten (für freiberuflich tätige Th. ist dies z. T. in noch stärkerem Ausmaß der Fall). Als Angehöriger einer bestimmten gesellschaftlichen Schicht, im Gefolge seiner therapeutischen Ausbildung, seiner persönlichen Vorerfahrungen, seiner Persönlichkeitsstruktur realisiert er bestimmte Norm- und Wertvorstellungen, bevorzugt er bestimmte Formen der Problem- und Daseinsbewältigung. Dieser soziokulturelle und individualgeschichtliche Hintergrund des Th. wirkt sich auf seine Auswahl der Kl. und auf den Ablauf der Therapie aus. HOLLINGSHEAD u. REDLICH (1958) fanden, daß die Wahrscheinlichkeit, in psychiatrischen Krankenhäusern psychotherapeutisch behandelt zu werden, eine Funktion der Schichtzugehörigkeit des Kl. ist. Dem Th. ist von der Theorie der kl.z. Psychotherapie her gegenüber dem Kl. ein bewertendes Verhalten untersagt, und diese Forderung hat sich auch – gemessen am Therapieerfolg – als sinnvoll erwiesen (TRUAX, 1970). Es stellt sich aber dennoch die Frage, ob vom Th. nicht faktisch immer seine z. T. gesellschaftlich determinierten Wert- und Normvorstellungen in den Gang der Therapie einfließen. So fanden CARKHUFF u. PIERCE

(1967) bei amerikanischen Kl. und Th. eine deutliche Auswirkung der ethnischen (Schwarze/Weiße) und der sozialen Schichtzugehörigkeit von Kl. und Th. auf die Selbstexploration des Kl. Solche Kl., die bezüglich ihrer sozialen und rassischen Zugehörigkeit dem Th. am ähnlichsten waren, zeigten die größte Selbstexploration. Die hier angesprochenen Probleme bedürfen einer eingehenden empirischen Analyse, und die Ergebnisse müssen sorgfältig auf ihre Bedeutsamkeit für die kl.z. Psychotherapie überprüft werden. Diese Aufgabe kann in diesem Rahmen nicht geleistet werden. Eine Intensivierung der Verbindung sozialpsychologischer und psychotherapeutischer Forschung, die seit wenigen Jahren insbesondere im angloamerikanischen Sprachraum besteht, scheint dringend geboten. Einen Einstieg in dieses Forschungsgebiet vermitteln u. a. GOLDSTEIN u. SIMONSON (1971).

Schätzungen, die das Ausmaß psychischer Erkrankungen in hochindustrialisierten Ländern zu erfassen suchen, schwanken mit wechselnden Kriterien für psychische Erkrankung sehr stark. Was für Prozentangaben man aber immer zugrunde legen mag, es muß als sicher angenommen werden, daß nur ein Bruchteil der Menschen, die psychotherapeutischer Behandlung bedürfen, diese tatsächlich erhalten. Auch die absolute Zahl der derzeit therapierten Personen ist gering, und es stellt mit Hinblick auf unsere Gesellschaft wohl eine angemessene Einschätzung der Sachlage dar, wenn man annimmt, daß Psychotherapie unter diesen Bedingungen gesamtgesellschaftlich keine verändernde Wirkung hat. Die Auswirkungen psychotherapeutischer Bemühungen sind wohl (derzeit noch) allein auf der individuellen Ebene des Kl. und seiner unmittelbaren Bezugspersonen zu sehen. Hat psychotherapeutisches Handeln heute noch keine unmittelbaren nennenswerten gesamtgesellschaftlichen Konsequenzen, so kann man zumindest mittelbar Einflußmöglichkeiten feststellen. Es ist denkbar, und wie es scheint, lassen sich entsprechende Trends aufzeigen (die aber noch empirischer Untermauerung bedürfen), daß Leitvorstellungen, wie sie dem Handeln der kl.z. Psychotherapie entsprechen, in das »Alltagsbewußtsein« der Menschen eingedrungen sind und verschiedenste Formen menschlicher Interaktion beeinflussen. Das Menschenbild des kl.z. Konzepts und die hier als effektiv anerkannten Veränderungstechniken menschlichen Verhaltens und Erlebens haben A. und R. TAUSCH (1970) hinsichtlich ihrer Bedeutsamkeit für das pädagogische Feld inspiziert. Diese vom ROGERSSCHEN Grundmodell abgeleiteten und für den pädagogischen Bereich fruchtbar gemachten Forderungen haben in der Eltern-, Erzieher- und Lehrerschaft der BRD und Westberlins große Resonanz gefunden. Vielleicht lassen sich Grundzüge des kl.z. Konzepts auch im Bereich der sozialen betrieblichen Wirklichkeit zur Verbesserung der Beziehungen unter Arbeitskollegen und im Bereich industrieller Führungsstile sinnvoll anwenden (vgl. BASTINE, 1972).

Therapeutisches Handeln ist seiner Bestimmung nach immer auf Veränderung angelegt, wenngleich dieser Tatsache im Bewußtsein vieler Psychologen z. T. nur widerwillig Rechnung getragen wird (ROHR, 1972, S. 7). Es stellt sich die Frage, welche Veränderungsziele durch wen festgesetzt werden und welches die Mediatoren der Veränderung sind. Sicher ist es nicht allein der Kl., der gemäß theoretischer Forderung des kl.z. Konzepts die Ziele setzt, sicher werden diese Ziele auch durch den Th. ungewollt oder auch z. T. bewußt gesteckt. Teilweise werden die als Effekte konkret realisierten Therapieziele durch die theoretische Konzeption der GPT vorbestimmt. Wir dürfen die Gefahr nicht verkennen, daß aufgrund dieser theoretischen Konzeption die Realisierung gesprächspsychotherapeutischen Verhaltens darin bestehen kann, allein den Kl. als Ursache seiner Probleme zu sehen und ihm dies auch zu vermitteln; ein solches Vorgehen würde den Kl. von den äußeren Ursachen bestimmter Schwierigkeiten ablenken und könnte ihn daran hindern, diese Schwierigkeiten dort, wo sie auftreten, zu erkennen und zu bearbeiten. Man muß jedoch feststellen, daß durch die Technik der GPT der Kl. ggf. erst in die Lage versetzt wird, durch Reflexion seiner Erlebniswelt sein Verhältnis zu seiner Umwelt klarer zu bestimmen, seine Umwelt unvoreingenommener und angemessener wahrzunehmen. Dies aber sind die Voraussetzungen dafür, daß der Kl. überhaupt erst effektiv gestaltend und verändernd in seine Umwelt eingreifen kann. Wir haben es also in dieser Sicht bei der GPT mit einer Methode zu tun, durch welche die Voraussetzungen geschaffen werden können, die ein Mensch benötigt, um überhaupt auf seine Umwelt und damit auch auf die Gesellschaft einwirken zu können.

Die Notwendigkeit einer verstärkten Anwendung psychotherapeutischen Gedankenguts in erweitertem Rahmen könnte sich in Zukunft daraus ergeben, daß die sich vollziehenden rapiden Veränderungen gesellschaftlicher Verhältnisse keine entsprechenden Veränderungen im Erleben und Verhalten der Menschen notwendig mit sich bringen. Aufgabe humanwissenschaftlicher (futurologischer) Forschung muß es dann zentral sein, die Möglichkeiten und Grenzen aufzuzeigen, die dem Menschen gegeben sind, sein Verhalten und Erleben an seine sich verändernde gesellschaftliche Wirklichkeit anzupassen. Die Gestaltung gesellschaftlicher Verhältnisse unter Berücksichtigung der Verhaltens- und Erlebensweisen der Menschen und ihrer Entwicklungsmöglichkeiten stellt eine wesentliche gesellschaftspolitische Aufgabe dar, zu der auch die Psychotherapieforschung einen Beitrag leisten kann. Dieser Beitrag entbindet jedoch nicht von allgemeinpolitischen Entscheidungen über die Ziele der gesellschaftlichen Entwicklung, er ersetzt auch keine politökonomischen und soziologischen Analysen. Wir sind noch weit entfernt von einem gesellschaftlichen System der Steuerung und Kontrolle menschlichen Verhaltens unter Rückgriff auf wissenschaftlich Belegtes, wie es von SKINNER propagiert wird.

Die Persönlichkeitstheorie von Rogers und die Ziele des psychotherapeutischen Handelns

Von Agnes Wild

Die Frage nach der Priorität von Therapie oder Theorie läßt sich für ROGERS eindeutig beantworten. Er ist ein leidenschaftlicher Verfechter der These, Theorie müsse aus der Therapie erwachsen. Die Theorie muß kompatibel mit der Therapie sein. So schreibt ROGERS in *Die klient-bezogene Gesprächstherapie* (S. 32), daß »die zarte Blume der Theorie auf dem festen Boden der Erfahrung erwächst.« Die Theorie entstand aus seinen Therapieerfahrungen. Er will sie aber nicht als Dogma verstanden wissen, so unterzieht er sie – wie seine verschiedenen Arbeiten zeigen – einer konstanten Revision, wenn neue wissenschaftliche Erkenntnisse dies nahelegen. Die Theorie ihrerseits, so meint ROGERS, könne als Impetus für weitere wissenschaftliche Untersuchungen dienen.

Theorie und Therapie sind bei ROGERS derart ineinander verwoben, daß der Versuch, die beiden voneinander zu trennen, wie BISCHOF sagt, dem Versuch gleichkäme, Fäden aus einem Gewebe zu ziehen. Zu dieser Verflechtung kommt eine zusätzliche Schwierigkeit: ROGERS' Beiträge zur Persönlichkeitstheorie sind vielfach derart persönlich gehalten, daß es schwerfällt, »zu wissen, wo die Persönlichkeit des Menschen Rogers endet und wo Rogers' Persönlichkeitsbild des Menschen beginnt«, so BISCHOF.

Bereits am Teachers' College gerät ROGERS in den Konflikt zwischen Psychoanalyse und experimenteller Psychologie.

Er schreibt dazu in *Entwicklung der Persönlichkeit* (S. 25): »Mit großem Interesse nahm ich die dynamischen Ansichten des Kollegiums, darunter David Levy und Lawson Lowrey, über Freud auf und fand, daß sie in starkem Widerspruch zu dem rigorosen naturwissenschaftlichen, kalt-objektiven, statistischen Standpunkt standen, der damals am Teacher's College vorherrschte. Im Rückblick glaube ich, daß die Notwendigkeit, jenen Konflikt in mir zu lösen, eine höchst wertvolle Lernerfahrung war. Zu der Zeit meinte ich, in zwei völlig verschiedenen Welten zu arbeiten, die sich nie begegnen könnten.«

Dieser Konflikt zieht sich durch sein gesamtes Schaffen, er erhält hingegen durch die Entwicklung seines Denkens gewisse Verschiebungen, wie wir sehen werden.

ROGERS versucht dann, sich von FREUD abzusetzen, doch bleibt implizit viel FREUDsches Gedankengut in seinen Anschauungen vorhanden. Z. B. versucht er, sich durch die Vermeidung FREUDscher Terminologie von ihm abzuheben. Man denke nur an den Begriff der Verdrängung und ihrer Auflösung, die ROGERS in seiner Terminologie etwa so beschreibt (*Die klient-bezogene Gesprächstherapie*, S. 447): »Wenn das Individuum alle seine Körper- und Sinneserfahrungen wahr und in ein konsistentes und integriertes System aufnimmt, dann hat es notwendigerweise mehr Verständnis für andere und verhält sich gegenüber anderen als Individuen akzeptierender.« Und an einer anderen Stelle (S. 449): »Wenn das Individuum mehr von seinen organischen Erfahrungen in seiner Selbststruktur wahrnimmt und akzeptiert, merkt es, daß es sein gegenwärtiges Wertsystem, das weitgehend auf verzerrt symbolisierten Introjektionen beruhte, durch einen fortlaufenden, organismischen Wertungsprozeß ersetzt.«

Wenn FREUD von unbewußten Phänomenen spricht, die ins Bewußtsein treten müssen, findet man bei ROGERS einen vergleichbaren Gedankengang, wenn von »organismischen Erfahrungen« die Rede ist, die »symbolisiert werden sollen«.

Zu dem Einfluß der Psychoanalyse einerseits und der empirischen Psychologie andererseits tritt zeitlich etwas später ein dritter prägender Einfluß: Der Existentialismus, besonders die Existentialtheologie KIERKEGAARDS. ROGERS' ursprünglich theologisches Interesse erhält hier eine neue Blickrichtung. Neben KIERKEGAARD sind es SARTRE und Martin BUBER (den er 1957 zu einem Dialog traf), deren Ideen ROGERS in sein Denken integrierte (vgl. *Menschen oder die Wissenschaft? Eine philosophische Frage*, in: *Entwicklung der Persönlichkeit*, S. 197 ff.). Das Ziel der Existentialtheologie ist es, den einzelnen zur »Fülle des Daseins«, zur Existenz zu führen, diese wird verwirklicht durch freie Entscheidung (*Der Mensch setzt sich*) und bei KIERKEGAARD durch den Glauben (*Der Mensch faßt Fuß in Gott*). Dieser Glaube setzt aber als Triebkraft des Erlebens die Erschütterung des Menschen durch die Angst voraus. Selbstverwirklichungstendenz und die Angst als zentrales Moment der Neurose sind für ROGERS richtungweisend. Aus Martin BUBERS kleiner Abhandlung *Ich und Du* übernimmt ROGERS den Begriff der *Ich-Du-Beziehung*, der in jeder seiner Arbeiten zitiert wird. Bei Martin BUBER heißt es z. B.: »Alles wirkliche Leben ist Begegnung«.

Dieser Einfluß verschmilzt mit den Ideen FREUDS zu dem phänomenologischen Denken ROGERS', das sich der empirischen Psychologie gegenübersieht. Insofern hat sich der ursprüngliche Konflikt ROGERS' zwischen FREUD und Lerntheorie verschoben. Aber der Widerspruch zwischen phänomenologischen und reduktiven Denkmethoden bleibt für ROGERS eine der zentralsten und brennendsten Fragen überhaupt. In *Lernen in Freiheit* sagt er dazu wörtlich (S. 266): »Ein Teil gegenwärtigen Lebens besteht darin, sich dem Paradox zu stellen, daß von der einen Seite her gesehen der Mensch eine komplexe Maschine ist. Mit jedem Tag nähern wir uns einem genaueren Verständnis und einer genaueren Kontrolle dieses objektiven Mechanismus, den wir Mensch nennen. Auf der anderen Seite, in einer anderen wichtigen Dimension seiner Existenz, ist der Mensch subjektiv frei. Von seiner persönlichen Entscheidung und Verantwortung hängt die Form seines Lebens ab. Er ist tatsächlich Architekt seiner selbst. Ein wahrlich entscheidender Teil in seinem Leben ist die Entdeckung seiner persönlichen sinnvollen Hingabe an das Leben aus der Ganzheit seines Wesens. Wenn sie hierauf einwenden: Aber diese Ansichten können doch nicht beide richtig sein, antworte ich: Dies ist ein tiefes Paradox, mit dem zu leben wir lernen müssen.«

Weil ROGERS dies als unauflösliches Paradox erkennt, kann er es auch verantworten, auf beiden Klaviaturen zu spielen: in der Therapie in uneingeschränkter Ich-Du-Beziehung, in der Wissenschaft als Erforscher der Gesetzmäßigkeiten menschlicher Freiheit. Ergeht es uns als praktisch tätigen Psychologen nicht ähnlich, wenn wir einerseits an die Freiheit, andererseits an die Determiniertheit menschlichen Erlebens und Verhaltens glauben? Wir stehen in der Spannung zwischen differenziertem, verstehendem Nachvollziehen und objektivierender Operationalisierung.

Im Spannungsfeld zwischen Freiheit und Determination wird Rogers nicht müde, die freie Wahl im subjektiven Erleben zu postulieren bei gleichzeitig – objektiv und wissenschaftlich gesehen – vorliegender Determination. Am eindrücklichsten stellt Rogers die subjektiv erlebte innere Freiheit bei maximaler äußerster Beschränkung am Beispiel des KZ-Häftlings dar in *Person to Person.* In einem Aufsatz (*The potential of the human individual*, 1961) schreibt er: »Unabhängig davon, wie sehr ein Mensch sich selbst als determiniert versteht – als Produkt vergangener Erlebnisse und Einflüsse, er kann nie als ein Objekt leben, er kann nur subjektiv leben«. Der Vorrang, den Rogers der Freiheit und Subjektivität einräumt, wird in allen seinen Arbeiten deutlich. Eine vollentwickelte Person lebt »das gute Leben« (vgl. *Entwicklung der Persönlichkeit*, S. 193). Eine solche Person bestimmt sich selbst, denkt, fühlt, erfährt und erlebt sich nicht als Objekt, in dem Dinge passieren. Auch die objektiven Funktionen in der Wissenschaft sieht Rogers als Resultat subjektiver Wahlen. »Sogar bei der Anwendung solch strenger und unpersönlicher Methoden trifft der Wissenschaftler subjektiv alle wichtigen Entscheidungen.« (*Entwicklung der Persönlichkeit*, S. 216).

Das betrifft ihn und seine Aussagen natürlich in gleicher Weise. So liest man in *Das bin ich* (*Entwicklung der Persönlichkeit*): »Ich hoffe, es ist jetzt klar, warum es für mich keine Philosophie, keinen Glauben, kein Gefüge von Prinzipien gibt, zu denen ich andere ermutigen oder von denen ich andere überzeugen könnte, sei es sie zu gewinnen oder aufrechtzuerhalten. Ich kann lediglich versuchen, nach *meiner* Interpretation der gegenwärtigen Bedeutung meiner Erfahrung zu leben und versuchen, anderen die Erlaubnis und die Freiheit zu geben, ihre eigene innere Freiheit und somit ein je eigenes, sinnvolles Verständnis der je eigenen Erfahrung zu entwickeln.«

Die Tendenz zur Aktualisierung ist ein weiterer wichtiger Teil von Rogers' Menschenbild. Der Mensch besitzt eine natürliche Fähigkeit, zu wachsen und sich zu entwickeln. Dieses wesentlich menschliche Charakteristikum sollte die Psychotherapie berücksichtigen, indem sie den Menschen frei macht für weiteres Wachstum und Entwicklung. Im Laufe der Jahre verdichtete Rogers diese Überzeugung dahingehend, daß er von einer angeborenen Tendenz spricht, sich in Richtung auf Wachstum, Gesundheit, Anpassung, Sozialisierung, Selbstverwirklichung, Unabhängigkeit und Autonomie zu bewegen (vgl. *Die klient-bezogene Gesprächstherapie*, S. 185). ROGERS selbst nennt diese Konzeption »simpel« und im Grunde das fundamentale Charakteristikum allen Lebens. ROGERS ist in dieser Beziehung von verschiedenen Autoren beeinflußt. Hauptsächlich von MASLOW, GOLDSTEIN und ANGYAL. GOLDSTEIN spricht von einer Selbstverwirklichungstendenz als Urstreben des Menschen. ANGYAL postuliert das Streben in Richtung auf wachsende Unabhängigkeit, Selbstregulation und Autonomie. Diese Aktualisierungstendenz wird von ROGERS sehr weit gefaßt. Er versteht sie als primäre motivierende Kraft des menschlichen Organismus. Sie ist eine Funktion des ganzen Organismus, nicht nur einzelner Teile. Triebe und Motive betrachtet ROGERS nie gesondert; er unterstreicht immer wieder, daß der Organismus als Ganzes antworte. In *Lernen in Freiheit* betont er, daß Menschsein Motiviertsein bedeute, und in *Encounter-Gruppen* ist von der »Weisheit des Organismus« (S. 51) die Rede, auf dem sich authentisches, ganzheitliches Funktionieren abspielt.

Eng verbunden mit dem eben Gesagten ist ROGERS' Ansicht, daß der Mensch ursprünglich gut und vertrauenswürdig ist (vgl. *Entwicklung der Persönlichkeit*, S. 193). Eigenschaften wie gut, konstruktiv, zuverlässig erachtet ROGERS als angeboren. Wenn sich Menschen häufig entgegengesetzt verhalten – etwa Haß und Grausamkeit an den Tag legen, dann entspricht dies einer Verteidigungshaltung, die sich von der angeborenen Natur entfernt. Diese Konzeption steht in direktem Gegensatz z. B. zur psychoanalytischen, die angeborene Destruktionstriebe annimmt, die für eine gesunde Persönlichkeitsentwicklung kontrolliert werden müssen. Wenn ein Mensch verteidigungsfrei und gut funktioniert, verläßt er sich auf seine sogenannte »total organic reaction«. Diese ist weit mehr als bewußtes Denken, in sie fließt ein intuitives Urteil mit ein. Der Mensch ist weiser als sein Intellekt. Das Bewußtsein zählt ROGERS zu den spätesten Entwicklungen innerhalb der menschlichen Evolution (vgl. *Symposium* über Motivation, in dem er sich über »die Aktualisierungstendenz in Beziehung zu Motiven und zum Bewußtsein« äußerte). Dort heißt es weiter: »Wenn der Organismus frei und effektiv funktioniert, stellt das Bewußtsein nur einen kleinen Teil der totalen Aktivität dar und tendiert dazu, eher reflexiv zu wirken als gerichtete Aufmerksamkeit zu sein. Bewußtsein wird geschärft und fokussiert erst, wenn der Organismus Funktionsschwierigkeiten erfährt.« Hier wirkt der Einfluß von WHYTES' Arbeit *The unconscious before Freud.* WHYTE sagt: »Der Hauptzweck des bewußten Denkens, seine neubiologische Funktion, mag in erster Linie darin bestehen, jene Faktoren zu identifizieren oder zu eliminieren, die dieses bewußte Denken entstehen ließen.«

Wenn diese Ansicht stimmt, erhebt sich die Frage, wieso bewußtes Denken so oft in Widerspruch zu organismischen Funktionen steht. Diese Frage wird durch ROGERS' Persönlichkeitstheorie z. T. geklärt. Wenden wir uns nun den hauptsächlichsten Thesen dieser Theorie zu. ROGERS' Standardwerk, *Die klientbezogene Gesprächstherapie*, kulminiert in dem Kapitel *Eine Theorie der Persönlichkeit und des Verhaltens.* ROGERS hat sie nach 1951 nicht mehr so explizit formuliert wie in den 19 Thesen des eben erwähnten Kapitels. Einzelaspekte hingegen, z. B. das Therapieziel, wurden neu formuliert (vgl. *Lernen in Freiheit*, Kap. *Die sich verwirklichende und voll handlungsfähige Persönlichkeit*). 1959 erwähnt ROGERS drei weitere Thesen, die nun den Einbezug der sozialen Umwelt bringen (In: KOCH, *Psychology*). Die erste dieser Thesen postuliert das Bedürfnis der Persönlichkeit nach sozialer Anerkennung, die zweite neue These spricht vom Wunsch nach Selbstachtung. Beide Wünsche operieren in einem parallelen System, wodurch das Individuum z. B. die Möglichkeit erhält, sich gegen gesellschaftlichen Druck zu wehren. Aus beiden Bedürfnissen entwickelt sich schließlich drittens das Selbstwertgefühl.

Die ursprünglichen Thesen der Persönlichkeitstheorie lassen sich etwa so zusammenfassen (vgl. BISCHOF):

1. Jedes Individuum lebt in einer sich dauernd verändernden Welt, deren Mittelpunkt es selbst ist

Die Welt der Erfahrung eines Menschen bleibt in den letzten Tiefen seine ureigenste. Niemand wird sie ganz erfassen, weder durch Tests, noch durch Beobachtung, noch Überlegung. Diese private Welt der Erfahrung schließt alle Vorgänge innerhalb des Organismus ein, ob sie nun ins Bewußtsein vorstoßen oder nicht. Zum Beispiel kann jemand so intensiv in eine Konversation verwickelt sein, daß er sich des Hungers, den sein Organismus verspürt, nicht bewußt wird. Viele Erfahrungen sind dem Bewußtsein eines Individuums nicht jederzeit verfügbar. Nur unter bestimmten Bedingungen können diese Erfahrungen dem Individuum ins Bewußtsein gelangen. Diese Bedingungen zu schaffen, ist u. a. Aufgabe der Therapie.

2. Der Organismus reagiert auf die Umwelt, wie er sie erfährt und wahrnimmt
Diese wahrgenommene Umwelt ist für das Individuum die »Realität«. ROGERS betont immer wieder, daß wir nicht auf eine absolute Realität reagieren, sondern auf eine subjektive, entsprechend unserer selektiven Wahrnehmung.

3. Am vorteilhaftesten versteht man das Verhalten eines Menschen aus seinem persönlichen Bezugsrahmen heraus
D. h., daß man sich auf die subjektive Wirklichkeit des anderen konzentrieren muß. Dies setzt Empathie voraus. Im Gegensatz dazu kann man versuchen, jemanden vom äußeren Bezugsrahmen her zu sehen, das wäre, wie viele meinen, »objektiv«. Doch ROGERS betont, dies sei mitnichten objektiv. Wir zwingen nur dem anderen unseren eigenen subjektiven Bezugsrahmen auf.

4. Die meisten Verhaltensweisen des Organismus stimmen mit dem Selbst überein
Das Selbst-Konzept ist ein wesentlicher Teil des kl.z. theoretischen Systems. Das Selbst-Konzept ist nicht immer im Bewußtsein, aber es ist immer verfügbar, ins Bewußtsein zu treten, d. h. es schließt keine unbewußten Selbsthaltungen ein, die nicht bewußt werden könnten. Das Selbst-Konzept ist also das Bild, das ein Individuum von sich selbst hat, zusammen mit seiner Wertung dieses Bildes. Diese Idee des Selbst-Konzeptes wurde im Laufe der Zeit für die kl.z. Gruppe immer wichtiger, als sich zeigte, daß der Änderung des Verhaltens eines Kl. immer eine Änderung in der Einstellung zu sich selbst vorausging. Bedürfnisse sind selbstverständlich ebenfalls wichtige Verhaltensregler, aber Bedürfnisse können in verschiedener Weise befriedigt werden, auch so, daß sie mit dem Selbst-Konzept übereinstimmen (z. B. jemand verspürt Hunger, befriedigt dieses Bedürfnis so, daß es der Selbstbetrachtung seiner Person entspricht, »ich muß essen, aber ich bin eine ehrenwerte Person, stehle also nicht im

Supermarkt«). Erzwingt aber die Befriedigung eines starken Bedürfnisses ein Verhalten, das dem Selbst-Konzept des Betreffenden widerspricht, gerät derjenige in Schwierigkeiten und greift zu verschiedenen Verteidigungsmanövern, um sein Verhalten mit seinem Selbstbild in Übereinstimmung zu bringen. Diese Art Situation bildet die Basis für ROGERS' Sicht der Fehlanpassung, von der im nächsten Abschnitt mehr gesagt wird.

5. Frühe Kindheitsentwicklung und ursprüngliche Entfremdung des Menschen

Diese These soll erklären, warum der Mensch so oft im Kriegszustand mit sich selbst lebt, warum sich also eine Kluft oder Inkongruenz zwischen Selbst-Konzept und Organismus-Erfahrungen entwickeln kann. Das Kleinkind besitzt eine »angeborene Aktualisierungstendenz« und wertet seine Erfahrungen danach, ob sie positiv oder negativ auf diese Tendenz wirken. Das ist eine Art Regulationssystem, das den Bedürfnishaushalt ordnet. Außerdem macht das Kind Erfahrungen, die ihm sein Selbst bewußt werden lassen, es entwickelt sein Selbst-Konzept. Im weiteren entwickelt das Kind ein Bedürfnis nach positiver Wertschätzung. Das Bedürfnis nach Wärme und Liebe der Mutter wird sehr stark und gibt die allgemeine Erfahrung, geliebt oder ungeliebt zu sein. Diese Erfahrung verknüpft sich mit der Selbsterfahrung und läßt das Bedürfnis nach positiver Selbstachtung entstehen. Im Laufe der Zeit lernt das Kind, jene Bedingungen zu unterscheiden, die das Bedürfnis nach Mutterliebe und das nach Selbstachtung am ehesten befriedigen, d. h. das Kind introjiziert sich die Werte anderer. Dadurch entsteht ein sekundäres Regulationssystem des Verhaltens, das eben im Konflikt zum organismischen Wertsystem stehen kann, das durch die Aktualisierungstendenz gekennzeichnet ist. Wenn sich also gelernte und angeborene Bewertungssequenzen widersprechen, entsteht ein Konflikt. ROGERS charakterisiert diesen fundamentalen Konflikt wie folgt: »Es gefällt mir, doch die anderen lehnen es ab. Da ich will, daß sie mich gern haben, will auch ich dagegen sein.«

Die Inkongruenz zwischen Selbst und Erfahrung nimmt eine Schlüsselstellung in der kl.z. Theorie ein. Dieser Zustand besteht, wenn das Selbst-Konzept verschieden ist von der aktuellen Erfahrung des Organismus. Ein Kind ist z. B. inkongruent, wenn es denkt, es möchte seine Schwester lieben und für sie sorgen, aber gleichzeitig ihr gegenüber Angst und Eifersucht empfindet. Mit anderen Worten: Die ursprüngliche Tendenz des Organismus ist die Selbstverwirklichung durch die Aktualisierungstendenz. Dann entwickelt sich das Selbst-Konzept, das sich auch aktualisieren will. Solange Selbst-Konzept und »organismische« Erfahrungen kongruent sind, ist der Mensch ganzheitlich und integriert. Der Mensch wird inkongruent oder zu einer in sich gespaltenen Person, wenn ein Teil in ihm der Aktualisierungstendenz treu ist, der andere Teil dem Selbstbild.

6. Bedrohung und Verteidigung

Das eigentliche Wesen der Bedrohung liegt darin, daß Erfahrungen, die dem Selbst-Konzept nicht entsprechen, ins Bewußtsein treten und damit die Selbstachtung frustrieren. Wenn einem Individuum diese Gefahr auch nur ganz wenig bewußt wird, entsteht Spannung und Angst. Angst ist also die Antwort des Organismus, die erfolgt, wenn die Diskrepanz zwischen Selbst-Konzept und Erfahrung ins Bewußtsein zu treten droht und das Zerbrechen des Selbst-Konzepts herbeiführen würde. Das Individuum wehrt sich dagegen, indem es die Erfahrung leugnet oder häufiger Erfahrungen falsch aufnimmt, damit sie in größerer Übereinstimmung zum Selbst-Konzept stehen. Dies sind die typischen neurotischen Manöver. Dieses neurotische Betragen ist dem Individuum oft unverständlich, da es nicht dem entspricht, was es bewußterweise tun möchte. Aussagen wie die folgenden sind für diesen Zustand typisch: »Ich wollte es nicht tun, aber ich tat es. Ich kann nicht verstehen warum. Ich habe dieses Gefühl gar nicht in Kontrolle, es scheint überhaupt kein Teil meiner Selbst zu sein, es ist wie ein Eindringling.«

7. Verhaltens- und Erlebnisänderung

Um Angst- und Verteidigungshaltungen zu ändern, muß das Selbst-Konzept mit den aktuellen organismischen Erfahrungen kongruent werden. Aber die Struktur des Selbst wehrt sich gegen Veränderungen, weil sie das Wertsystem und die gelernte Selbstwertschätzung erschüttern. Der Weg der Änderungen muß also über Bedingungen führen, in denen weder Angst noch Verteidigung herrschen. Ausschlaggebend dafür ist die Beziehung zu einer Person – eine Beziehung, in der die Notwendigkeit, sich nach einem Wertsystem zu verhalten, abnimmt und die positive

Selbstwertschätzung des Individuums zunimmt. Daraus ergibt sich das Therapiekonzept: Die Therapie muß wieder Übereinstimmung zwischen Selbst und Erfahrung herstellen, und zwar indem sie schrittweise die Grenzen des Selbst-Konzeptes des Kl. flexibler macht, so daß dieses die geleugneten und verfälschten Erfahrungen assimilieren kann. Die Aufgabe des Th. besteht dann darin, bestimmte Bedingungen zu schaffen, die es dem Individuum ermöglichen, sich zu verändern. ROGERS will durch seine Theorie nicht erklären, *warum* es bei korrektem Th.-Verhalten zu einer Änderung im Kl. kommt, vielmehr wird das durch seine Theorie nur beschrieben.

Die klient-bezogene Gesprächstherapie schließt mit folgendem Abschnitt (S. 458): »Diese Theorie ist dem Charakter nach im Grunde phänomenologisch und stützt sich auf das Konzept vom Selbst als einem erläuternden Konstrukt. Sie stellt sich den Schlußpunkt der Persönlichkeitsentwicklung als eine grundlegende Übereinstimmung zwischen dem Erscheinungsfeld der Erfahrung und der begrifflichen Struktur des Selbst vor – als eine Situation, die, wenn sie erreicht ist, Freisein von innerer Spannung und Angst und Freisein von potentieller Spannung verkörpern würde, die das Maximum an realistisch orientierter Anpassung darstellen und die Errichtung eines individualisierten Werte-Systems bedeuten würde, das beträchtliche Ähnlichkeit mit dem Werte-System eines anderen gleich gut angepaßten Mitglieds der menschlichen Rasse hätte.«

Darin fällt auf, daß mehrfach von Anpassung die Rede ist und daß der Begriff der »fully functioning person« noch fehlt. Den Begriff der Anpassung gebraucht ROGERS immer noch, doch eher im Sinne von »Anpassungsfähigkeit« an Veränderungen, als Flexibilität, deutlich abgehoben vom Konformismus. In *Lernen in Freiheit* sagte er über die »fully functioning person« (S. 280): »Er wäre nicht notwendigerweise an seine Kultur angepaßt, und er wäre ziemlich sicher kein Konformist.«

Das Konzept der »fully functioning person« stellte ROGERS zuerst in *Entwicklung der Persönlichkeit* vor (S. 183) und dann, weiter ausgebaut, in *Lernen in Freiheit* (S. 268). Die voll funktionierende Person ist für alle ihre Erfahrungen offen, d. h. sie zeigt keine Abwehrhaltungen und bringt sich bedingungslose Selbstachtung entgegen. Selbst-Konzept und Erfahrung stimmen überein und die Person handelt nach den Kriterien der Aktualisierungstendenz, welche auch das Selbst verwirklicht. Da ihre Erfahrungen sich verändern, wenn sie stets neuen Lebenssituationen gegenübersteht, erhält ihre Selbststruktur eine fließende Gestalt, d. h. diese Person befindet sich in einem dauernden Prozeß der Assimilierung neuer Erfahrungen. Das Individuum erfährt sich nicht als statisches Wesen, sondern als ein ständig neuwerdendes. Diese hypothetische Person wäre einem Computer vergleichbar, der alle eingehenden Daten speichert und die optimale Lösung findet. Da aber der Mensch nie alle Daten zur Verfügung hat, ist auch der voll funktionierende Mensch nicht gegen Versagen gewappnet. Da er aber offen für Erfahrungen ist, kann er daraus lernen.

ROGERS selbst scheint es zu gelingen, neue Erfahrungen zu machen, ohne alte verleugnen zu müssen und sie zu neuer Gestalt zu verbinden. Seine persönliche Entwicklung läßt sich an seinen Buchtiteln und neu eingeführten Begriffen ablesen. Lassen wir sie abschließend Revue passieren: Von *non-directive* (1949) kommt er zu *client-centered* (1952) und weiter zu *relationsship-centered* (1961). Dann treten Begriffe auf wie *fully functioning person, soundly social, experiencing* (1969). *Encounter* und *group-experience* beschäftigt ihn 1970. *Partnership* ist seine letzte Station 1972.

Erklärungsmodelle zum Verlauf des psychotherapeutischen Prozesses

*Von Wolfgang M. Pfeiffer**

Für die Entwicklung einer therapeutischen Methode ist entscheidend, welche Faktoren als krankmachend und welche im Geschehen der Behandlung als heilend gewertet werden. Die GPT gibt auf diese Fragen keine einheitliche Antwort. Dies erklärt sich einmal daraus, daß im therapeutischen Prozeß unterschiedliche Faktoren zusammenwirken, zum anderen werden nach Zeit und Orientierung der Autoren die Akzente verschieden gesetzt. Gemäß der empirischen Grundeinstellung hält man sich in der Annahme von Kausalzusammenhängen zurück und ist eher geneigt, Entsprechungen (»Gleichungen«) aufzustellen, etwa in der Form: »Je mehr der Klient den Therapeuten als echt erfährt, als empathisch verstehend, als ihn ohne Bedingungen achtend, um so größer wird der Grad konstruktiver Persönlichkeitsänderung beim Klienten sein.« (Rogers in: Hart und Tomlinson, S. 194).

Im einzelnen werden folgende Momente als therapeutisch hervorgehoben:

1. Katharsis und Einsicht

Dieser Gesichtspunkt fand besondere Aufmerksamkeit in der nondirektiven Phase der GPT (Rogers, 1942). Die Sicherheit der therapeutischen Situation ermöglicht es dem Kl., sich Inhalten zuzuwenden, die sonst aufgrund von Angst, Scham etc. der Gewahrwerdung entzogen sind. Bereits dem Aussprechen solcher Inhalte und der Abreaktion der damit verbundenen Emotionen wird befreiender Einfluß zuerkannt.

Mit dem Aufgeben von Abwehrmechanismen, z. B. der Zurücknahme von Projektionen, wird sich der Kl. zunehmend sei-

---

* Die vorstehende Arbeit wurde mit Hilfe der Deutschen Forschungsgemeinschaft durchgeführt.

ner positiven wie negativen Gefühle, seiner gebilligten wie abgelehnten Strebungen bewußt und lernt sie – dank der gleichmäßig akzeptierenden Haltung des Th. – als Teil seiner selbst anzuerkennen. Das bedeutet zum einen, daß die Persönlichkeit um bisher verleugnete und undifferenzierte Bereiche erweitert wird, zum anderen, daß der Kl. sich selbst, seine Lebenssituation, besonders auch die ihm verbundenen Menschen vollständiger und weniger verzerrt wahrnimmt. Es kommt zu einer Umstrukturierung des Erlebnisfeldes, die dem Kl. gestattet, zu neuen Integrationsebenen weiterzuschreiten. Hinsichtlich der Natur der Einsicht wird betont, daß sie den ganzen Menschen umfassen muß. Intellektuelle Einsicht hat wenig Wirkung, wenn sie nicht bis in die Tiefen emotionalen Erlebens (»gut level«, d. h. »bis in die Eingeweide«) reicht. Andererseits läßt erst die Fähigkeit zu rationaler Bewertung und Entscheidung die Einsicht zu einem vollgültigen menschlichen Akt werden.

Die GPT kann somit – ähnlich wie die Psychoanalyse – auch als bewußtmachende und einsichtsorientierte Methode charakterisiert werden. Allerdings macht sie keinen Gebrauch von Deutungen, sondern erwartet, daß die Einsichten unter entsprechenden therapeutischen Bedingungen durch den Kl. selbst gewonnen werden, während der Th. lediglich zu ihrer Klärung und Festigung beiträgt. »Einsicht ist eine Erfahrung, die der Klient nicht übernehmen kann, sondern selbst machen muß« (ROGERS, 1942, S. 178).

2. Annäherung des als real wahrgenommenen Selbst und des Selbst-Ideals

Dieser Gesichtspunkt wurde vor allem in der gefühlsreflektierenden Phase der GPT hervorgehoben (vgl. ROGERS, 1951). Unter den Verzerrungen im Wahrnehmungsfeld eines psychisch gestörten Menschen kommt der negativen Verzeichnung des als real wahrgenommenen Selbst besondere Bedeutung zu. Demgegenüber wird – unter dem Einfluß übernommener Wertungen – ein Wunschbild (»Selbst-Ideal«) aufgebaut, welches so weit von den realen Gegebenheiten entfernt ist, daß es zur Vergewaltigung der eigenen Natur, zum Versagen und zur Resignation führt. In der Therapie lernt der Kl., sich selbst vollständiger und ohne negative Verzeichnungen zu erfassen; die akzeptierende Haltung des Th. erleichtert ihm, dieses eigentliche Selbst anzunehmen, zu verwirklichen und zum Ort seiner Wertungen zu machen. Dagegen verliert das fremdbestimmte Selbst-Ideal seine Starrheit und lähmende Ferne. Der Kl. gewinnt damit Selbstsicherheit, die ihm gestattet, auch anderen Menschen mit weniger Sicherungen offener und duldsamer gegenüberzutreten.

Beispiel: Eine adipöse junge Frau empfand sich als abschreckend häßlich, dagegen träumte sie sich als grazile »Sylphe« und suchte sich diesem Idealbild in Phasen des Hungerns und Ästhetisierens anzunähern. Damit wechselten Phasen ab, in denen sie alle Interessen verlor und sich bis zum Erbrechen mit Speisen vollschlug. So brachte sie es nicht fertig, in den Spiegel zu schauen oder auf die Waage zu treten, da ihr der Gegensatz zwischen Realität und Wunschbild unerträglich war. Unter der Therapie gelang es ihr, das realitätsfeindliche Idealbild abzubauen, das Übergewicht zu reduzieren und sich als genußfrohen, kräftig, aber durchaus anmutig gebauten Menschen zu bejahen. Damit verlor sich der Wechsel von Hungern und Eßzwang und gab einem angemessenen Vergnügen an Speisen Raum.

3. Therapie und psychische Gesundheit als Prozeß

Grundlage der erlebnisorientierten Richtung der GPT stellt die Beschreibung des Therapieverlaufes als Prozeß dar, der sich wiederum in den lebenslangen Prozeß psychischer Entwicklung einordnet (Rogers, 1961). Dieses Konzept bedeutet eine Absage an jeden Versuch, Behandlungsziele statisch zu fixieren. Am ehesten würde sich psychische Gestörtheit als statisch, rigide darstellen, während volle Gesundheit (»fully functioning person«) durch Offenheit und fortschreitenden Wandel gekennzeichnet ist.

Walker, Rablen und Rogers haben in einer Skala sieben Aspekte des therapeutischen Geschehens hervorgehoben, die im einzelnen auf S. 155ff. dargestellt werden.

Sie schließen die vorausgegangenen Modelle in sich (Katharsis, Einsicht, Annäherung von Real-Selbst und Ideal-Selbst), fügen sie aber in das Konzept der Rogersschen Theorie ein, ergänzen und vertiefen sie.

Wie von A. Wild näher ausgeführt, hat die Inkongruenz zwischen Selbstkonzept und der Gesamtheit des organismischen Erlebens der Persönlichkeit zur Folge, daß durch Abwehrmechanismen weite Bereiche aus dem phänomenalen Feld ausgeschlossen werden. Doch brechen von hier aus als fremd und bedrohlich erlebte Impulse in das bewußte Erleben und Verhalten des Kl. ein, oft in destruktiver, jedenfalls in undifferenzierter Weise. In einer Atmosphäre bedingungsfreien Akzeptierens gelingt es – vor allem auch durch fortlaufendes Verbalisieren der vage anklingenden Gefühle der Kl. –, diese ausgeschlossenen Bereiche wieder der Wahrnehmung zugänglich und dem Kl. annehmbar zu machen. Dies führt zu einer fortschreitenden Inbesitznahme, Integrierung und Differenzierung der bisher ausgeschlossenen Bereiche, welche damit ihre Fremdheit und Bedrohlichkeit verlieren. So kann die Herrschaft der starren Selbststruktur mit ihren von außen übernommenen Wertungen abgebaut werden zugunsten einer flexiblen Lenkung durch die Gesamtheit des Erlebens, das aus der Auseinandersetzung zwischen dem menschlichen Organismus und der jeweiligen Lebenssituation entspringt.

Als ideales Ziel der Therapie erscheint der voll sich entfaltende Mensch, der freilich nicht als ein bestimmter Typ, sondern gerade durch seine individuelle Einmaligkeit zu kennzeichnen ist. Getragen von seiner Aktualisierungstendenz, zugleich aber die jeweilige Situation offen erfassend, ist er in seinem Verhalten zwar verläßlich, nicht aber voraussagbar. Selbst in fortschreitender Wandlung begriffen, tritt er in immer neue Situationen ein, voll seine Gefühle und Reaktionen im jeweiligen Augenblick lebend. Er ist selbst ein Prozeß des Werdens.

4. Aktivierung des Erlebens

Von den verschiedenen Aspekten des therapeutischen Prozesses gewann der des »Erlebens« besondere Bedeutung, so daß die kl.z. Therapie auch als eine »erlebnisaktivierende« Methode zu charakterisieren ist, was sie mit anderen Behandlungsformen wie Gestalttherapie, den Encounter-Gruppen, aber auch der systematischen Desensibilisierung verbindet. Unter dem Gesichtspunkt des Erlebens entwickelte E. Gendlin eine Theorie des therapeutischen Persönlichkeitswandels und zog entsprechende Konsequenzen für die Behandlungsmethodik. (Die nachfolgende Darstellung stützt sich vor allem auf Gendlin, 1968 a u. b, 1974.)

Mit »Erleben« wird der fortdauernde Strom der Gefühle bezeichnet, der in jeder Person als konkret wahrnehmbares Phänomen gegeben ist. Mit »Gefühle« sind nicht allein Emotionen gemeint, vielmehr ein komplexes, zunächst vorbegriffliches Geschehen mit vielfältigen Bedeutungen, das etwa den subjektiven Sinngehalt einer Situation, einer zwischenmenschlichen Beziehung in sich faßt. Die leib-seelisch-geistige (»organismische«) Gesamtheit des Erlebens kann auf unterschiedliche Weise repräsentiert werden: Sensomotorisch (etwa im bildnerischen Schaffen) oder in begrifflicher Abstraktion. Endlich ist sie auch ohne weitere Gestaltung dem bloßen Hinweis zugänglich; indem etwa der Kl. äußert: »Dies, was ich jetzt fühle, dies ist es.«

Schweres psychisches Gestörtsein würde nun bedeuten: die Verbindung zu diesem Fluß des Erlebens verloren zu haben; volle Gesundheit, volles Menschsein dagegen: von diesem Fluß getragen zu werden, ständig seiner gewahr und von ihm im Verhalten bestimmt. Aufgabe des Th. wäre also, den Kl. immer aufs neue in Kontakt mit seinem Erleben zu bringen. Damit erhält die kl.z. Methode des »Reflektierens emotionaler Erlebnisgehalte« eine Neubestimmung: Es geht darum, daß die Äußerung des Th. den Kl. seines Erlebens gewahr werden läßt, ihm hilft, den zunächst nur gefühlten Bedeutungsgehalt klarer zu erfassen. Entsprechend der komplexen Struktur des Erlebens wird sie nicht allein emotionale Gehalte, sondern auch kognitive und situative Aspekte einschließen. Ist der Kl. im therapeutischen Gespräch in Kontakt mit diesem gegenwärtigen Erleben gekommen, dann kann es angemessen sein, daß er sich auf dieses Gefühl zentriert (»focusing«), in ihm verharrt, bis es sich bildhaft oder gedanklich gestaltet, bis neue Facetten an ihm erkennbar werden oder es sich schließlich verwandelt (vgl. S. 160f.).

5. *Therapie als zwischenpersönliche Beziehung*

Die letzte und entscheidende Essenz der Psychotherapie liegt für Rogers in der personalen Beziehung zwischen Th. und Kl.

». . . Therapie ist eine Beziehung, die den Therapeuten herausfordert, so sensibel wie möglich die Person zu sein, die er in diesem Augenblick ist. Dabei weiß er, daß es seine durchschaubare Echtheit ist – zusammen mit seiner Sympathie und seinem einfühlenden Verstehen, die durch diese Echtheit gefördert werden – welche seinem Klienten von Hilfe sein kann. In dem Maße, in dem er in diesem Augenblick Person sein kann, vermag er zu der Person und zu der möglichen Person in seinem Klienten in Beziehung zu treten«. (Rogers in: Hart u. Tomlinson, S. 202).

»Es geht hier um eine existentielle Wahl: ›Wage ich, meine Mitteilung mit meinem Erleben, mit meinem Bewußtsein dieses Erlebens in Beziehung zu bringen? Wage ich, mich selbst mitzuteilen, oder muß meine Mitteilung etwas weniger oder etwas verschieden davon sein?‹ Die Schärfe dieser Frage liegt in der oft lebhaft vorausgesehenen Möglichkeit der Bedrohung oder Zurückweisung. Sein volles Bewußtsein des wesentlichen Erlebens mitzuteilen, ist in zwischenmenschlichen Beziehungen ein Wagnis. Mir scheint, daß der Umstand, ob ich dieses Wagnis eingehe oder nicht, darüber entscheidet, ob eine gegebene Beziehung in zunehmendem Maße wechselseitig therapeutisch wird oder ob sie in eine zersetzende Richtung führt.« (ROGERS, 1961, S. 345f).

Eine eingehende Diskussion der Bedingungen für die Selbsteinbringung des Th. findet sich wiederum bei E. GENDLIN (1968). Es ist klar, daß der Th. nicht jede momentane Gefühlsaufwallung äußert und sich nicht selbst zum Zentrum des therapeutischen Gespräches macht. Auch wo sich der Th. selbst einbringt, geschieht es im Hinblick auf die Bedürfnisse des Kl. Oft werden lange Abschnitte einer Therapie vergehen, ohne daß der Th. stärker in Erscheinung tritt, z. B. wenn der Kl. sein Erleben in fortschreitender Intensität selbst exploriert. Hier ist es Aufgabe des Th., den Kl. sensibel auf seinem Weg zu begleiten und nichts hinzuzufügen, was ihn aus seiner Bahn bringen könnte. Anders verhält es sich, wenn der Kl. nicht motiviert ist, wenn er nicht mit seinem Erleben in Kontakt kommt, also in externalen Situationsschilderungen verharrt, ebenso, wenn er das Bedürfnis nach konkreter Auseinandersetzung mit dem Th. zeigt. Auf solche Momente wird der Th. gerade durch sein eigenes Erleben verwiesen. Er soll daher laufend seine eigenen Gefühlsreaktionen beachten und – wenn sie wesentlich für das therapeutische Geschehen sind – in angemessener Form mitteilen. »Meine Reaktionen sind Teil unserer Interaktion. Ich schulde es dem Klienten, daß ich den Teil unserer Interaktion weiterführe, der jetzt in mir vorgeht. Wenn ich das nicht tue, werden wir beide in dieser Hinsicht steckenbleiben.« (GENDLIN, 1968, S. 220). Vor allem sind es zwei Aspekte, welche die Selbsteinbringung des Th. bzw. die Bearbeitung der therapeutischen Beziehung erforderlich machen:

a) Das gegenwärtige Erleben des Kl. ist stets konkret auf einen realen Partner bezogen, auch dann, wenn er sich nach dem

Wortlaut nur selbst exploriert. Die Äußerungen des Th. fügen dem Erleben des Kl. eine weitere Dimension hinzu, so daß aus dem meist sterilen Monolog ein lebendiger, vorwärtsschreitender Dialog mit der Welt wird.

b) Die Schwierigkeiten, die der Kl. mit seiner Umgebung hat, werden in der therapeutischen Interaktion zu konkreter Gegenwart. Sie treten nicht allein im Kl. auf, sondern rufen entsprechende emotionale Reaktionen im Th., entsprechende Spannungen in der Interaktion hervor. Diese Erscheinung wird in der Psychoanalyse als Übertragung und Gegenübertragung interpretiert, indem sie auf vergangene (besonders frühkindliche) Erlebnisse zurückgeführt wird. Für die GPT liegt dagegen der Schwerpunkt auf der Auseinandersetzung zwischen zwei realen Personen im Hier und Jetzt. Dieser Vorgang ist nicht einfach eine Wiederholung von Vergangenem, vielmehr ist er als Vergegenwärtigung eines typischen Konfliktes in der therapeutischen Situation etwas Neues und Einmaliges. So bietet sich hier die Chance einer neuartigen Interaktion mit korrigierendem Erleben, wodurch sich der Weg zur Überwindung der Stagnation psychischer Störung und zu menschlicher Weiterentwicklung öffnet.

Der therapeutische Prozeß unter dem Gesichtspunkt des Lernens

Von Hanko Bommert

Die vielfältigen empirischen Untersuchungen, die die Effektivität der GPT unter Beweis stellen, können nicht über die Schwierigkeit hinwegtäuschen, die sich bei der Erklärung des Prozeßgeschehens aus der Theorie von ROGERS (1942, 1951) ergeben. Insbesondere die aus der konkreten Therapiesituation heraus gewonnene Erfahrung der Notwendigkeit eines differentiellen Vorgehens dürfte die mangelnde Kongruenz zwischen Theorie und Praxis verdeutlicht haben. Denn wenn auch die Technik der GPT in ihrer äußeren Form sicherlich nicht so stark variiert wie beispielsweise einzelne verhaltenstherapeutische Techniken und Methoden, so gilt letztlich auch für die GPT die These KAMINSKIS (vgl. KAMINSKI, 1967), daß für jeden Kl. eine spezielle Behandlung durchgeführt werden muß, für deren Begründung und/oder Erklärung das theoretische Konzept der GPT jedoch kaum Anhaltspunkte bietet.

So ist es erklärlich, daß bei der Suche nach einem befriedigenden Bezugsrahmen theoretischer Art auch die Lerntheorien herangezogen werden. Im folgenden sind einige Lernprozesse skizziert, die für den Therapieprozeß im Bereich der GPT von Bedeutung sein könnten.

Gegenkonditionierung

»Wenn eine angsthemmende Reaktion in Gegenwart angsterzeugender Reize hervorgerufen werden kann, so schwächt sie die Verknüpfung zwischen diesen Reizen und der Angst.« (WOLPE, 1972, S. 29.)

In der GPT erfolgt die Gegenkonditionierung negativer Emotionen (z. B. Angst, Scham, Schuldgefühle) durch damit unvereinbare positive Gefühle beim Kl., die durch die unbedingte Akzeptierung, das einfühlende Verständnis und die emotionale Wärme des Th. hervorgerufen werden. Diese positiven Gefühle hemmen Angstreaktionen, die in anderen Situationen auftreten, wenn der Kl. über bestimmte Einstellungen, Bewertungen oder Ereignisse spricht; dadurch wird die Verbindung zwischen den angstauslösenden Reizen (auch Vorstellungen) und der Angst geschwächt. Möglicherweise laufen im GPT-Prozeß ähnliche Vorgänge ab wie in der systematischen Desensibilisierung nach WOLPE (1972), wenn wohl auch in weniger strukturierter Form.

Während die Bedeutung der Variablen VEE (Verbalisierung emotionaler Erlebnisinhalte) in der Verstärkung der Selbstexploration des Kl. liegen dürfte, kann man annehmen, daß die emotionale Wärme und Wertschätzung des Th. in Verbindung mit seinem einfühlenden Verständnis für die Gegenkonditionierung von Ängsten verantwortlich ist, indem sie dem Kl. ein Gefühl der Sicherheit und der Akzeptierung gibt. Die Wirkungsweise der Variablen »Echtheit« ist – abgesehen von der Schwierigkeit ihrer Operationalisierung – nicht so leicht nach Lernprinzipien zu erklären. Vermutlich wird jedoch durch einen Mangel an Echtheit die Wirksamkeit des Th. als »generalisierter Verstärker« beeinträchtigt.

Die Konzepte der operanten verbalen Konditionierung und der Gegenkonditionierung führen in mancher Hinsicht zu widersprüchlichen Vorhersagen bezüglich des therapeutischen Handelns: Während es nach dem Modell der verbalen Konditionierung günstig erscheint, positive Äußerungen des Kl. zu verstärken und negative nicht zu beachten, müßte sich der Th. nach dem Prinzip der Gegenkonditionierung genauso den negativen Äußerungen zuwenden, um eine Angstreduktion zu bewirken. Praktikabel erscheint in diesem Zusammenhang eine *deutlichere* positive Zuwendung zu positiven Selbstreferenzen des Kl., ohne die negativen außer acht zu lassen.

Derzeit ist noch ungeklärt, welches der therapeutischen Handlungskonzepte effektiver ist. Hinzu kommt, daß WOLPES Theorie der reziproken Hemmung nach neueren Forschungsergebnissen umstritten ist. GOLDFRIED (1971) sieht die systematische Desensibilisierung nicht als eine mehr oder weniger passive Hemmung von Angstreaktionen auf spezielle Reize an, sondern als einen aktiven Prozeß der Selbstkontrolle, in dem das Individuum eine allgemeine Fähigkeit zur Bewältigung von

Angstsituationen erwirbt. Der neue, durch experimentelle Ergebnisse gestützte Ansatz GOLDFRIEDS ist möglicherweise für die GPT angemessener als WOLPES Theorie, da durch die therapeutischen Gespräche weniger eine Beseitigung spezifischer Angstreaktionen als vielmehr eine allgemeine Neuorientierung des Erlebens und Verhaltens bewirkt wird.

Verbale Konditionierung

Sowohl formale als auch inhaltliche Merkmale des Sprachverhaltens lassen sich durch selektive Verstärkungen in ihrer Auftretenswahrscheinlichkeit ändern. In der GPT ist die Variable VEE (Verbalisierung emotionaler Erlebnisinhalte) des Kl. durch den Th. als selektive Verstärkung persönlich-gefühlsmäßiger Sprachinhalte des Kl. anzusehen. Lerntheoretisch läßt sich der Zusammenhang zwischen VEE und der Kl.-Variablen »Selbstexploration« als Verstärkung selbstexplorativer Äußerungen des Kl. durch den Th. verstehen.

TRUAX (1966) wies durch die Analyse eines von ROGERS erfolgreich behandelten Falles nach, daß der Th. – entgegen seiner eigenen Theorie – bei bestimmten Kl.-Äußerungen ein höheres Ausmaß an Einfühlung und Akzeptierung zeigte und weniger direktiv war als bei anderen Äußerungen. Dadurch verstärkte er die Kl.-Äußerungen selektiv, die in hohem Ausmaß Lernen über das Selbst und Gefühle, Klarheit, Einsicht und Problemorientierung zeigten.

In einer Studie der Gruppenpsychotherapie wird dieses Ergebnis in bezug auf die Verstärkung selbstexplorativer Äußerungen bei einer größeren Stichprobe von Th. und Kl. bestätigt (TRUAX, 1968).

SANDER u. a. (1969) fanden in ihrer Untersuchung ebenfalls eine deutliche Abhängigkeit der Selbstexploration des Kl. vom Ausmaß der Variablen VEE. Sie interpretieren diesen Zusammenhang allerdings als ein unmittelbares Reagieren des Kl. auf die sprachlichen Äußerungen des Th., da sich bei einer Veränderung des VEE-Niveaus auch die SE entsprechend änderte und Löschungs- oder Lernphasen nicht auftraten. Die Äußerungen des Th. können also nicht nur als Verstärkungen, sondern auch als Hinweise (cues) für die folgende Kl.-Äußerung betrachtet werden.

Änderung von Selbstreaktionen

Der Begriff des »Selbstkonzepts« wird in der Lerntheorie nicht verwendet. KANFER und PHILLIPS (1970) sehen auch das Selbst nicht als eine einheitliche innere Struktur an; sie sprechen dagegen von Selbstreaktionen (self-reactions), die als Verhaltensweisen angesehen werden, die in der Beziehung zu anderen Personen erlernt und in das Denken übernommen wurden. Da die Sprache Reaktionsklassen kombiniert und in Beziehung setzt, können zusammenhängende Reaktionssysteme entstehen. Dennoch können sich die Selbstreaktionen einer Person in verschiedenen Situationen oder bei der Anwesenheit verschiedener Personen stark unterscheiden.

Dieses Wissen über die eigene Person, gleichgültig ob es zutreffend ist oder nicht, beeinflußt das Verhalten. Es gibt Hinweise darüber, welche Handlungen begonnen und wie sie durchgeführt werden. Es beeinflußt auch die Bewertung ausgeführter Handlungen (Selbstverstärkung) und hat daher weitreichende Konsequenzen für das Verhalten des Individuums. Die Selbstverstärkung spielt besonders dann eine Rolle, wenn ein Verhalten ohne äußere Verstärkung aufrechterhalten werden muß.

Durch eine verstärkte Zuwendung des Th. zu positiven Selbstreferenzen müßte es möglich sein, das Verbalverhalten und evtl. auch die gedankliche Selbsteinschätzung von Kl. zu verändern.

DICKEN und FORDHAM (1967) verglichen Gruppen von nicht-neurotischen College-Studenten, die in Einzelinterviews über persönlich bedeutsame Themen sprachen. In einer Gruppe wurden die Versuchspersonen für alle positiven Selbstreferenzen und Äußerungen über positive Gefühle verstärkt, in der anderen Gruppe wendete sich der Versuchsleiter gleichmäßig positiven und negativen Erlebnisinhalten zu. In der erstgenannten Gruppe stieg die Anzahl positiver Äußerungen über die eigene Person bedeutsam an, in der letztgenannten Gruppe nicht signifikant. Abschließende Tests zeigten, daß die Veränderungen bei der erstgenannten Gruppe größer waren.

Diskriminationslernen

Auf die Bedeutung des Diskriminationslernens als Voraussetzung für Verhaltensänderungen weisen insbesondere HELLER und MARLATT (1969) hin. Es ist für das Individuum wichtig, zwischen den aversiven und den ungefährlichen Aspekten seiner Umwelt zu differenzieren und die Ereignisse zu erkennen, die früher einmal aversiv waren, es aber jetzt nicht mehr sind. Bei sozialen Beziehungen ist oft eine nuancierte Wahrnehmung des Verhaltens des Partners notwendig, um angemessen reagieren zu können. Inadäquate Reaktionen auf bestimmte Situationen können durch deren kognitive Einordnung, die weitgehend unabhängig von den Merkmalen der äußeren Situation sein kann, determiniert sein. In einem solchen Fall wäre für ein effektives Verhalten zunächst eine Veränderung der Kodierung von Ereignissen erforderlich.

Man kann annehmen, daß in der GPT bei dem Kl. durch seine Selbstexploration ein Prozeß des Diskriminationslernens in Gang gesetzt wird, der nicht nur zur differenzierteren Wahrnehmung anderer Personen und äußerer Ereignisse führt, sondern auch zu einer differenzierteren Betrachtungsweise der eigenen emotionalen Reaktion. Zur Unterstützung dieses Differenzierungsprozesses dient dabei die Th.-Variable VEE, insbesondere konkrete und spezifische Äußerungen des Th. sowie die Erfassung und Formulierung impliziter Bedeutungen in den Kl.-Äußerungen durch ihn.

Zu berücksichtigen ist in diesem Zusammenhang auch das Konzept der Konfrontation, das ebenfalls eine differenziertere Betrachtungsweise nach sich ziehen könnte. Als Konfrontation werden Th.-Äußerungen bezeichnet, die von der Selbstbeschreibung des Kl. abweichen und ihn auf Diskrepanzen in seinem Verhalten hinweisen, z. B. auf Diskrepanzen zwischen seiner Selbstbeschreibung und seinem sonstigen beobachtbaren oder berichteten Verhalten. Konfrontationen können nach ANDERSON (1969) sowohl auf Schwierigkeiten und Schwächen hinweisen, als auch konstruktive Möglichkeiten aufzeigen.

Das Konzept des Diskriminationslernens ist in mancher Hinsicht den Theorien von ROGERS (1959) und GENDLIN (1970) ähnlich, in denen der Zusammenhang zwischen der Wahrnehmung bzw. dem Erleben und dem Verhalten stark betont wird. Im Gegensatz zu diesen Theorien wird man aber, vom Standpunkt des Lernens aus gesehen, nicht erwarten, daß eine veränderte Wahrnehmung gleichsam automatisch auch zu einem veränderten Verhalten führt. Eine differenziertere Wahrnehmung des Selbst und anderer Personen und Sachverhalte in Verbindung mit einer reduzierten Angst erleichtert aber sicherlich den Aufbau neuer, befriedigender Verhaltensweisen.

Nachahmung und stellvertretende Konditionierung

Auch das Prinzip der Nachahmung dürfte im Bereich der GPT eine wesentliche Rolle spielen. Ein hohes Ausmaß der Variablen VEE bietet dem Kl. ein Modell für die ruhige und entspannte Zuwendung zu allen emotionalen Erlebnisinhalten, auch solchen, die bislang nur ansatzweise und stark mit Angst besetzt geäußert werden konnten.

In der GPT können neben dem Th. auch die anderen Gruppenmitglieder in diesen Qualitäten nachgeahmt werden; darüber hinaus dürfte das Prinzip der stellvertretenden Konditionierung (vicarious conditioning) wirksam werden. Der Kl. beobachtet z. B. andere Gruppenmitglieder in ihrem selbstexplorativen Verhalten und nimmt wahr, daß sie vom Th. Verständnis und Akzeptierung erfahren. So war nach TRUAX (1968) das durchschnittliche Ausmaß der Verstärkung selbstexplorativer Äußerungen gegenüber der Gruppe ein besserer Prädiktor für den Therapieerfolg als das Ausmaß, das vom Th. gegenüber einzelnen Kl. verwirklicht wurde.

Die genannten Lernprinzipien sind – wie oben erwähnt – in der GPT insbesondere deswegen zum Tragen gekommen, weil man von ihnen eher eine Erklärung des Prozeßgeschehens erhoffte als von der ROGERS-Theorie. Aber auch das Heranziehen lerntheoretischer Gesichtspunkte kann die Schwierigkeiten der Erklärung sicherlich nicht befriedigend lösen, weil u. a. auch hier einige Unzulänglichkeiten unübersehbar sind: So gibt es z. B. nicht *die* Lerntheorie als umfassendes Theoriengebäude, so können Lernprozesse und damit Verhaltens- und Erlebensänderungen nicht ausschließlich über Verstärkungen erreicht werden, so ist das lerntheoretische Instrumentarium nicht normen- oder wertfrei (vgl. BOMMERT, 1973).

Sicherlich wären auch wesentliche Konstrukte des ROGERS-Konzepts (z. B. »Selbst-Konzept« oder »Kongruenz«, vgl. ROGERS, 1951) in eine konkretere Sprache überführbar und damit lerntheoretischen Gesetzmäßigkeiten eher zugänglich. Unabhängig davon muß aber bezweifelt werden, ob es für die GPT sinnvoll und nützlich ist, bei der Suche nach einem befriedigenderen theoretischen Bezugsrahmen eine so starke Gewichtung der Lerntheorien vorzunehmen. Zu überlegen wäre beispielsweise, ob nicht auch eine kommunikationstheoretische Einordnung kl.z. Konstrukte sinnvoll wäre.

Ferner dürften kognitive Faktoren im Prozeß der GPT eine bedeutsame Rolle spielen; daher stellt sich die Frage, ob nicht u. U. die theoretische Position von KELLY (1955) – die in der Betonung des phänomenalen Aspekts ROGERS sehr nahe kommt, sich jedoch u. a. in der Gewichtung von Perzeption und Kognition (vgl. VERNON, 1963) sowie in der Gewichtung der affektiven Dimension des Verhaltens deutlich von ROGERS unterscheidet – zur Lösung der theoretischen Probleme beitragen könnte.

Gesprächspsychotherapie als Therapie internal motivierter Konflikte

Von Meinrad Perrez

Die Ziele einer Therapie-Theorie bestehen primär in der Analyse und Erklärung der Antezedenz-Konsequenz-Zusammenhänge der Th.-Kl.-Interaktionen. Sie sollte im wohl kaum zu erreichenden Idealfall vorhersagen können, welche therapeutischen Interventionen bei einem definierten Ist-Zustand des Kl. auf Grund welcher psychologischer Gesetzmäßigkeiten zu welchem Soll-Zustand des Kl. führen.

Die an ROGERS orientierte GPT-Theorie ist, gemessen an dieser Norm, wenngleich ihr heuristischer Wert außer Zweifel steht, unbefriedigend. Die ROGERSSCHE philosophische Orientierung ermöglichte die Entwicklung einer Therapiemethode, deren Effizienz sich mit anderen Methoden messen kann, die auch das Th.-Verhalten in offensichtlich nützlicher Weise zu standardisieren vermag.

Unbefriedigend ist diese Theorie unter folgenden Aspekten:

1. Ihre Implikationen von der Art »Wenn Verbalisierung emotionaler Erlebnisinhalte . . . dann erhöhte Selbstexploration« stellen eher mehr oder weniger präzise empirische Generalisierungen dar, als psychologische Gesetzeshypothesen. Einzelne empirische Befunde widersprechen diesen Generalisierungen, ohne daß diese Widersprüche durch die Theorie aufgeklärt werden könnten (z. B. TRUAX u. a., 1965, S. 327–329; vgl. dazu auch SHAPIRO, 1969). Die faktorenanalytisch gewonnenen Beschreibungsdimensionen fügen sich nicht in ein psychologisches theoretisches Netzwerk ein, das wissenschaftlich bewährten Charakter aufweist. Einzelne integrative Ansätze finden sich bei den von TRUAX (1966) und TAUSCH (1969) vorgenommenen lernpsychologischen Adhoc-Erklärungsversuchen der gesprächspsychotherapeutischen Wirksamkeit.

Die meisten gesprächspsychotherapeutischen empirischen Untersuchungen sind keine Prüfversuche der ROGERSSCHEN Theorie, sondern die Prüfung der Effekte einer Methode, da die untersuchten Variablen meistens Operationalisierungen der Methode und nicht der Theorie darstellen.

2. Aus der Theorie lassen sich keine differentiellen Indikationskriterien ableiten. Das Indikationsproblem auf die Weise zu lösen, wie es zur Zeit versucht wird, nämlich empirisch zu prüfen, auf welche Fälle die gesprächstherapeutische Behandlungsmethode welche Effekte habe, mag für die empirische Absicherung einer Technik ausreichend sein. Theoretische und psychologisch-integrative Ansprüche können auf diese Weise mit einer Technik nicht verbunden werden.
Indikation im Rahmen einer technologischen historisch-genetischen Prognose (WESTMEYER, 1975), die zu zeigen imstande sein sollte, auf Grund welcher Gesetzeshypothesen und Randbedingungen durch welche technologische Transformation ein definierter Ist-Zustand in einen definierten Soll-Zustand überführt wird, kann auf diese empiristische Weise nicht angestrebt werden:

technol. Transformation/therap. Methode
Ist-Zustand ——————→ Soll-Zustand (Therapieziel)
Randbedingungen / Gesetzesaussagen

Im folgenden soll eine GPT-Theorie skizziert werden, welche die genannten Nachteile in geringerem Ausmaß aufweist. Der Ansatz beruht auf theoretischen und experimentellen Arbeiten von N. E. MILLER (1959, 1961), D. R. MILLER und SWANSON (1960), DOLLARD und MILLER (1950), MAHER (1966), HOFSTÄTTER (1952, 1959) und MARTIN (1972), der diesen theoretischen Interpretationsversuch vorgenommen hat.

Analyse des Ist-Zustandes

Die zu skizzierende Therapietheorie hat von der Analyse des zu verändernden Ist-Zustandes, d. h. des gestörten/abweichenden Verhaltens und/oder Erlebens auszugehen, da angenommen werden muß, daß eine bestimmte Therapietechnik nicht zur Veränderung aller möglichen Ist-Zustände geeignet ist, sondern für ganz spezifische.

Die experimentelle und klinische Konfliktpsychologie konnte zeigen, daß eine Reihe von Verhaltensstörungen die verhaltensdesorganisierende Konsequenz von Konflikten darstellen.

»Konflikt« definiert MAHER als eine dem Organismus präsentierte Stimuluskonstellation, welche die Eigenschaft hat, zwei oder mehr inkompatible Reaktionen auszulösen, deren Reaktionstendenz funktional gleich stark ist (MAHER, 1966, S. 139).

Als besonders bedeutsam für das menschliche Verhalten hat sich der Approach-Avoidance-Konflikt erwiesen (vgl. Abb. 1):

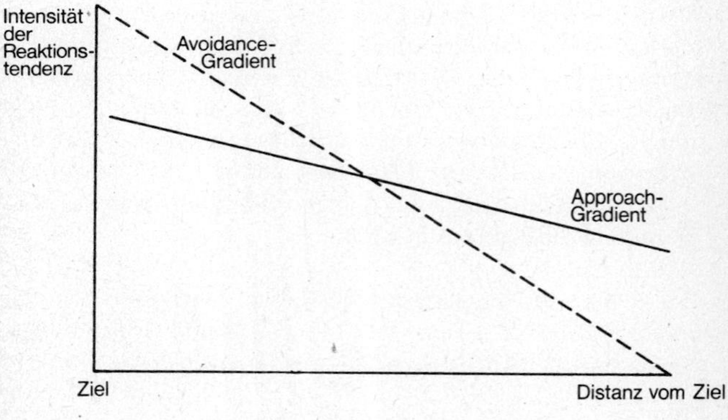

Auf die Charakterisierung der verschiedenen Konflikttypen soll hier nicht näher eingegangen werden. Es sei lediglich auf einige durch die neuere Forschung nahegelegten Präzisierungen und Korrekturen hingewiesen:

MILLER hat ausgehend von Rattenversuchen die räumliche Distanz in den folgenden Postulaten als eigene Variable betrachtet:

»Die Approach-Tendenz zu einem Ziel ist um so größer, je näher das Subjekt dem Ziel ist«. Und:

»Die Avoidance-Tendenz vom gefürchteten Stimulus ist um so größer, je näher das Subjekt dem Stimulus ist« (MILLER, 1958, S. 205), wobei der Avoidance-Gradient als steiler postuliert wird als der Approach-Gradient. Die räumliche Distanz als Stimulusvariable zu definieren, erscheint fragwürdig. Angemessener wird die durch die räumliche Distanz sich verändernde Stimuluseigenschaft als Stimulusgeneralisierungsvariable interpretiert (vgl. MAHER, 1966, S. 140). Beim Menschen spielt zudem die *zeitliche* Distanz bzw. Nähe oft eine bedeutsame Rolle für die Steigerung der reaktionsauslösenden Intensität des Stimulus (vgl. die Untersuchungen von EPSTEIN und FENZ, 1962).

Die Ergebnisse der empirischen Prüfversuche der MILLERSCHEN Theorie verlangen ferner eine Differenzierung des Modells für verschiedene Gradientenverläufe. HEARST (1960), MAHER (1964) und RIGBY (1954) konnten Konfliktkonstellationen nachweisen, bei denen das MILLERSCHE Postulat, der Avoidance-Gradient verlaufe steiler als der Approach-Gradient, nicht zutrafen (HEARST inverse Beziehung, RIGBY paralleler Verlauf).

Für die hier zu diskutierenden Belange sind folgende Präzisierungen bedeutsam:

1. Die Approach-Tendenz besteht entweder in einem »angeborenen Trieb«, oder sie ist gelernt durch eine entsprechende Verstärkungsgeschichte. Je ähnlicher ein Stimulus dem konditionierten belohnenden Stimulus ist, desto größer ist die Auftrittswahrscheinlichkeit der Approach-Reaktion.
2. Die Avoidance-Tendenz ist durch Bestrafung erworben. Je ähnlicher ein Stimulus dem konditionierten bestrafenden Stimulus ist, desto größer ist die Auftrittswahrscheinlichkeit für die Avoidance-Reaktion.
3. Die Approach-Reaktion selbst kann zum konditionierten Stimulus für Avoidance-Verhalten werden (vgl. Untersuchung von MAHER und NOBLIN, 1963). So könnte z. B. schon allein das Befassen mit dem vermiedenen Gegenstand zur Annäherungshemmung führen, ungeachtet der Nähe zum »Problemkern«.
4. Die dem Konflikt zugrunde liegenden inkompatible Reaktionen auslösenden Reize sind entweder Reize außerhalb oder innerhalb des Subjektes, wozu auch Vorstellungen, Gedanken oder Phantasien (covert responses) gehören können. So sprechen wir nach MARTIN (1972) von einem *external* oder *internal* motivierten Konflikt. Diese Aufgliederung kann nur im Sinne von »*überwiegend* internal« oder »*überwiegend* external« motiviert verstanden werden, weil sich Menschen jederzeit

externale Reize, die konfliktauslösend sind, vorstellen – und umgekehrt externale Reize an konfliktauslösende innere Reize erinnern können.

Dennoch scheint es sinnvoll, konditionierte Reaktionen danach zu unterscheiden, ob der Konditionierungsvorgang primär in der Koppelung von unkonditionierten, angstauslösenden Reizen mit neutralen externen Reizen besteht oder primär in der Koppelung unkonditionierter angstauslösender Reize mit neutralen internen Reizen, also beispielsweise der Konflikt einer Person, deren sexuelle Gedanken und Vorstellungsimpulse oder deren Bedürfnis nach positiver Selbsteinschätzung eine Bestrafungsgeschichte aufweisen und nun konfliktinduzierend wirken.

Bei Konflikten der ersten Art sind die angstauslösenden und begehrten Reize abfragbar, *bei den letzteren sind sie oft dem Subjekt nicht verfügbar auf Grund des spezifischen Vermeidungsverhaltens.* Hiernach können angstneurotische Phänomene in vier Klassen aufgegliedert werden, wobei über den jeweiligen Generalisierungsgrad (Furcht-Angst) nichts ausgesagt ist:

1. Phobien ohne Konflikt-Aspekt. Das sind klassisch konditionierte Ängste, die des Approach-Aspektes entbehren.
2. Ängste, die auf external motivierten Konflikten beruhen (Hundephobie und Verlangen, mit Hunden zu spielen),
3. Ängste, die durch internale Reize ausgelöst werden, aber des Konfliktaspektes entbehren (mit der Folge eines entsprechenden Vermeidungsverhaltens),
4. Ängste, die auf internal motivierten Konflikten beruhen.

Folgen des Konfliktes

Insbesondere Approach-Avoidance-Konflikte lösen Angst-, Flucht- und Vermeidungsreaktionen aus. Das Vermeidungsverhalten auf internale Stimuli können wir bei Kl. als Unfähigkeit, über bestimmte Lebensbereiche nachdenken und sprechen zu können, beobachten, was wiederum die *Problemlösefähigkeit* in den entsprechenden Bereichen einschränkt (vgl. dazu König, 1975). Aus experimentellen Tierstudien der Pawlow-Schule (vgl. Cosnier, 1966), von Miller (1961, 1944), Masserman (1953), Maier u. a. (1967) und Mowrer (1948) sowie aus klinischen Beobachtungen geht hervor, daß die interindividuellen Reaktionsunterschiede auf Konflikte beträchtlich und vielfältige Formen der Angstreduktion beobachtbar sind (vgl. LUNDIN, 1965, S. 314ff.)

Eingangs wurde erwähnt, daß das Ziel der Theorienbildung im Bereich der Verhaltens- und Erlebensmodifikation darin bestehe, psychologische Gesetzmäßigkeiten zu finden, auf Grund derer die Transformation eines definierten Ist-Zustandes durch eine therapeutische Behandlungstechnik in einen definierten Soll-Zustand vorhergesagt werden kann.

Es wird nun postuliert, daß der Ist-Zustand, für den die GPT die Methode der Wahl ist, in jenen Störungen besteht, denen ein primär internal motivierter Konflikt zugrunde liegt.

Soll-Zustand

Der Soll-Zustand, das Therapieziel dieser Methode, besteht demnach in der *Konfliktverminderung*, im Abbau des spezifischen Angst- und Vermeidungsverhaltens und in der Stärkung der Approach-Tendenz.

Psychologische Gesetzeshypothese bzw. Prinzipien, nach denen die Konfliktreduktion erklärt werden kann

a) Die Erhöhung der Auftrittswahrscheinlichkeit der Annäherungsreaktionen:
Das Annäherungsverhalten wird nach dem Gesetz der positiven Verstärkung in seiner Auftrittswahrscheinlichkeit erhöht durch die Verabreichung eines positiven Verstärkers nach Äußerung der Reaktion. Nach dem Konflikt-Modell wird durch die einseitige Stärkung der Approach-Tendenz (z. B. durch Shaping der Approach-Reaktionen) ohne Verminderung der Avoidance-Tendenz das Angstniveau erhöht, was in etwa der gesprächspsychotherapeutischen Erkenntnis entspricht, daß durch Ratschläge und gutes, bekräftigendes Zureden oft mehr Angst induziert als echte Hilfe geleistet wird.

Es muß deshalb gewährleistet werden, daß das Vermeidungsverhalten bzw. der Bestrafungsplan, der die Angst aufrechterhält, außer Kraft gesetzt wird.

b) Die Verminderung der Auftrittswahrscheinlichkeit der Vermeidungs- und Angstreaktionen:
Die Entstehung des Vermeidungsverhaltens wird erklärt durch die klassisch konditionierte Koppelung eines aversiven unkonditionierten Stimulus mit einem ihm vorausgegangenen neutralen Stimulus (RESCORLA und SOLOMON, 1967). Der nun konditionierte Stimulus löst Angst- und Fluchtverhalten aus. Die auf der Stimulusgeneralisierungsvariable mit dem konditionierten Stimulus ähnlichen oder diesem zeitlich vorausliegenden Reize können als Hinweisreize für das Vermeidungsverhalten wirksam werden. Sie lösen leichte Angst und Vermeidung aus. Die daraus resultierende Angstverminderung verstärkt das Vermeidungsverhalten, d. h. das Verhalten (= Vermeidungsverhalten), das die Angst beendigt, wird negativ verstärkt. Die Abschwächung der dem Vermeidungsverhalten zugrundeliegenden Angsttendenz wird dadurch erreicht, daß der konditionierte Stimulus konsequent nicht mehr mit dem aversiven unkonditionierten Stimulus gepaart wird. Dieser Extinktionsprozeß kann aber nur dann realisiert werden, wenn die angstauslösenden konditionierten Stimuli nicht total vermieden, sondern sukzessiv aufgesucht werden. Die wiederholte (nicht unbedingt völlig angstfreie) Annäherung (vgl. JACOBS und WOLPIN, 1971) an den konditionierten Stimulus ohne entsprechende aversive Konsequenzen schwächt die Angstreaktion, und durch die systematische Verstärkung der sukzessiven Annäherung wird der vermiedene Reaktionsbereich verfügbar.

Einer näheren, grundlagenforschenden Untersuchung bedarf in diesem Zusammenhang die mögliche Rolle von sogenannten Gegenkonditionierungs-, Habituierungs- und Modellernprozessen.

Therapeutische Behandlungsmethode für internal motivierte Konflikte

Die Anwendung der psychologischen Gesetzmäßigkeiten auf den Ist-Zustand des Kl. (internal motivierter Konflikt) mit dem definierten Soll-Zustand der Angst- und Konfliktverminderung erfolgt durch die Realisierung der von ROGERS beschriebenen Th.-Variablen.

Die Approach-Tendenz ist Bedingung dafür, daß der Kl. in seinem Erleben und den darüber handelnden verbalen Äußerungen sich dem gefürchteten Ziel bis in jenen Bereich vorwagt, in dem die Avoidance-Tendenz die Annäherung hemmt. Diesen Bereich, der sich durch ein mehr oder weniger ängstliches Herannahen und Befassen des Kl. mit dem ambivalenten Ziel (Problem) charakterisiert, nennt Martin (1972, S. 65) »Konfliktregion«. Der Th. hat auf jene Reaktion des Kl. extingierend und habituierend (auf angstbesetzte Reaktionen) oder selektiv verstärkend (auf Approach-Reaktionen) zu reagieren, die sich im Konfliktbereich befinden. Daß sich der Kl. dabei nicht völlig angstfrei an angstauslösende Reize sukzessiv zu gewöhnen braucht, um Angstverminderung erzielen zu können, zeigen die Ergebnisse der Desensibilisierungsforschung (Jacobs und Wolpin, 1971, S. 77–108).

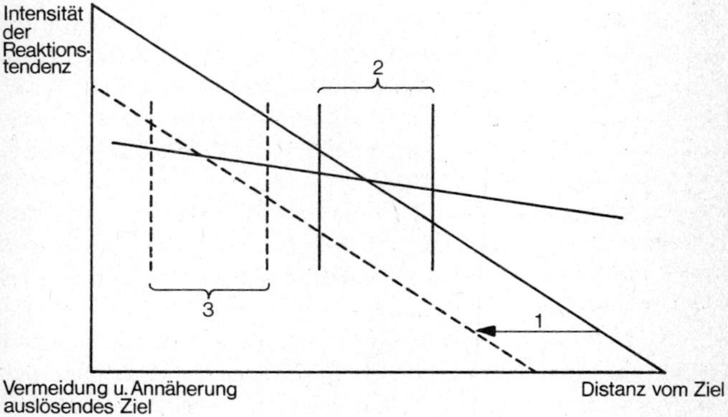

Ein Operationalisierungsversuch des Konfliktbereichs, der die Identifizierung jener Reize und Reaktionen des Kl. erlaubt, die auf dem Kontinuum der Konfliktdimension liegen und jeweils therapeutisch bearbeitet werden sollen, liegt z. B. durch die Carkhuff-Skala für empathisches Th.-Verhalten vor. Die höchste Stufe besteht hier, anders als bei der Verbalisierungsskala von Tausch, nicht in der angemessenen Spiegelung der Kl.-Gefühle, sondern in der Verdeutlichung von Gefühlen, die der Kl. noch nicht differenziert benennen kann (noch angstgehemmt ist, sie auszusprechen).

Die fünfte und höchste Stufe seiner Empathieskala lautet: »Die Äußerungen des Th. verdeutlichen bedeutsam die Gefühle und Bedeutungen der Äußerung des Kl. und zwar so, daß er 1. präzise tiefere Gefühle anspricht, die der Kl. selbst noch nicht auszudrücken fähig war, oder daß er 2. im Falle einer intensiven Selbstexploration des Kl. sich voll in ihn einzufühlen imstande ist.« (Zit. nach MARTIN, 1972, S. 84.)

Der Th. leistet Hilfestellung beim aufsuchenden Verhalten des Kl. und realisiert angstreduzierende Bedingungen. Er achtet darauf, beim Kl. nicht soviel Angst hervorzurufen, daß er erneut Vermeidungsverhalten äußert. Untersuchungen aus der Interpretationsforschung legen nahe, daß selbstexplorierendes Verhalten bei sogenannten »mitteltiefen« Interpretationen, die etwa der 5. Stufe der CARKHUFF-Skala entsprechen, am meisten gefördert wird. »Tiefe« Interpretationen, das sind Interpretationen, die den Kl. vorschnell in den vom Th. mit Irrtumsrisiko vermuteten Konfliktbereich hineindrängen, lösen als aversive Stimuli Angst- und Vermeidungsverhalten aus. »Oberflächliche« Interpretationen entbehren nach verschiedenen Untersuchungen der fördernden Wirkung auf das Annäherungsverhalten des Kl. zum Konfliktbereich (vgl. SPEISMAN, 1959; HOWE, 1962; MELTZOFF und KORNREICH, 1970, S. 427).

Eine eingehendere Beschreibung der GPT als Methode zur Reduktion internal motivierter Konflikte findet sich bei MARTIN (1975). Diese Form der Angst- und Konfliktverminderung ist zugegebenermaßen kompliziert und aufwendig, aber die einfachst mögliche für Angstdimensionen, die sich gerade dadurch charakterisieren, daß die höchsten angstauslösenden Reize der Hierarchie dem Subjekt nicht verfügbar sind, weil sie vermieden werden.

Empirische Prüfversuche

Die skizzierte Theorie, die sich für die Erklärung des gesprächspsychotherapeutischen Prozesses psychologischer Gesetzeshypothesen aus dem bewährteren rationalen Corpus psychologischer Theorien bedient (Lern- und Konflikttheorie), muß auf ihre wissenschaftliche Legitimation hin empirisch überprüft werden. Damit steht und fällt ihre erklärende und auch technologische Relevanz; d. h. es muß überprüft werden, ob die GPT tatsächlich ein Modell für diese Theorie darstellt.

Von E. J. MURRAY (1954, 1956, 1971) liegen mehrere Ex-post-Studien von Psychotherapien vor, in denen einige der vorher erwähnten Annahmen untersucht wurden. Bei einer Fallstudie wurden beispielsweise die Variablen »Offene, verbal geäußerte Feindseligkeit«, »Offene Manifestation von Angst« und »Gewährende Haltung des Th.« unter dem Aspekt der folgenden Vorhersage kontrolliert:

Wenn Feindseligkeit durch Angst gehemmt wird und sich diese Angst durch eine gewährende Haltung des Th. vermindert, so wird die offene Feindseligkeit zunehmen, wenn die Angst reduziert wird.

Die Ergebnisse zeigten ein der Prognose entsprechendes reziprokes Verhältnis, ausgedrückt in einer negativen Korrelation zwischen »Feindseligkeit« und »Angst«: $r = -.73$ ($p = 0.01$). (MURRAY, 1954.)

Wir versuchen zur Zeit experimentelle Anordnungen zu finden, die geeignet sind, bedeutsame Annahmen der skizzierten Theorie zu überprüfen. Da gegenwärtig kein konfliktdiagnostisches Instrument vorliegt, das geeignet ist, die relevanten Variablen so gearteter und durch die natürliche Lebensgeschichte bedingter Konflikte zu messen, müssen internal motivierte Konflikte experimentell implementiert werden. »Konflikt« wird hierbei als Konstrukt definiert, das über drei notwendige empirische Indikatoren verfügt: zwei meßbare inkompatible Tendenzen (approach und avoidance) und Angstäußerungen. Der Konflikt wird als intensiv postuliert, wenn die beiden Meßwerte gleichzeitig hoch sind. Bei intensivem Konflikt wird höhere Angst erwartet.

Grobstruktur der Versuchspläne

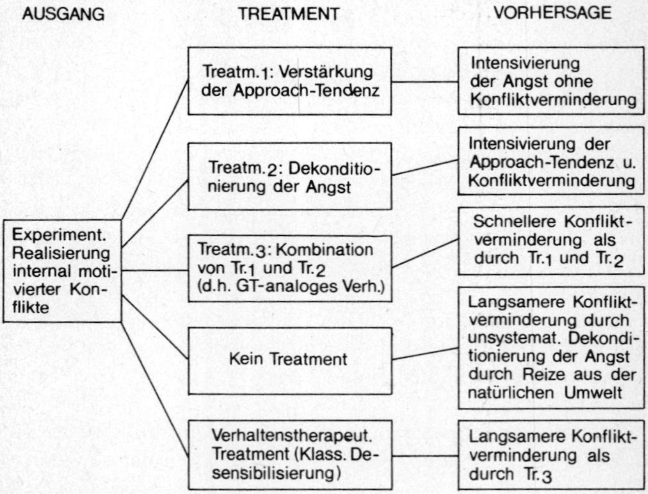

Neben der Differenzierung dieses Grobplanes und der begleitenden *Untersuchung echter Therapien* unter dem Gesichtspunkt theorierelevanter Variablen legen sich folgende Untersuchungsbereiche nahe:

- Einflüsse von Kl.-Variablen auf den Veränderungsprozeß (Persönlichkeitsvariablen)
- Einflüsse von Th.-Variablen auf den Veränderungsprozeß
- Einflüsse der Response-Klasse auf ihre Konditionier- bzw. Dekonditionierbarkeit
- Rolle der Bewußtheit (awareness) bei der Konditionierung bzw. Dekonditionierung.

Die Ergebnisse der verbalen Konditionierungsforschung legen in allen vier Variablenbereichen keine eindeutigen und einheitlichen Vermutungen nahe (vgl. GREENSPOON, 1962; KRASNER, 1958; KANFER, 1967).

Zusammenfassung

Die hier skizzierte Theorie geht von folgenden Minimalpostulaten aus:

1. Es gibt neben dem erworbenen Vermeidungsverhalten von externen Stimuli auch Vermeidungsverhalten von internen Stimuli (Gedanken, Phantasien, Vorstellungen).
2. Wenn das gehemmte Annäherungsverhalten unter der Kontrolle einer angeborenen Reaktionstendenz oder unter der multiplen Kontingenzkontrolle eines Bestrafungs- und eines positiven Verstärkungsplanes steht, und der ambivalente Zielbereich in internalen, verdeckten Reizen besteht, liegt ein internal motivierter Konflikt vor.
3. Die vermiedenen internen Stimuli sind nicht immer abfragbar (weil sie vermieden werden).
4. Die Erschließung und Neutralisierung dieser vermiedenen Stimuli erfolgt durch die gezielte Anwendung lernpsychologischer Prinzipien.
5. Die GPT ist die Methode der Wahl für Störungen der in 2) charakterisierten Art, da sie die Anwendung lernpsychologischer Prinzipien zur Konfliktverminderung gezielt realisiert.

Die Vorteile dieses theoretischen Ansatzes zur Erklärung des gesprächspsychotherapeutischen Prozesses liegen darin, daß er sich Gesetzmäßigkeiten zur Erklärung des Veränderungsprozesses bedient, die aus dem bewährten rationalen Corpus psychologischer Theorien stammen und nicht lediglich auf schwer in diesen Corpus integrierbaren empirischen Generalisierungen beruht.

Die Theorie erlaubt Vorhersagen für die Indikation:

Verhaltenstherapeutische Methoden zur Angstverminderung nach dem Muster der systematischen Desensibilisierung sind für
a) primär external motivierte Ängste und
b) für primär external motivierte Konflikte indiziert und
die GPT für vorwiegend internal motivierte Konflikte.

Die explikative Kraft kann erst durch experimentelle Bewährung überprüft werden, die abzuklären vermag, ob die GPT ein Modell dieser Theorie darstellt.

Gesprächspsychotherapie als zwischenmenschlicher Kommunikationsprozeß

Von Dieter Tscheulin

Einleitung

Immer wieder werden auf dem Gebiet der klinisch-psychologischen Therapieforschung »Einsichtstherapien« und »Verhaltenstherapien« einander gegenübergestellt (z. B. DI LORETO, 1971; PAUL, 1966), auch wenn eine mögliche Integration (z. B. WOODY, 1971) im Vordergrund steht oder Ergänzungsverhältnisse aufgezeigt werden (PONGRATZ, 1973). Welche Art von Therapie vorliegt, erscheint dabei abhängig von der Theorie über das, was a) eine psychische Störung (oder was ein Symptom) ist, was b) eine Veränderung im Verhalten und Erleben bewirkt, und wo c) schwerpunktmäßig der therapeutische Prozeß und die therapeutische Initiative angesiedelt sind.

Stark vereinfachend kann die häufig sich ergebende Polarität zwischen Einsicht und Lernen so dargestellt werden:

	Einsichtstherapie	Verhaltenstherapie
a) Symptom (Neurotisches Verhalten):	Ausdruck oder Folge eines (gänzlich oder teilweise unbewußten) Konfliktes oder Widerspruchs. Beispiel (ROGERS, 1959): Inkongruenz zwischen der organismischen Erfahrung (Experience) und dem Selbstkonzept.	Erlernte unangepaßte oder defiziente Reaktion aufgrund einer bestimmten Lerngeschichte.
b) Veränderungsprozeß:	Der **Kl.** gewinnt durch kognitive u. emotionale Prozesse »Einsicht« in	Der **Th.** analysiert systematisch das Verhalten d. Kl. und modifiziert dieses,

	Einsichtstherapie	Verhaltenstherapie
	sein Problem u. ist dadurch fähig, symptomatisches Verhalten aufzugeben oder zu ändern. Der Prozeß findet im Kl. statt, wenn ein bestimmtes Th.-Verhalten verwirklicht wird.	indem er bestimmte Lernbedingungen schafft, aus denen ein Um-, Ver- oder Neulernen resultiert.
	Beispiel (ROGERS): Selbstexploration; die organismische Erfahrung wird im Bewußtsein genauer symbolisiert und dadurch Widerspruch aufgelöst.	Beispiel (Gegenkonditionierung, WOLPE): Prinzip der reziproken Hemmung; schrittweiser Abbau von (unangepaßten) Angstreaktionen durch Kombination einer angsthemmenden Reaktion mit einem angsterzeugenden Reiz.
c) Initiative und Schwerpunkt des Prozesses liegen	beim Kl.	beim Th.

Vermutlich ist eine solche Polarisierung in der Darstellung viel weniger der Ausdruck tatsächlich verschiedener Praxis, als vielmehr Ergebnis einseitiger Theoriebildung auf Grund mangelnder vergleichender Therapieforschung. Obwohl Ansätze zu einer Integration und einem Abbau von Orthodoxie vorhanden sind (z. B. SLOANE, 1969; WOODY, 1971), besteht bisher keine Theorie, die eine befriedigende Erklärung psychotherapeutischer Prozesse liefert *und* zugleich die genannte Polarisierung vermeidet.

Es sind verschiedene Gründe für diese Situation denkbar:

1. Die Attraktivität der lerntheoretischen Erklärung: Sie hat eine breite experimentell gesicherte Basis. Es ist für einen Psychologen heute nahezu undenkbar, daß die Entwicklung oder die Veränderung eines bestimmten Verhaltens nicht letztlich auf

bestimmte elementare Lernprozesse zurückzuführen ist (Lernen als entscheidendes Erklärungsprinzip).

2. Die Attraktivität der »Einsichtstherapien«: Sie basieren auf Annahmen, die die Veränderungsmöglichkeiten und Selbstverwirklichung des Menschen durch Eigenaktivität betonen.
3. Schließlich unsere eigenen »privaten« persönlichen Erfahrungen: Darauf weist besonders ROGERS (1963) hin. Er glaubt, daß die Differenzen nicht nur in der Theorie oder den Therapiezielen verankert sind, sondern auch »in den grundlegendsten Schichten unserer persönlichen Erfahrung« liegen.

Ein Weg aus diesem theoretischen Dilemma kann der Ansatz der Palo-Alto-Gruppe* sein, der mittels einiger grundlegender Begriffe im folgenden dargestellt werden soll. Diese Gruppe, insbesondere HALEY (1963) und WATZLAWICK, BEAVIN und JACKSON (1969) vertreten eine theoretische Position, welche die erwähnte Polarisierung (von der Theorie her) nicht zuläßt. Das entscheidende Erklärungsprinzip für Veränderung ist weder »Einsicht« noch »Lernen« allein. Es ist die Interaktion *zwischen* Kl. und Th., welche Veränderung bewirkt. Statt die »Variablen« Kl. und Th. isoliert zu betrachten, wird hier die Wechselwirkung zwischen beiden untersucht, d. h. die beobachtbare Manifestation dieser Wechselwirkung: die Kommunikation**.

Symptom

Grundlegend für diese Position ist das Axiom, daß es unmöglich ist, nicht zu kommunizieren. Jede Mitteilung (Kommunikation) enthält eine Stellungnahme. Und mit jeder Stellungnahme definiert der jeweilige Sender seine Beziehung zwischen sich und dem Empfänger. Es ist für eine Person unmöglich, zu vermeiden,

---

* Gemeint ist die Gruppe der Forscher am *Mental Research Institute* in Palo Alto, Kalifornien. Die Forscher betonen, daß es sich bei dem Begriffssystem um provisorische Formulierungen handelt, und stellen der theoretischen Schwäche ihre *praktische Nützlichkeit* gegenüber.

** Kommunikation ist hier der Sammelbegriff für verschieden abzugrenzende Verhaltenseinheiten eines zwischenmenschlichen Systems:
1. Mitteilung (message) = eine einzelne Kommunikation;
2. ein wechselseitiger (begrenzter) Ablauf von Mitteilungen zwischen zwei oder mehreren Personen = Interaktion;
3. Strukturen von Interaktionen.

daß sie mit ihrem Verhalten (Kommunikation) ihre Beziehung zu anderen und sich selbst definiert und damit eine *Kontrolle über die Beziehung übernimmt.* Versuche, eine bestehende oder vom anderen definierte Beziehung in Frage zu stellen, werden als Manöver bezeichnet.

Als eine besondere Art, Kontrolle über die Beziehung zum anderen zu gewinnen, wird das neurotische Symptom angesehen. Es gestattet dem Kl., andere zu beeinflussen und gleichzeitig sich von der Verantwortung für diese Beeinflussung frei zu machen (z. B. hysterischer Kopfschmerz, der andere zu bestimmten Rücksichten zwingt). Pathologisch ist dabei nicht der Versuch, Kontrolle über eine Beziehung zu gewinnen – wir machen das alle –, sondern dieser Versuch *und gleichzeitig* die Verneinung dieses Versuches. Der Kl. in der Therapie z. B., der mit Magenschmerzen oder Gedankenabreißen eine Kontrolle über die Beziehung zum Th. (wie außerhalb der Therapie) zu gewinnen versucht, verneint sein Kontrollmanöver damit, daß die Magenschmerzen »über ihn kämen« und er ja nichts dafür könne.

Bei Haley (1963) und Watzlawick u. a. (1969) ist der formale Ausdruck für eine solche gestörte oder widersprüchliche Kommunikation das *Paradox.* »Ein Symptom ist eine spontane Verhaltensform, so spontan, daß selbst der Patient es als etwas Unbeherrschbares empfindet. Dieses Schillern zwischen Spontaneität und Zwang ist es, das ein Symptom paradox macht, und zwar sowohl im subjektiven Erleben des Patienten als auch in seinen Wirkungen auf andere.« (Watzlawick u. a., 1969, S. 220f.)

Veränderungsprozeß

Haley (1963) weist darauf hin, daß keine Form der Therapie das Problem vermeiden könne, das mit der Frage entsteht, wer die therapeutische Beziehung kontrolliert: Dieses Problem »ist zentral und seine Lösung ist der Ursprung der therapeutischen Veränderung«. Hat der Kl. die Kontrolle, dann werden die Schwierigkeiten perpetuiert.

Es geht also um die Frage, welche Möglichkeiten der Th. hat, eine therapeutische Kontrolle über die Beziehung zum Kl. zu gewinnen und eine Änderung der Regeln des durch das Paradox gekennzeichneten Systems zu bewirken.

Eine Antwort fand die Palo-Alto-Gruppe in der Analyse einer besonderen Art von Paradoxie, die sie *Doppelbindungen* nennen (BATESON, vgl. WATZLAWICK u. a., 1969). Eine pathologische Doppelbindung hat folgende Bestandteile:

1. Eine enge Beziehung zwischen zwei oder mehreren Personen. Diese Beziehung hat für einen oder alle einen hohen Grad von physischer und/oder psychischer Lebenswichtigkeit (Beispiel: Kind-Eltern-Beziehung).
2. Auf dem Boden einer solchen Beziehung wird (wiederholt) so kommuniziert, daß eine Mitteilung gegeben wird, »die a) etwas aussagt, b) etwas über ihre eigene Aussage aussagt und c) so zusammengesetzt ist, daß diese beiden Aussagen einander negieren, bzw. unvereinbar sind« (WATZLAWICK u. a., S. 196). Handelt es sich z. B. um eine paradoxe Handlungsaufforderung, dann kann diese nur durch Mißachtung befolgt oder durch Befolgung mißachtet werden. (Berühmtes Beispiel: »Sei spontan!« »Sei nicht so gehorsam!«)
3. Es ist für den Empfänger einer solchen Mitteilung durch die Art der Beziehung unmöglich, sich durch Kommentar (Metakommunikation) oder Flucht aus der Beziehung zurückzuziehen.

Das Wesen der pathologischen Situation, wie sie durch eine pathologische Doppelbindung gekennzeichnet ist, besteht in der *Illusion* der *Alternativen.* Es gibt keine Möglichkeit, die pathologische Situation durch eine Entscheidung zu beenden. Es ist ein »Spiel ohne Ende«.

Eine Änderung einer solchen Situation ist nur möglich, wenn es der oder den beteiligten Personen doch gelingt, außerhalb dieses Systems des »Spiels ohne Ende« zu gehen. Wird dies dadurch zu erreichen versucht, daß das Problem einer Person vorgelegt wird, die nicht in das pathologische System einbezogen ist und eine normale Kommunikationsweise beibehalten hat und beibehalten kann, dann ist dies *das Modell der psychotherapeutischen Intervention.*

Die Handlungsweise des Th. muß nun mit Sicherheit über die Ratschläge oder Versuche hinausgehen, die der Kl. oder die im System gefangenen Bezugspersonen tätigen. WATZLAWICK u. a. nennen drei Möglichkeiten:

1. Entweder aktiv den Kl. zu anderem Verhalten bewegen (Üben, Überreden etc.). Die Autoren sind der Meinung, daß dieses Vorgehen zumindest bei allen Fällen von symptomatischem Verhalten scheitern muß. Diese Frage soll hier nicht erörtert werden. Es bleibt aber anzumerken, daß bei einem systematischen Vorgehen und bei Berücksichtigung anderer Faktoren die rational-emotive Technik von A. ELLIS oder bestimmte Techniken der Verhaltenstherapie sehr wohl erfolgreich sein können.
2. Der Th. versucht, dadurch, daß er das System erweitert und neue Regeln einführt, das pathologische »Spiel ohne Ende« aufzulösen. Dies dürfte das Modell jener mißverstandenen »therapeutischen« Haltung sein, die glaubt, durch Einbringen humaner Qualitäten allein könne dem Kl. geholfen werden. (In Polemiken wird gerne versucht, die ROGERS-Therapie hier anzusiedeln.) Die Erfahrung zeigt, daß dies häufig sehr schnell daran scheitert, daß der Th. selbst in die Beziehung verwickelt wird.
3. Der Th. schreibt dem Kl. das Verhalten vor, das dieser schon von sich aus an den Tag legt. Dies kann in verschiedenen Formen erfolgen, z. B. durch negative Suggestion (DUNLAP, 1932), negative Übung (z. B. LEHNER, 1954), paradoxe Intention (FRANKL, 1960) oder aber auch durch »Akzeptieren des Gegebenen«.

In der allgemeinen Form ist diese letzte Vorgehensweise die Struktur der *therapeutischen Doppelbindung*. Sie ist das Spiegelbild der pathologischen Doppelbindung und hat folgende Bestandteile:

1. »Enge Beziehung« (= therapeutische Situation). Sie hat für den Kl. einen hohen Grad von Lebenswichtigkeit und positiver Erwartung.
2. In diesem Kontakt wird eine Verhaltensaufforderung gegeben, durch die
   a) das Verhalten aktiviert (wiedererlebt, wiederbelebt und wiederholt) wird, das der Kl. ändern möchte;
   b) diese Aktivierung als Mittel der Änderung hingestellt wird;
   c) dadurch ein Paradox hervorgerufen wird, weil der Kl. aufgefordert ist, sich durch Nichtändern zu ändern.

Für den Kl. ist dies eine unhaltbare Situation: Befolgt er die Aufforderung, dann tut er es absichtlich und sein Verhalten wird als Symptom unmöglich, weil er die Verantwortung dafür nicht mehr verneinen kann. Befolgt er sie nicht, so kann er das nur durch nichtsymptomatisches Verhalten tun, was ebenfalls im Sinne der Therapie ist.

3. »Die psychotherapeutische Situation hindert den Patienten daran, sich der Paradoxie zu entziehen oder sie dadurch zu zerreden, daß er sie zu kommentieren versucht. Obwohl also die Aufforderung logisch absurd ist, ist sie eine pragmatische Realität; der Patient kann nicht *nicht* auf sie reagieren, doch gleichzeitig kann er auch nicht in seiner üblichen, symptomatischen Weise auf sie reagieren.« (Watzlawick u. a., 1969, S. 225f).

Therapeutische Paradoxien in der kl.z. Therapie

Es kann nun dargestellt werden, daß die therapeutische *Interaktion in der kl.z. Therapie* (wie in anderen Formen) dem Muster der »Symptomverschreibung« bzw. der therapeutischen Doppelbindung folgt.*

Wir wollen dies am Beispiel einer Therapiestichprobe darstellen (GT-Einzeltherapie, Beginn 2. Kontakt, Kl., 26 Jahre; starke Beeinträchtigung im Beruf und im sozialen Kontakt durch Erstickungsangst und zwischenmenschliche Ängste; Selbstbehauptungskonflikte; die Kl.-Th.-Beziehung ist hier geprägt vom »struggle for control«).

	Protokoll	Interpretation
Kl. 1:	Ja, ich finde es schwierig, worüber man reden soll. (Th.: Ja) Man weiß eigentlich nicht so richtig, was man sagen soll.	Die Kl. versucht (Kl. 1, Kl. 2), die Situation dadurch zu kontrollieren, daß sie den Th. indirekt auffordert, Fragen zu stellen und damit Initiative und Verantwortung

* Die therapeutische Doppelbindung ist nur eine von mehreren therapeutischen Kommunikationsformen. Damit soll gesagt sein, daß sie auch in der Rogers-Therapie nur *eine* mögliche Erklärung bieten kann.

	Protokoll	Interpretation
Th. 1:	So, hmhm, es ist ein bißchen eigenartig für Sie und schwierig.	zu übernehmen (*komplementäre Kontrollmanöver*). Der Th. stellt die Art der Beziehung, wie sie die Kl. will, in Frage, indem er nicht ihre Erwartungen erfüllt, sondern ihr diese im Sinne der VEE reflektiert (Gegenmanöver).
Kl. 2:	Ja, mir wäre es am liebsten, wenn Fragen gestellt würden (Th.: Ja), so daß man antworten könnte, nicht?	Der Th. sagt damit indirekt: a) diese Schwierigkeit von Ihnen akzeptiere ich wie andere Dinge auch; b) ich gehe nicht auf Ihre Forderung ein; c) Sie können die Schwierigkeit selbst lösen.
Th. 2:	Irgendwie wär's Ihnen lieber, wenn ich so anfangen würde – (Kl.: Ja) so wie es sonst auch gemacht wird: »Was ist denn eigentlich los?« (Kl.: Ja, ja)	
Kl. 3:	Zum Beispiel wie beim Test, so daß man ja und nein –	In Kl. 3 bis Th. 4 wiederholt sich die gleiche Interaktion, nur daß die Kl. jetzt in der Ich-Form statt in der Man-Form spricht.
Th. 3:	Ja, hmm. (Pause)	
Kl. 4:	Ich – – ich meine, ich habe letztesmal schon so viel gesagt, ich weiß nicht, was ich jetzt noch zu dem Thema sagen soll.	
Th. 4:	Sie haben so das Gefühl, daß das, was Sie über sich berichten können, was Ihnen selber zur Verfügung steht, zu sagen – daß das gesagt ist.	
Kl. 5:	Ja, ich wollte nicht mehr (lacht verlegen, längere Pause) – über meine Probleme selbst – (Th.: Ja, hm) ja, das immer so – man weiß nie, ob das damit in Zusammenhang steht, und deswegen – weiß man nicht so richtig, was man sagen soll, ob das überhaupt einen Bezug dazu hat. (Th.: Hmhm)	

Protokoll	Interpretation
Ich weiß überhaupt nicht, ob es einen Bezug gibt z. B. zwischen meinen Depressionen und dieser – dieser Erstickungsangst.	
Th. 5: Hm – Sie sind sich nicht sicher, ob da ein Bezug zu dem ist; ob es sinnvoll ist, es zu berichten.	
Kl. 6: Ja. (Th.: Hm) Und deswegen weiß ich nicht so genau, was ich eigentlich berichten soll.	
Th. 6: Ein bißchen die Scheu: »Wenn ich das so sage, dann hat das eventuell gar nichts damit zu tun!« (Kl.: Ja. Lacht verlegen) Hm, ist es so – – ich versuche Sie zu verstehen –, daß Sie sich sagen: »Ich muß jetzt halt etwas berichten, und dann, wenn ich die Information gegeben habe, dann kann sich der schon sein Urteil bilden.« So ein bißchen diese Erwartung?	Die gleiche Interaktionsstruktur, nur daß jetzt der Th. in Th. 6 eindeutig definiert, um was es ihm geht (die Kl. zu verstehen). Er lehnt damit das Manöver der Kl. ab und kontrolliert die Beziehung dadurch, daß er auf die Metaebene der Kommunikation eingeht und die Kl.-Th.-Beziehung explizit zum Thema macht.
Kl. 7: Ja, ich denk', Sie wüßten das schon längst. (Th.: Ja, hm) – ich bräuchte halt nur so'n paar Anhaltspunkte . . . Ich mein', ich habe das letzte Mal gemerkt – man kommt von einem Punkt zum anderen – und ich weiß nicht, was wichtig ist und was nicht.	
Th. 7: Ja, hm – – Sie hatten das Gefühl, daß Sie so nicht zu dem Eigentlichen vorstoßen (Kl.: Ja), daß Sie viele Sachen besprechen,	Mit Th. 7 nimmt der Th. eindeutiger Stellung und definiert die Kl.-Th.-Beziehung. Dabei entsteht ein *therapeutisches Paradox.*

	Protokoll	Interpretation
	aber nicht wissen, was wichtig ist – – hm. – Ich bin davon überzeugt, daß es wichtig ist für Sie wie für jeden Klienten: Daß er eben da diese Mauer durchbricht, die wir alle haben, und daß es nicht so gut ist, wenn der Therapeut so als der Allwissende und Allmächtige das Urteil fällt (Kl.: Ja). Nach unser aller Erfahrung ist das nicht wertvoll (Kl.: Hm), sondern wir versuchen, dem Klienten so die Bedingungen zu geben, daß er mehr und mehr für sich selbst sprechen kann, dadurch die Probleme selber in den Griff kriegt und nicht abhängig ist von einer Autorität oder so.	Der Th. bringt zum Ausdruck, daß die Beziehung symmetrisch sein soll (Th. $\neq$ Allwissender). Indem *er* aber so die Beziehung definiert, kontrolliert er sie und nimmt eine superiore Stellung ein (nach HALEY: Metakomplementäre Beziehung). Inhaltlich besteht das Paradox darin: Die Kl. sucht die Autorität, die ihr rät. Und jetzt soll sie sich selbst diesen Rat geben. Sie soll darüber sprechen, was für sie wichtig ist, hat aber noch zuvor kundgetan, daß sie nicht weiß, was für sie wichtig ist.
Kl. 8:	Ja – ja, also, daß man von seinen eigenen Problemen erzählt, auch wenn man meint, die hätten gar keinen Bezug dazu . . .	Kl. 8–Th. 8: Stabilisierung der Beziehung.
Th. 8:	Ja, mhm.	
Kl. 9:	. . . und so? – – Ja, das habe ich eigentlich letztesmal schon angedeutet, also, daß bei mir eigentlich Fragen sind, die mich sehr beschäftigen, daß ich erst mal – also ich selbst – also – äh – daß ich z. B. sehr darunter leide, wie ich bin halt, daß ich – äh – schüchtern bin, nicht? (Th.: Hmm). Äh – sehr	Kl. 9: Th. 7 und Th. 8 haben es offensichtlich der Kl. erleichtert, so daß sie nun über sich selbst sprechen kann. Diese Interaktion wird nach Kl. 9 zum Wechselgespräch, in welchem die Kl. sich immer tiefer selbstexplorieren kann und dem Th. rückmeldet, daß sie sich verstanden fühlt. Inhaltlich bezieht sich die SE hauptsächlich auf das Problem der

	Protokoll	Interpretation
	ängstlich (Th.: Ja) zum Beispiel. Wenn ich z. B. in der Straßenbahn sitze ... jetzt kommt, sagen wir mal – es sind alle Plätze besetzt –	Selbständigkeit (Behauptungskonflikt). Die ganze Sequenz der Interaktion dauert bis Kl. 37/Th. 37.
(Die längere konkrete Schilderung der Schwierigkeiten ist hier ausgelassen.)		
	... dann habe ich auch jedesmal – das kann ich auch nicht überwinden – jedesmal habe ich ein schlechtes Gefühl.	Die Interaktion kann als *therapeutische Doppelbindung* gekennzeichnet werden: 1. Die Kl. fühlt sich verstanden (s. z. B. Kl. 10) und akzeptiert. Das Bemühen des Th. ist nicht mit Bedingungen oder Wertungen verbunden. Mit einer Ausnahme: Der Th. verweigert sich dem Wunsch der Kl. nach Ratschlag und Initiative von seiten der »Autorität Therapeut«. 2. Der Th. fordert die Kl. auf, über das zu sprechen, was für sie schrecklich ist (Th. 11 und folgende). Dadurch wird a) das Verhalten aktiviert (wiederholt und wiedererlebt), was die Kl. ändern möchte; b) diese Aktivierung wird als Mittel der Änderung hingestellt (vgl. Th. 7); c) Paradoxie: Die Kl. wird aufgefordert, sich durch Nichtändern zu ändern (s. Interpretation zu Th. 7). 3. Der Th. hindert die Kl. daran, sich der Paradoxie zu entziehen. Der Kl. gelingt es z. B. nicht, die Paradoxie zu kommentieren
Th. 9:	Es belastet Sie dann so, und Sie haben das Gefühl, etwas Falsches getan zu haben.	
Kl. 10:	Ja, Schuldgefühle! Obwohl ich genau weiß, daß ich im Anfang gegrüßt habe, und die Leute haben nicht wieder gegrüßt (Th.: Ja) und obwohl ich mich eigentlich im Recht fühle (Th.: Ja, Hmm) äh, komme ich trotzdem nicht darüber hinweg. Also, daß ich – – (Th.: Ja): Das sind alles so kleine Situationen, wo man praktisch den ganzen Tag darunter leidet (Th.: Ja). Immer wieder, man kann überhaupt nicht ausweichen.	
Th. 10:	Ja, Sie fühlen sich schuldig, obwohl Sie sich sagen, Sie sind im Recht.	

Protokoll		Interpretation
	Und das geht ... (Kl.: Ja! Beide sprechen gleichzeitig) – – –	(was sie ansatzweise in Kl. 7 versucht).
Kl. 11:	Ja, daß ich dann Angst habe, die Leute überhaupt anzuschauen oder so –	
Th. 11:	Hm, hm – daß Sie dann so – äh – zwangsläufig fast – äh – den anderen meiden müssen, ist es so?	
Kl. 12:	Ja – oder auch, wenn z. B. die Schwiegereltern kommen ...	

Das System Klient–Therapeut

Mit Beispielen ist nichts zu beweisen und nichts zu erklären, bestenfalls etwas zu verdeutlichen. Vielleicht kann das einfache und kurze Beispiel zeigen, daß der kl.z. Therapieprozeß

1. mit Begriffen der Doppelbindungstheorie darstellbar ist (ohne daß dies eine einseitige Entscheidung gegen ein »Lern«- oder ein »Einsichts«-Prinzip wäre), und
2. daß Variablen wie emotionale Wärme, positive Wertschätzung oder auch Verbalisierung emotionaler Erlebnisinhalte nicht als Bedingungs- oder gar als Kausalfaktoren angesehen werden können, sondern als Interaktionsphänomene, als Beziehungsregeln, die eine therapeutische *Interaktion* kennzeichnen.

Damit soll und kann nichts gegen die Notwendigkeit empirischer (d. h. neopositivistischer) Untersuchung gesagt werden. Untersuchungen zwischen Therapieprozeßvariablen und Therapieergebnissen, insbesondere aber vergleichende Psychotherapieforschung, sind als ständige Kontrolle und Absicherung nötig. Sie können jedoch den therapeutischen Prozeß nur als »geschlossenes System« darstellen und vermögen nicht, diesen Prozeß – wie es notwendig erscheint – als offenes System zu beschreiben. Offene Systeme sind aber nicht so sehr durch Anfangszustände, sondern durch die Natur der Prozesse determiniert, und es gilt das Prinzip der Äquifinalität (d. h. verschiedene Anfangszustände können zu gleichen Endzuständen führen). WATZLAWICK u. a. (1969) erklären deshalb, daß *das System* in seiner Offenheit und wegen der Äquifinalität *»seine eigene beste Erklärung«* ist, und daß »die Untersuchung seiner gegenwärtigen Organisation die zutreffendste Methodik darstellt« (S. 124).

Pragmatische Fragen*

Wenn wir als das spezifisch Psychotherapeutische in der GPT das therapeutische Paradox bzw. die therapeutische Doppelbindung ansehen, dann ergeben sich folgende wichtige Fragen, die in jedem Einzelfall aufgeworfen und stringent beantwortet werden müssen:

1. Welchen Grad von Lebenswichtigkeit hat oder gewinnt die Kl.-Th.-Beziehung?
   a) Besteht eine genügend positive Erwartung beim Kl.?
   b) Ist es dem Th. möglich, sich so zu verhalten, daß eine enge, für den Kl. lebenswichtige Beziehung entstehen kann? (Das bedeutet etwas mehr als die Fähigkeit, dem Kl. mit positiver Wertschätzung zu begegnen, ohne dabei Gebiete auszuklammern oder in bestimmten Bereichen mit Angst, Mißachtung, Mitleid oder Hoffnungslosigkeit zu reagieren.)
   c) Ist die Beziehung eng und gleichzeitig vom Th. kontrolliert? Wie kontrolliert der Th. die Beziehung?
2. Wie ist es möglich, daß in der Kl.-Th.-Beziehung das Verhalten aktiviert wird, das der Kl. ändern möchte?
   a) Erreicht dies der Th. durch seine verbalen Techniken?
   b) Aktiviert der verbale Bericht des Kl. in genügendem Maße das Wiedererleben?
   c) Welche nonverbale Kommunikation wird aktiviert oder muß aktiviert werden?
   d) Wie reagiert der Kl. auf den Th.? Vermeidet er oder entwertet er Stellungnahmen?

---

* Meines Erachtens stellen diese Fragen eine notwendige Ergänzung des klassischen Ansatzes dar und implizieren vielleicht eine neue Sichtweise. In einer anderen Arbeit sollen die Verbindungen zu solchen Konzepten wie »Konkretheit«, »Verbal Potency«, »Konfrontation« geprüft werden.

e) Ist der Th. fähig, nonverbale (analoge) Kommunikation adäquat zu verstehen und adäquat zu verbalisieren (digitalisieren)?

3. Ist der Th. überzeugend? Erscheint er dem Kl. kompetent? Kann er dem Kl. überzeugend klarmachen, daß die Aktivierung seiner Ängste und Probleme entscheidend wichtig für deren Änderung ist?
4. a) Berücksichtigt der Th. alle in der Kommunikation beobachtbaren (gestörten oder nichtgestörten, pathologischen oder nichtpathologischen) Kontrollversuche und -manöver?
   b) Gelingt es dem Kl. (und wenn wo), den Th. in sein System einzufangen?
   c) Kontrolliert der Kl. die Beziehung in irgendwelchen Bereichen, ohne daß es der Th. merkt? Wo?

Beziehung zur Theorie von Rogers (1959)

Wie nah diese Position der von Rogers ist, könnte vermutlich eine vergleichende Untersuchung mit dessen Theorie der interpersonalen Beziehungen (1959) ergeben. In Rogers' Darstellung der pathologischen Beziehung werden ebenfalls drei Bestandteile genannt, die sehr denen von Watzlawick u. a. ähneln:

1. Person Y und Person X sind in engem persönlichen »Kontakt« und möchten die Kommunikation erhalten.
2. Bei Person X besteht eine deutliche *Inkongruenz* zwischen folgenden drei Bereichen:
   a) Erlebnismäßige Erfahrung (Experience) des Gegenstandes der Kommunikation mit Person Y;
   b) Symbolisierung dieser Erfahrung im Bewußtsein und im Selbstkonzept;
   c) Bewußte Äußerung dieser Erfahrung.
3. Notwendigkeit zur Aufrechterhaltung zumindest eines minimalen Kontaktes zwischen X und Y.

Sicher sind hier auch Verschiedenheiten aufzuweisen; insbesondere die Verlagerung der »Inkongruenz« in die Person des Kl. (X). Die Verankerung dieser Inkongruenz in der Kl.-Th.-Kommunikation könnte aber die Gefahr der anfänglich erwähnten Polarisierung und die Zuordnung der ROGERS-Theorie zum Pol der »Heilung durch Einsicht« verhindern. Um einen weiterführenden Vergleich zwischen der ROGERS-Theorie und der Doppelbindungstheorie zu führen, wäre es nötig, weitere grundlegende Axiome über die menschliche Kommunikation (speziell über Inhalts- und Beziehungsaspekte; digitale und analoge Kommunikation; Interpunktion von Interaktion) darzustellen und ihre Bedeutung für den Therapieprozeß aufzuzeigen. Dies soll in einer anderen Arbeit geschehen.

Kritik und Methodologie

Es besteht wenig Zweifel, daß im Zuge der gegenwärtigen Bemühungen um fundierte theoretische Aussagen über Veränderungsprozesse in der Psychotherapie auch einer kommunikationstheoretischen Erklärung große Bedeutung zukommt. Die hier vertretene Position der Palo-Alto-Gruppe überzeugt jedoch bisher mehr durch ihre praktische Nützlichkeit als durch den Grad, mit dem die theoretischen Aussagen empirisch-experimentell abgesichert sind (vgl. z. B. BUDA, 1972, oder MEHRABIAN und WIENER, 1967).

Dennoch liegen bereits bedeutende Ansätze und Arbeiten vor, die das System Kl.–Th. jeweils in »seiner gegenwärtigen Organisation« zu untersuchen gestatten. Z. B.: Durch Einsatz der »Multivariaten Informationsanalyse« (ATTNEAVE, 1969), der »Übergangswahrscheinlichkeits-Analyse« (ASHBY, 1956, 1964) und des Codierungsverfahrens von LEARY (1957) vermag RAUSCH (1965) die soziale Interaktion bei Kindern als einen Veränderung hervorrufenden Prozeß aufzuhellen. In den Arbeiten von MOUSTAKAS u. a. (1955, 1956) wird versucht, die Therapeut-Kind-Interaktion zu analysieren und die Wechselwirkungen (die Kommunikation) mit zu berücksichtigen. Die Notwendigkeit reliabler Messungen einzelner Kommunikationen und die Komplexität von Kommunikationsabläufen zwingen aber bisher zur Beschränkung auf nur einzelne Aspekte der Kommunikation, wie z. B. bei MOUSTAKAS auf die verbale Kommunikation.

Die Bedeutung des hier dargestellten Ansatzes, speziell die

Bedeutung der Doppelbindungstheorie, wird sich auf dem Gebiet der Psychotherapieforschung erst dann abschätzen lassen, wenn sich die Tragfähigkeit solcher Untersuchungsverfahren wie der multivariaten Informationsanalyse auf diesem Gebiet bestätigen sollte. Erst dann wäre die Lösung des meines Erachtens hier vorliegenden Hauptproblems in Sicht: die Verifizierbarkeit oder Falsifizierbarkeit der Theorie. Grundsätzlich ist diese Überprüfbarkeit der Theorie gegeben, denn sie bezieht sich nur auf beobachtbares Verhalten: die zwischenmenschliche Kommunikation.

Zusammenfassung

Psychotherapieformen werden bisher immer noch stark polarisierend in »Einsichtstherapien« oder »Verhaltenstherapien« eingeteilt und dabei werden entweder »Einsicht« oder »Lernen« als Veränderungsprinzipien postuliert. GPT wird meist den Einsichtstherapien zugeordnet.

Mit Hilfe des theoretischen Ansatzes der Palo-Alto-Gruppe wird dagegen die kl.z. GPT als Kommunikationsprozeß dargestellt, bei dem das entscheidende Erklärungsprinzip für Veränderung die Interaktion zwischen Kl. und Th. ist. Initiative und Schwerpunkt des therapeutischen Prozesses können dabei weder einseitig beim Kl. noch einseitig beim Th. angesiedelt werden.

An Hand eines Beispiels wird kurz dieser kommunikationstheoretische Ansatz verdeutlicht. Es wird gezeigt, daß der kl.z. Therapieprozeß mit Begriffen dieser Theorie, speziell dem der »therapeutischen Doppelbindung« und der »therapeutischen Kontrolle«, darstellbar ist.

Es werden pragmatische Fragen zur Prüfung von therapeutischen Prozessen daraus abgeleitet und auf Untersuchungen und Untersuchungsmethoden hingewiesen, die zur empirischen Überprüfung der Theorie beitragen können.

Empirisch überprüfte Prozeßmerkmale in der Gesprächspsychotherapie

Von Hans Joachim Schwartz

Prozeßforschung

Als *Prozeßmerkmale* werden Variablen des Verhaltens von Kl. und Th. sowie Variablen der Interaktion dieser Personen bezeichnet, die innerhalb des psychotherapeutischen Geschehens sichtbar und wirksam werden.

Von Prozeßmerkmalen zu unterscheiden sind die Kl.- und Th.-Merkmale, die – etwa im Sinne von Persönlichkeitsmerkmalen, Alter, Geschlecht, sozialem Status usw. – unabhängig von der Psychotherapie vorhanden sind.

Diese Trennung erscheint in mancher Beziehung künstlich; wir können annehmen, daß das aktuelle Verhalten in der Psychotherapie von diesen Kl.- und Th.-Merkmalen in zum Teil erheblichem Ausmaß bestimmt wird.

Die *Prozeßforschung* untersucht die Prozeßmerkmale von Kl. und Th. unter verschiedenen Fragestellungen. Für die Konzeptbildung und Praxis der Psychotherapie besonders wesentlich ist die Analyse der Prozeßmerkmale im Zusammenhang mit Kriterien des Psychotherapie-Effekts; Ziel der Forschung ist dabei die Extraktion von Determinanten der Veränderungen im Erleben und Verhalten von Kl. Anders formuliert geht es um die Beantwortung von zwei Fragen:

1. Welche Verhaltensmerkmale von Kl. müssen in den psychotherapeutischen Gesprächen vorhanden sein oder gefördert werden, wenn die angestrebten konstruktiven Änderungen der Kl. erreicht werden sollen?
2. Wie muß sich der Th. zur Erreichung dieses Zieles verhalten?

Zwei Wege werden im Rahmen dieser Art von Prozeßforschung beschritten:

1. Auf Grund des Konzepts der GPT als relevant erachtete Prozeßmerkmale werden auf ihre tatsächliche Bedeutsamkeit hin überprüft.
2. Aus praktisch-therapeutischen Erfahrungen werden unabhängig vom Psychotherapiekonzept mögliche relevante Prozeßmerkmale isoliert und ebenfalls auf ihre Bedeutsamkeit hin getestet.

Prozeßforschung und Psychotherapiekonzept stehen dabei in enger Wechselwirkung: das Psychotherapiekonzept beeinflußt in entscheidender Weise den Schwerpunkt der Prozeßforschung; umgekehrt aber muß sich das psychotherapeutische Konzept mit den Ergebnissen der Prozeß schung wandeln.

Jede Darstellung des Konzepts der GPT und der relevanten Prozeßmerkmale gibt daher nur den augenblicklichen Wissensstand wieder, ist also vorläufig ohne die Gewähr, daß dieses Wissen über längere Zeit gültig ist.

Zusätzlich erschwerend und vor allem für weniger erfahrene Th. oft verunsichernd wirkt sich die Tatsache aus, daß die Ergebnisse zu der Bedeutsamkeit der untersuchten Prozeßmerkmale einander z. T. widersprechen; neben Problemen der statistischen Auswertung sind dafür vermutlich vor allem Unterschiede zwischen den untersuchten Kl.- und Th.-Stichproben sowie von Untersuchung zu Untersuchung wechselnde Kriterien für den Therapie-Effekt verantwortlich.

Unterschiedliche Ergebnisse zur Bedeutsamkeit von Prozeßmerkmalen für den Therapie-Effekt haben mit dazu geführt, das Prinzip genereller Wirksamkeit bestimmter psychotherapeutischer Merkmale in Frage zu stellen. Es wird vermutet, daß unterschiedliche Kl. auch ein differentielles therapeutisches Vorgehen notwendig machen; so nehmen Minsel und Langer (1973) an, daß erfahrene Th. über ein breites Verhaltensrepertoire verfügen, dessen sie sich in flexibler Weise, auf den einzelnen Kl. abgestimmt, bedienen. Allerdings fehlen bisher explizierte Kriterien, bei welchem Kl. und zu welchem Zeitpunkt der Therapie welche Verhaltensweisen förderlich sind.

Die *Zusammenstellung* empirisch untersuchter Prozeßmerkmale in diesem Abschnitt ist unter diesen Vorzeichen zu sehen: Es werden Variablen vorgestellt, die in meist mehreren Untersuchungen als relevant herausgestellt wurden und daher im Verhaltensrepertoire eines Th. vorhanden sein bzw. durch Training erworben werden sollten. Die Entscheidung über den Einsatz dieser Merkmale und über die Erweiterung dieses Repertoires um weitere Merkmale im Gespräch mit einem spezifischen Kl. muß der Th. weitgehend auf der Basis seines eigenen Eindrucks treffen.

Untersuchte Merkmale

Die in der Prozeßforschung notwendige quantitative Erfassung der untersuchten Prozeßmerkmale wird auf drei Wegen durchgeführt:

1. Kl. und Th. stellen ihr Verhalten in den therapeutischen Gesprächen anhand von Fragebogen jeweils selbst dar.
2. Ebenfalls anhand von Fragebogen beschreibt der Kl. das Verhalten seines Th. und der Th. das Verhalten seines Kl.
3. Das Verhalten von Kl. und Th. wird anhand von Tonbandaufnahmen durch neutrale Beurteiler auf Schätzskalen beurteilt.

Schätzskalen sind seit Truax (1961, 1962; s. Tausch, 1973) die gebräuchlichsten Instrumente zur Erfassung von Prozeßmerkmalen. Für die hier dargestellten Variablen liegen solche Skalen vor, allerdings in unterschiedlicher metrischer Qualität: Während vor allem bei den häufig verwendeten Skalen neben einer Verankerung (spezifischen Kennzeichnung) der Skalenpole auch die einzelnen Stufen möglichst operationalisiert und durch Beispiele veranschaulicht sind (z. B. die Skalen zur Verbalisierung von Erlebnisinhalten und zur Selbstexploration), werden andere Skalen lediglich durch eine allgemeine Beschreibung der jeweiligen Variablen definiert, ohne daß die Bedeutung der quantitativen Skalenstufen inhaltlich charakterisiert wird.

Psychotherapeuten-Prozeßmerkmale

Entsprechend der Annahme von ROGERS, daß psychisch beeinträchtigte Personen generell in der Lage sind, sich in konstruktiver Weise zu verändern, wenn ihnen als Voraussetzung dazu nur angemessene Bedingungen geschaffen werden, lag der Schwerpunkt der Prozeßforschung lange Zeit auf den Merkmalen des Th.-Verhaltens, das als unabhängige Variable betrachtet wurde.

ROGERS (1957) postuliert drei Variablen als notwendige und hinreichende Bedingungen für konstruktive Änderungen von Kl.*:

Congruence. Deutschsprachige Bezeichnungen: Kongruenz; Echtheit.

Die Forderung nach Kongruenz besagt: Der Th. soll in der Beziehung zum Kl. er selbst sein; sein aktuelles Erleben (experiencing) in der Psychotherapie soll seinem Bewußtsein zugänglich sein und nicht abgewehrt werden. Die eigenen Erfahrungen und Gefühle, besonders die dem Kl. gegenüber, sollen für den Th. kommunizierbar sein und auch kommuniziert werden.

Mangelnde Kongruenz sieht ROGERS in einer höflich-professionellen Fassade des Th.

Eine Skala zur Einschätzung der Kongruenz wurde von TRUAX (1962; s. TAUSCH, 1973) entwickelt; eine metrisch brauchbare deutschsprachige Skala liegt nicht vor, vermutlich wegen der Schwierigkeiten der definitorischen Abgrenzung und Einschätzbarkeit dieses Merkmals.

Unconditional positive regard. Deutschsprachige Bezeichnungen: Positive Wertschätzung und emotionale Wärme; emotionale Zuwendung, nicht an Bedingungen gebunden.

Ein Th. realisiert ein hohes Ausmaß dieser Variablen, wenn er den Kl. in allen seinen Äußerungen und Erlebensweisen als Person von Wert akzeptiert und wenn seine Zuwendung nicht abhängig ist von der Erfüllung bestimmter Voraussetzungen durch den Kl. Neben einer solchen akzeptierenden Haltung gehört zu diesem Merkmal auch der Verzicht auf wertende Stellungnah-

---

* Zur genaueren Beschreibung dieser Merkmale s. S. 125ff.

men. Truax (1962; s. Tausch, 1973) legte erstmalig eine Schätzskala zur quantitativen Erfassung des Merkmals »unconditional positive regard« vor; im deutschsprachigen Raum wurden weitere Skalen erprobt, die zur Beurteilung ähnlicher Merkmale dienen sollen (z. B. die Skala »Innere Anteilnahme – Interesse – Sorge – Wertschätzung – emotionale Wärme«, Minsel u. a., 1973).

Accurate empathic understanding. Deutschsprachige Bezeichnungen: Einfühlendes Verständnis; Verbalisierung emotionaler Erlebnisinhalte des Kl. durch den Th.

Der Th. soll sich darum bemühen, die Erlebniswelt des Kl. aus dessen Sichtweise zu verstehen und das Verstandene dem Kl. kommunizieren. Diese Kommunikation findet sowohl auf verbaler als auch auf nonverbaler Ebene statt. Die Ausprägung dieses Merkmals wird im deutschsprachigen Raum mit Hilfe einer ursprünglich von Truax entwickelten, von Tausch u. a. (1967; s. Tausch, 1973) revidierten Skala »Verbalisierung emotionaler Erlebnisinhalte des Klienten« erfaßt. Hohe Werte auf dieser Skala erhält ein Th., wenn er auf Ratschläge, Kritik, bewertende Stellungnahmen, Fragen und generell auf inhaltlich-thematische Strukturierung verzichtet und statt dessen die Äußerungen des Kl. über sein gefühlsmäßiges Erleben aus dessen subjektivem Bezugsrahmen zu verstehen sucht und seinerseits verbalisiert (reflektiert).

Von Carkhuff (1969) wurde eine umfassendere Skala vorgeschlagen, die neben dem Verbalisieren von Gefühlen auch die Tiefe des Verständnisses berücksichtigt.

Untersuchungen zu den drei »Kernvariablen« weisen darauf hin, daß konstruktive Änderungen von Kl. in der Tat wahrscheinlich sind, wenn ihre Th. ein hohes Ausmaß an Kongruenz, positiver Wertschätzung und emotionaler Wärme sowie Verbalisierung emotionaler Erlebnisinhalte verwirklichen (s. z. B. Tausch, 1973; Truax und Mitchell, 1971; Shapiro, 1969).

Gleichzeitig ist aber deutlich, daß durch diese Variablen nur ein Teil der Effekte von Th. erklärt wird. D. h. die Kernvariablen sind in vielen Fällen wesentliche Elemente hilfreicher Gespräche, reichen aber zur Bewirkung konstruktiver Änderungen nicht immer aus.

In den Arbeiten zur GPT in Deutschland wurde in den letzten Jahren außerdem zunehmend fraglich, ob der Variablen »Verbalisierung« in der eingeschränkten Form die zugeschriebene Bedeutung tatsächlich zukommt; ihre Zusammenhänge mit den Psychotherapie-Effekt-Maßen waren oft nur schwach oder blieben insignifikant.

Auf dieser Grundlage sind die Bemühungen zu sehen, weitere Determinanten konstruktiver Änderungen von Kl. im Verhalten von Th. aufzuzeigen. Dabei ging es bisher nach wie vor um allgemein wirksame Merkmale; Ansätze zur Überprüfung einer differentiellen Wirksamkeit therapeutischer Merkmale liegen vor allem wegen erheblicher methodischer Schwierigkeiten nicht vor. An Variablen, die sich als möglicherweise allgemein bedeutsam herausgestellt haben, sind zu nennen: Konfrontation, Konkretheit, Aktivität, die auf S. 134 ff. näher beschrieben werden. Weiter ist in diesem Zusammenhang die innere Beteiligung hervorzuheben.

Innere Beteiligung / Engagement. In Abgrenzung zur »positiven Wertschätzung und emotionaler Wärme« scheint mit der Skala »Innere Beteiligung/Engagement« stärker das nicht-professionelle, nicht-rollenhafte Engagement des Th. betont zu werden. Damit scheint diese Skala besser als die Skala »positive Wertschätzung und emotionale Wärme« dem Konzept der »positive regard« bei ROGERS zu entsprechen; gleichzeitig liegt vermutlich eine enge Beziehung zum Merkmal Kongruenz vor. Mit dem Psychotherapie-Effekt steht das Merkmal »Innere Beteiligung/Engagement« in signifikantem Zusammenhang (SCHWARTZ, 1973).

Überzeugungskraft (persuasive potency). Nach übereinstimmenden Befunden erreichen Kl. umfangreichere Persönlichkeits- und Verhaltensänderungen, wenn ihr Th. ein hohes Ausmaß an Überzeugungskraft ausstrahlt (TRUAX u. a., 1968).

Nach den bisher vorliegenden Ergebnissen läßt sich vermuten, daß den emotionalen Merkmalen des Th.-Verhaltens größere Bedeutung zukommt als inhaltlich-formalen Variablen: Die Zusammenhänge der emotionalen Charakteristika therapeutischen Verhaltens mit dem Therapie-Effekt sind häufig enger, widersprüchliche Ergebnisse finden sich seltener als bei den mehr »technischen« Merkmalen.

Offenbar beruht diese scheinbare Überlegenheit emotionaler Variablen auf einer bereits erwähnten Eigenart bisheriger Prozeßuntersuchungen: dem Bemühen, für alle Kl. in gleicher Weise wirksame Merkmale zu finden. Es ist wahrscheinlich, daß ein hohes Ausmaß an positiver Wertschätzung, emotionaler Wärme, innerer Beteiligung, intensivem Bemühen für viele, wenn nicht für alle Personen mit psychischen Beeinträchtigungen günstig sind; ob jedoch häufige Konfrontationen, ein hohes Ausmaß an Verbalisierung emotionaler Erlebnisinhalte oder die Realisierung anderer technisch-methodischer Merkmale sinnvoll ist, mag von der Art der Beeinträchtigungen und den Voraussetzungen der Kl. abhängig sein. Die Bedeutung technischer Merkmale kann dann erst nach einer differentiellen Analyse des Th.-Verhaltens gegenüber spezifischen Kl. oder Kl.-Gruppen beurteilt werden; bei globalem Forschungsansatz hingegen wird die spezifische Bedeutung dieser Merkmale verschleiert.

Klienten-Prozeßmerkmale

Das Interesse an Kl.-Prozeßmerkmalen beginnt sich zu verlagern. Während zunächst gefragt wurde, welche Prozesse durch das Th.-Verhalten im Kl. ausgelöst werden, wird das Kl.-Verhalten zunehmend stärker als Einflußgröße eigener Art betrachtet. Darin ist auch die Möglichkeit eingeschlossen, daß das Th.-Verhalten eine Funktion des Kl.-Verhaltens ist.

Selbstexploration. Unter Selbstexploration wird verstanden, daß der Kl. in der Therapie über sein inneres Erleben, d. h. seine Gefühle, Bewertungen von Ereignissen oder Personen, gefühlsmäßige Stellungnahmen zu seiner Umwelt, seine Ziele und Wünsche, spricht und sich um größere Klarheit und neue Einstellungen bemüht.

Die Selbstexploration ist bisher sehr ausführlich untersucht worden; ihr Zusammenhang mit konstruktiven Änderungen kann als gesichert gelten (vgl. TAUSCH, 1973).

Häufig gefunden wurde auch ein bedeutsamer Zusammenhang zwischen Selbstexploration und dem Th.-Merkmal »Verbalisierung«. Eine endgültige Klärung dieses Zusammenhangs steht noch aus; Untersuchungen zur experimentellen Variation des Th.-Verhaltens legen eine Determination der Selbstexploration durch das Ausmaß der Verbalisierung nahe (z. B. SANDER u. a., 1969), gleichzeitig liegen aber auch Hinweise für eine Abhängigkeit der »Verbalisierung« des Th. von der Selbstexploration des Kl. vor (z. B. HELM, 1972).

Wie für das Th.-Merkmal »Verbalisierung« liegen auch für die Selbstexploration mehrere Skalen vor, die das Merkmal z. T. unterschiedlich definieren. Neben der ursprünglichen Skala von TRUAX und der Revision von TAUSCH (s. TAUSCH, 1973) ist vor allem das Konzept von CARKHUFF (1969) zu nennen, das neben der inhaltlichen Klassifizierung der Kl.-Äußerungen auch Ausdruckscharakteristika berücksichtigt (z. B. gefühlsmäßige Nähe, Spontaneität).

Weitere Kl.-Prozeßmerkmale, die vermutlich wesentliche Bedeutung haben, sind häufig auf das Merkmal Selbstexploration bezogen; sie gliedern das komplexe Merkmal in einzelne Verhaltensbereiche auf oder beschreiben Verhaltensaspekte, welche die sprachlich-inhaltlichen Charakteristika um Ausdrucksphänomene ergänzen. Zu dem Merkmal Experiencing, das für die neuere Konzeptbildung in der kl.z. Therapie von besonderer Bedeutung ist, vgl. S. 73 u. S. 158ff.

Selbstreferenzen. Das Ausmaß an Selbstreferenzen – d. h. Äußerungen über die eigene Person und das eigene Erleben – kann als rein quantitativer Aspekt der Selbstexploration verstanden werden. Zum Psychotherapie-Effekt wurden bedeutsame Beziehungen nachgewiesen (BRAATEN, 1961; SCHWARTZ, 1973).

Weitere Merkmale. Einige weitere Prozeßmerkmale von Kl. stellten sich in einer neueren Arbeit (SCHWARTZ, 1973) als gute Prädiktoren des Therapie-Effekts aus Anfangsgesprächen heraus. Es stehen

a) die Intensität, in der der Kl. sich mit sich selbst auseinandersetzt,
b) die gefühlsmäßige Nähe des Kl. zu seinen Äußerungen, und
c) die Bereitschaft des Kl., eigene Gefühle für sich zu akzeptieren oder abzuwehren

in engem Zusammenhang mit konstruktiven Änderungen von Kl.

Kausale Erklärung von Zusammenhängen

Bei den hier beschriebenen Prozeßmerkmalen handelt es sich um Variablen des Kl.- und Th.-Verhaltens, deren Ausprägung unmittelbar oder mittelbar mit dem Therapie-Effekt in Zusammenhang steht. Mittelbar ist etwa der Zusammenhang für das Merkmal Verbalisierung emotionaler Erlebnisinhalte, das – wie erwähnt – in neueren Untersuchungen kaum mit dem Therapie-Effekt, wohl aber mit einzelnen relevanten Kl.-Merkmalen (z. B. Selbstexploration) korreliert.

Folgende Interpretation bedeutsamer Zusammenhänge mit dem Therapie-Effekt wird häufig angenommen:

Der Th. bewirkt oder fördert durch sein Verhalten (z. B. hohes Ausmaß an Verbalisierung) im Kl. die Verwirklichung eines günstigen Ausmaßes relevanter Kl.-Merkmale (z. B. Selbstexploration), die ihrerseits mit konstruktiven Änderungen im Erleben und Verhalten von Kl. zusammenhängen.

Der tatsächliche kausale Zusammenhang scheint jedoch komplizierter zu sein: Es kann vor allem für emotionale Th.-Merkmale nachgewiesen werden, daß der Kl. die Ausprägung dieser Merkmale im Verhalten des Th. bedeutsam beeinflußt; d. h. der Th. kann nicht als unabhängige Variable betrachtet werden. Die Annahme einer Wechselwirkung zwischen Kl. und Th. scheint den Gegebenheiten besser gerecht zu werden.

Für die Prozeßforschung ergibt sich daraus:

1. Intensiver als bisher muß untersucht werden, in welcher Kombination Kl. und Th. sich möglichst optimal, d. h. mit günstiger Ausprägung der relevanten Prozeßmerkmale, verhalten.
2. Neben der getrennten Betrachtung von Kl.- und Th.-Prozeßmerkmalen muß stärker die spezifische Art der Interaktion berücksichtigt werden. Erste Ansätze in dieser Richtung (z. B. Babel, 1972) weisen auf die Bedeutsamkeit etwa der Partnerschaftlichkeit in der Zusammenarbeit, der Güte des emotionalen Beziehungsverhältnisses und des Interaktionsstils hin.

Zusammenfassung

Wir kennen eine Reihe von Kl.- und Th.-Prozeßmerkmalen, die bei globalem Forschungsansatz mit konstruktiven Änderungen von Kl. zusammenhängen. Th. werden daher trainiert, ein hohes Ausmaß in relevanten Merkmalen zu verwirklichen und bedeutsame Kl.-Merkmale zu fördern.

Weitgehend unbekannt ist z. Zt. noch, welche Th.- und Kl.-Prozeßmerkmale im *Einzelfall* konstruktive Änderungen des Kl. gewährleisten; es kann lediglich als gesichert gelten, daß für einzelne Kl. differentielle Vorgehensweisen erforderlich sind, die gegenwärtig im Ermessen des Th. liegen.

Damit zusammenhängend fehlen Kriterien, welchem Th. es bei welchem Kl. gelingen kann, die als notwendig erachteten Prozeßmerkmale in erforderlichem Ausmaß zu verwirklichen.

Aus der Vielzahl offener Fragen geht eines zumindest deutlich hervor: Ein dogmatisches therapeutisches Vorgehen, das auf strenger Regelung vor allem des sprachlich-formalen Verhaltens basiert, ist *gegenwärtig* durch die vorliegenden Forschungsergebnisse nicht zu rechtfertigen.

Empirische Befunde zum Einfluß von Psychotherapeutenmerkmalen auf den gesprächstherapeutischen Prozeß

Von Hansjörg Schild

I.

1957 formulierte ROGERS mit seinen Mitarbeitern ein Konzept des Therapieprozesses, wonach es auf seiten des Th. drei »notwendige und ausreichende« Bedingungen für eine effektive Änderung des Kl. gäbe:

1. positive Wertschätzung sowie emotionale Wärme für den Kl. (W);
2. empathisches Verstehen des internalen Bezugspunktes des Kl. (VEE);
3. Kongruenz (Echtheit und Integration) im Verhalten gegenüber dem Kl. (E/S).

Die therapeutische Bedeutung dieser Interaktionsformen wurde nicht erst von kl.z. Psychologen entdeckt. Sie wurde z. B. schon 1953 von einem lernpsychologischen Standpunkt aus dargestellt (SHOBEN, 1953), bald danach von einem tiefenpsychologischen (BORDIN, 1955). Der Artikel von ROGERS (1957) ist aber insofern hervorzuheben, als mit ihm eine quantitative und vergleichbare Erfassung des Th.-Verhaltens durch Beobachtungs-(Beurteilungs-)Skalen in Gang gesetzt wurde.

Diese Entwicklung war u. a. durch die Annahme bedingt, die drei therapeutischen Verhaltensweisen seien »notwendig und ausreichend« für eine Modifikation des Verhaltens von Kl. Die meisten empirischen Arbeiten, die bis Ende der sechziger Jahre innerhalb gesprächstherapeutischer Forschung durchgeführt wurden, befaßten sich fast ausschließlich mit der Untersuchung dieser Annahme. Eine umfassende Zusammenstellung dieser Forschungsergebnisse, wie sie von amerikanischen Autoren erbracht wurden, findet sich bei TRUAX und CARKHUFF (1967), TRUAX und MITCHELL (1971). Eine Übersicht der deutschsprachigen Untersuchungen gibt TAUSCH ([5]1973). Diesen Überblicksarbeiten zufolge wurden die einzelnen psychologischen Befunde zur Effektivität der kl.z. Behandlung in mehr als 30 größeren Untersuchungen bei ca. 2000 Kl. gewonnen. Während in den amerikanischen Arbeiten annähernd gleich viele In- und Outpatienten in Gruppentherapien behandelt wurden, umfaßte die Klientel der deutschsprachigen Arbeiten kaum stationäre Patienten sowie fast ausschließlich Einzeltherapien. Eine allgemeine Zusammenfassung der Untersuchungsergebnisse läßt erkennen:

1. Bei durchschnittlich hoher Ausprägung im therapeutischen Basisverhalten (den drei genannten Th.-Variablen) kann bei einer Großzahl von Kl. ein positiver Therapieeffekt gefunden werden.
2. Diese Ergebnisse treffen z. T. für verschiedenartige Th. und Berater zu, unabhängig von deren therapeutischer Ausbildung und Ausrichtung wie auch für verschiedene Kl.-Gruppen.
3. Therapeutisch effektive Verhaltensformen können identifiziert und z. T. durch Training gelernt werden.

II.

Neben diesen drei Aspekten therapeutischen Basisverhaltens müssen weitere Verhaltensmerkmale als bedeutsam angesehen werden: z. B. Konkretheit der therapeutischen Äußerungen, Aktivität des Th., psychische Funktionsfähigkeit des Th., Konfrontation des Kl. durch den Th. Diese Variablen sollen im Anschluß an die »klassischen« GPT-Variablen kurz dargestellt werden.

1. Verbalisierung emotionaler Erlebnisinhalte (VEE)

a) Beschreibung: Bezeichnung und Beschreibung dieser Variablen sind im Laufe der Jahre nicht gleich geblieben. Aus dem ursprünglichen »reflecting of feelings« (ROGERS, 1942, 1951) wurde über »understanding responses«, »empathy«,

»accurate empathic understanding« (Rogers, 1957) zuletzt einfach »accurate empathy« (Rogers, 1965). – Die deutsche Formulierung versucht demgegenüber neben dem Einfühlen auch das Mitteilen zu bezeichnen. Inhaltlich ist diese Variable dadurch charakterisiert, daß der Th. die emotional-affektiven Erlebnisinhalte in den Kl.-Äußerungen vom individuellen Bezugspunkt des Kl. wahrnimmt und sie konkret, einfach verstehbar dem Kl. mitteilt. Um die therapeutische Effektivität dieser (wie auch aller anderen) Variablen feststellen zu können, wurde sie in Form einer Skala operationalisiert, quantifizierenden Messungen zugänglich gemacht.

b) Skalierung: Truax (1961) hat als einer der ersten eine Skala erstellt, deren Konzeption auch in revidierten Formen beibehalten wurde. (Bereits 1958 konstruierte Halkides eine kleine Skala, unmittelbar an Rogers' Artikel von 1957 angelehnt; ihr kommt heute eher historische Bedeutung zu.) Bei der Truax-Skala wurde ein Kontinuum definiert, das in neun Stufen (ordinale Merkmalseigenschaft) von einer niedrigen Ausprägung (1) des Verhaltensmerkmals zu einer hohen Ausprägung (9) reicht (Truax, 1961; Truax und Carkhuff, 1967). Eine erste geringfügige Veränderung erfuhr diese Skala durch Bergin und Solomon (1963, zit. bei Truax und Carkhuff, 1967), die im ersten Skalendrittel eine neue Stufe zur Differenzierung zwischen ungenauer und genauer Wahrnehmung tieferer Gefühle einführten. Truax selbst nimmt diesen Zusatz in die von ihm entwickelte Skala auf (Rogers, Gendlin, Truax, Kiesler, 1967, Anhang B). – Im deutschen Sprachraum wird fast ausnahmslos eine revidierte Schätzskala von Tausch u. a. (1967) verwendet, die für elf Stufen konzipiert ist,von denen jede zweite (insgesamt sechs) definiert ist. Die metrischen Eigenschaften dieser Skala wurden von Vogues (1968) untersucht. Sie darf als annähernd eindimensional angesehen werden. In Amerika ist 1969 eine abermalige Revision dieser Skala durch Carkhuff vorgelegt worden. Sie ist nur fünfstufig, inhaltlich aber weiter gefaßt als die vorherigen (so z. B. durch die Einbeziehung gefühlsmäßiger Erlebnisinhalte des Kl. zu anderen Personen). Eine andersartige operationale Definition der VEE-Variablen liegt vor, bei der die Einschätzung des Th.-Verhaltens durch den Kl. über Fragebogen vorgenommen wird, wie sie in den Verhaltensinventaren von BARRETT-LENNARD (1962) oder LORR (1965) bestehen.

c) Empirische Befunde: Den meisten empirischen Untersuchungen des Th.-Verhaltens liegt ein Forschungskonzept zugrunde, das auf ROGERS, TRUAX und Mitarbeiter zurückgeht: Das von Th. in Gesprächen realisierte Verhalten wird in einigen stabilen Merkmalen möglichst objektiv und in Form quantifizierbarer Feststellungen beobachtet und mit dem Kriterium – den eingetretenen Modifizierungen des Verhaltens und Erlebens von Kl. – in statistische Beziehungen gebracht, unter Berücksichtigung etwaiger Änderungen bei einer vergleichbaren Kontrollgruppe ohne Psychotherapie (TAUSCH, 1973).
Nach TRUAX und MITCHELL (1971) liegt die Objektivität der Einschätzungsskala VEE bei mehr als 70% der einschlägigen Arbeiten zwischen .60 und .90 (Re-Rate-Zuverlässigkeit sowie Konkordanz der Beurteiler). Sie ist damit hinreichend gewährleistet und im Durchschnitt auch höher als bei den anderen Th.-Variablen. In den Überblicksarbeiten TRUAX und CARKHUFF (1967), TRUAX und MITCHELL (1971), TAUSCH (1973) werden über 30 Beiträge angeführt, die sich mit VEE befassen. Es sind allerdings einige Untersuchungen darunter, deren Kl.-Zahl unter der von TAUSCH (1973) als Minimum angeführten Grenze von 25 liegen (TRUAX und CARKHUFF 1965; 3 Kl.; TAUSCH, ZEHELEIN, FITTKAU, MINSEL 1967: 14 Kl.; TRUAX 1963: 4, 14, 16 Kl.; VAN DER VEEN 1965: 15 Kl.).
Während in den amerikanischen Untersuchungen die Klientel sich ungefähr in gleichem Verhältnis auf In- und Outpatienten sowie auf Gruppen- und Individualtherapien verteilt, umfaßt die Klientel in deutschsprachigen Arbeiten zum größten Teil Outpatienten in Einzelbehandlung. Die Korrelation von VEE mit verschiedenen Kriteriumsvariablen ist in den einzelnen Untersuchungen einheitlich hoch. Dies gilt für die Kl.-Variablen Experiencing und Selbstexploration (TRUAX und CARKHUFF 1965; SANDER, TAUSCH, BASTINE, NAGEL 1969; TAUSCH, ZEHELEIN, FITTKAU, MINSEL 1967; VAN DER VEEN 1965; BOMMERT, MINSEL, FITTKAU, LANGER, TAUSCH 1972 u. a. m.); auch für Meßdifferenzen zwischen Prä- und Posttherapietestung mit Persönlichkeitsfragebögen (MMPI mit

Subskalen, EPI, IPS, FPI, POI, Shostrom 1963, Minnesota Counseling Inventory; neben den erwähnten deutschsprachigen Arbeiten ist zu verweisen auf HALKIDES 1958, BARRETT-LENNARD 1962, TRUAX, CARKHUFF und KODMAN 1965, TRUAX 1966, TRUAX, WARGO und SILBER 1966, TRUAX, WARGO, FRANK und Mitarbeiter 1966).

Weitere mit VEE positiv korrelierende Kriteriumsvariablen sind verschiedene Anxiety-scales (TAYLOR, WELSH, BARRETT-LENNARD 1962, TRUAX 1966) sowie Anpassungs-Q-Sorts (ROGERS u. a. 1967). Bei stationären Patientengruppen sowie institutionalisierten Delinquentengruppen wurden follow-up-Erhebungen erbracht, über die innerhalb eines Jahres außerhalb der Klinik oder Institution verbrachte Zeit (TRUAX, WARGO und SILBER 1966; TRUAX, WARGO, FRANK u. a. 1966). Besonders bei dieser Klientel zeigte sich, was bei fast allen anderen Untersuchungen verschieden deutlich wurde, daß positive Korrelationen nur mit einem hohen Ausmaß an VEE auftraten, nicht hingegen bei einem niedrigen VEE (Detoriationseffekt).

Im Vergleich zu den beiden anderen therapeutischen Basisvariablen scheint ein hohes Ausmaß an VEE der beste Prädiktor für ein positives Therapieoutcome zu sein. Wider Erwarten erwies sich bei TRUAX und WARGO (1969) sowie bei MINSEL, LANGER, PETERS und TAUSCH (1973) die Verbalisierung von Kl.-Gefühlen in geringem bis keinem Zusammenhang mit Änderungswerten des Kl.

Es wäre im Einzelfall jedoch zu prüfen, ob der Vorschlag von TRUAX und MITCHELL (1971) für solche Fälle Gültigkeit haben darf: Korrelieren zwei Variablen der therapeutischen Triade (VEE, W, E-S) miteinander hoch, jedoch mit einer dritten niedrig, dann kann für die Voraussage des Outcome die gering oder negativ korrelierende Variable zugunsten der beiden anderen vernachlässigt werden.

2. Positive Wertschätzung und emotionale Wärme (W)

a) Beschreibung: Diese Variable ist trotz ihrer therapeutischen Bedeutsamkeit erst wenig präzise beschrieben und empirisch nur unbefriedigend erfaßt. Das äußert sich u. a. an der Ver-

wendung wechselnder Begriffe und uneinheitlicher Beschreibungen. ROGERS spricht von »positive regard«, einer überdauernden positiven Einstellung dem Kl. gegenüber, die von dessen jeweiligem Verhalten nicht beeinträchtigt wird; andererseits von »unconditionality«, als einem bestimmten Aspekt dieser Einstellung. ROGERS (1962) räumt jedoch ein, daß »er sich dessen aber nicht ganz sicher sei«.
BARRETT-LENNARD (1962) faßt diese Variable allgemein unter »level of regard« zusammen, als einer »Ansammlung all dieser unterscheidbaren positiven oder negativen Gefühle, mit denen jemand einem anderen gegenüber reagieren kann«. Die »Unbedingtheit« dieser Einstellung zeigt sich darin, wie gering die Variabilität oder wie groß die Konstanz ist, mit der vom Th. auf unterschiedliche Gefühle des Kl. reagiert wird. In den Arbeiten von TRUAX und Mitarbeitern wiederum wird das Merkmal durchgehend mit »nonpossessive warmth« bezeichnet. Offensichtlich verbinden diese Autoren mit dieser Variablen einen großen Anteil an therapeutischer Aktivität, mit der die zugrundeliegende »positive, warme« Einstellung des Th. in der Interaktion manifestiert wird (TRUAX und CARKHUFF, 1967). Diese Richtung wird in verstärktem Ausmaß VON CARKHUFF (1969) verfolgt.
In den deutschsprachigen Arbeiten wird die Variable meistens zusammengefaßt aus »positiver Wertschätzung und emotionaler Wärme«. Mit dieser doppelten Merkmalsbeschreibung soll vor allem auf die Mehrdimensionalität der Skala verwiesen werden.
Die therapeutische Wirkung von W wird als eine mehrfache angenommen. Beim Kl. können durch sie »reziproke Affekte« ausgelöst werden (ROGERS, 1951), also ebenfalls Achtung und Zuwendung zu sich selbst. Das wiederum vermag das Selbstgefühl, die Selbstannahme des Kl. zu heben. Überhaupt erlebt der Kl. besonders durch dieses Verhaltensmerkmal die therapeutische Situation als angsthemmend, was intensivere Selbstexploration und »experiencing« bedingen kann.

b) Skalierung: Fast allen einschlägigen angloamerikanischen und deutschsprachigen Untersuchungen liegt eine Skala zugrunde, die TRUAX 1962 im Rahmen des Wisconsin Projektes (ROGERS u. a., 1967) entwickelte. (TRUAX hatte bereits 1961 eine allerdings gröbere Skala beschrieben.) Sie wurde eindimensional konzipiert, gilt heute aber ziemlich einhellig als mehrdimensional. Ein niedriges Ausmaß mit dem fünfstufigen Skalenkontinuum würde dann vorliegen, wenn der Th. den Kl. oder dessen Gefühle wertete, Abneigung oder Wertschätzung in taktisch selektiver Weise äußerte, den Kl. zu kontrollieren versuchte oder auf ihn unbeteiligt, passiv reagierte. Bei hoher Ausprägung von W läßt der Th. ein nicht an Bedingungen gebundenes Akzeptieren des Kl. erkennen, eine positive gefühlsmäßige Einstellung und sorgendes, um den Kl. bemühtes Verhalten.

In einigen neuen deutschsprachigen Untersuchungen werden siebenstufige numerische Skalen erprobt, die der Mehrdimensionalität von Anteilnahme-Interesse-Sorge-Wertschätzung-emotionale Wärme des Th. stärker gerecht werden möchten (Tausch, 1973, S. 299ff.). Die Skala von Carkhuff unterscheidet sich von der Truax-Skala ebenfalls. Sie versucht die Th.-Einstellung »Respekt vor dem Klienten« als alleinige Dimension zu erfassen. Die Itembeschreibungen lassen aber wieder Zweifel an der Eindimensionalität aufkommen (Carkhuff und Berenson, 1967; Carkhuff, II, 1969).
Ähnlich wie bei den anderen zwei Basisverhaltensweisen hat Barrett-Lennard (1962) auch für »positive Wertschätzung« und »unbedingte Wertschätzung« Fragebogenitems konstruiert, die in Form positiver und negativer Items zur Einschätzung des Th.-Verhaltens durch den Kl. und den Th. selbst dienen.

c) Empirische Befunde: In den Überblicksarbeiten (Truax und Carkhuff, 1967; Truax und Mitchell, 1971; Tausch, 1973) sind ca. 25 Arbeiten angeführt, die zur Variablen W empirische Befunde liefern. Die Stichprobenzahl ist kleiner als bei VEE und liegt bei 1500 Kl. Während bei den amerikanischen Arbeiten abermals Individual- und Gruppentherapie gleichstark vertreten sind, stammen die Befunde in den deutschsprachigen Arbeiten fast ausnahmslos aus Individualkontakten. Bei den vorhandenen Angaben sind Aussagen über Repräsentativität der Stichproben wohl nicht möglich. Allerdings fällt auf, daß die amerikanischen Untersuchungen in

großem Maße hospitalisierte und institutionalisierte (delinquente) Kl. mitumfassen.
Re-Rate-Reliabilität sowie Interrater-Reliabilität sind auffallend gering: Konkordanz unter .70; Re-Rate-Koeffizient unter .45 (TRUAX und MITCHELL, 1971). Die Interkorrelation von W mit den anderen Basisvariablen sowie der eigenständige Anteil von W am Therapieerfolg fallen in den einzelnen Untersuchungen verschieden aus. Nach PONGRATZ (1973) können die Ergebnisse dieser Untersuchungen nach drei Typen unterschieden werden. Bei der ersten Gruppe korreliert W positiv mit den anderen Basisvariablen, d. h. hohe Variablenausprägung bei positivem Therapieoutcome und niedere Werte bei geringem oder fehlendem Therapieeffekt (z. B. TRUAX, 1963; TRUAX und WARGO, 1967). Dazu gehören auch diese Untersuchungen, nach denen W offenbar in einem eigenen Merkmalsverband steht mit aktivem Bemühen, innerer Anteilnahme (im Sinne von ROGERS' »positive regard«), verbunden mit häufigen Gesprächswechseln (MINSEL, PETERS, TAUSCH, zit. nach TAUSCH, 1973; MINSEL, LANGER, PETERS, TAUSCH, 1973).
In der zweiten Gruppe korreliert W nur mit VEE, nicht hingegen mit Echtheit (z. B. TRUAX, WARGO und SILBER, 1966). Den dritten Typ stellen solche Untersuchungen dar, in denen der Therapieerfolg nicht mit W korreliert, hingegen mit den beiden anderen Variablen (z. B. die HOPKINS-Studie von TRUAX u. a., 1966; TRUAX und WARGO, 1969). Auch hier wäre eine Prüfung der einzelnen Arbeiten erforderlich, bevor dem oben angeführten Vorschlag zuzustimmen ist, Aussagen über Therapieoutcome nur auf der Grundlage der zwei miteinander (am höchsten) korrelierenden Variablen zu machen. Die therapeutische Wichtigkeit dieser Variablen W ist durch die Ergebnisse der Untersuchungen kaum zu bezweifeln. Solange jedoch ihre Dimensionalität und damit ihre eindeutige Operationalisierbarkeit mittels einer Meßskala sehr unterschiedlich bewertet wird, solange werden Aussagen über differenzierte Zusammenhänge dieser Variablen, die nur auf Grund statistischer Prozeduren erbracht wurden, nur begrenzt zulässig sein.

3. Echtheit und Selbstkongruenz (E/S)

a) Beschreibung: Die deutschen wie die englischen Termini (»genuiness«, »congruence«) werden in der Literatur synonym verwendet. Sie bedeuten, daß zwischen den Gefühlen des Th. sowie deren Wahrnehmung und Ausdruck (durch den Th.) eine Kongruenz besteht, was aber nicht bedeutet, daß alle Gefühle des Th. dem Kl. mitgeteilt werden müssen. Obwohl diese Variable am schwersten zu beschreiben ist, wurde sie bei den einzelnen Autoren am einheitlichsten verwendet. Vermutlich geht das auf die Klarheit und Eindeutigkeit der Selbsterfahrung zurück, »echt«, »selbst« zu sein. Hohe Ausprägung von »Echtheit/Selbstkongruenz« bedingt beim Th., sich gegenüber eigenen Ängsten auf Grund und im Laufe des therapeutischen Kontaktes zu desensibilisieren. Erst dadurch vermag er dem Kl. gegenüber optimal »offen« zu sein, sich empathisch und akzeptierend zu verhalten.

b) Skalierung: Es ist von der phänomenalen Eigenart des Echtheitsverhaltens her sehr schwer, dieses mit einer Skala zu messen, auch dann, wenn nur erfaßt wird, wie der Th. in dem jeweiligen Gesprächsausschnitt wirkt. Zur Operationalisierung liegen mehrere fünfstufige Skalen vor, bei denen die polaren Ausprägungen jedesmal ähnlich beschrieben sind: Diskrepanz/Kongruenz zwischen dem, wie der Th. den Kl. oder sich selbst erlebt und der zeitlich parallelen Kommunikation. Die mittleren Skalenbereiche sind jedoch uneinheitlich beschrieben.
Die am häufigsten verwendete Skala wurde von Truax (1962) entwickelt. (Die deutsche Form stellt eine teils wörtliche Übertragung dar.) Für das Wisconsin Projekt (1960–1966) stellte Kiesler (1963) eine eigene Skala auf, die – entsprechend dem Plan dieses Projektes – auf Fragen des Kl. eingegrenzt war, die Gefühle oder Meinungen des Th. über ihn betrafen (Rogers u. a., 1967). Sie scheint ebenso wie die Skala von Carkhuff (1969) in den mittleren Skalenbereichen trennschärfer zu sein. Im Verhaltensinventar von Barrett-Lennard (1962) werden 16 positiv und negativ formulierte Items zur Einschätzung der E/S-Variablen verwendet. Auf der Grundlage dieses Inventars wurde in Hamburg (Psychologi-

sches Institut) ein verkürzter Einschätzungsbogen des Th.-Verhaltens durch den Kl. entwickelt, in der »Echtheit« nur durch drei Items vertreten ist.
Ähnlich wie für die anderen Variablen gilt auch für diese Skala, daß die Frage ihrer Dimensionalität noch nicht befriedigend gelöst ist.

c) Empirische Befunde: In den meisten der bei den anderen Variablen angeführten Untersuchungen wird auch die Variable »Echtheit« als wesentliches Element von erfolgreicher GPT bestätigt, insbesondere bei Barrett-Lennard (1962), Truax (1963), Truax und Wargo (1967 a, b; 1969), Rogers u. a. (1967). Ein gleiches Ergebnis konnte auch in einer Untersuchung mit alternierenden Th. bestätigt werden (Tausch, Sander, Bastine, Freise und Nagel, 1967). Vergleiche mit Prozeßvariablen von Kl. erbrachten ein hohes Ausmaß an Echtheit, vor allem einen signifikanten Zusammenhang mit Selbstexploration der Kl. (z. B. Truax, Carkhuff, 1965). Es ist allerdings möglich, daß ein hohes Ausmaß an »Echtheit« nicht in allen Situationen für konstruktive Persönlichkeitsveränderungen förderlich ist. Truax, Carkhuff und Kodman (1965) fanden bei ihrer Untersuchung an 40 Kl. in Gruppentherapie einen negativen Zusammenhang zwischen dem Ausmaß an Echtheit und Verbesserungswerten in 4 Subskalen des MMPI. Da in gruppentherapeutischen Untersuchungen die Echtheitsvariable am Erfolg angemessen beteiligt ist (z. B. Truax, 1966), kann es nicht grundsätzlich an der Gruppensituation liegen. Die Interpretation muß offen bleiben. Dennoch gilt – entsprechend den überwiegenden Untersuchungsergebnissen – auch für diese Variable, daß hohe Werte mit hohen Ausprägungen in den beiden anderen Variablen und mit einer hohen Besserungsrate korrelieren.

III.

Die Notwendigkeit der drei vorhin besprochenen Th.-Variablen für positive Kl.-Änderungen ist empirisch gesichert. Daß diese Verhaltensformen aber auch ausreichend seien für positives Therapieoutcome, ist mit dieser Sicherheit nicht mehr zu behaupten, wie es Rogers 1957 in seinem programmatischen Artikel tat. Eine Reihe weiterer Th.-Variablen wird seit den letzten Jahren diskutiert, die besonders den ursprünglichen Ansatz einer »nichtdirektiven« Therapie einengen und durch »direktive« Komponenten ergänzen (Aktivität, Konfrontation, Selbsteinbringung des Th.). Andere Variablen wiederum betonen die Konkretheit der therapeutischen Interaktion, die emotionale Zuwendung, Erwartungshaltungen, die psychische »Funktionsfähigkeit« sowie die Erfahrung des Th. als wichtige Bedingungen für die Veränderungen im Kl.-Verhalten. Die empirischen Befunde zu diesen Variablen sind allerdings dermaßen gering, daß sie z. Zt. eher als Angabe von Forschungsrichtungen als von gesichertem Th.-Verhalten zu betrachten sind.

1. Konkretheit
Damit soll das Ausmaß erfaßt werden, in dem Kl. und Th. spezifische Gefühle, Einstellungen, Werthaltungen konkret beschreiben oder auf einem abstrakten, intellektuellen Niveau darstellen. Während mit der Skala von Carkhuff (II, 1969, 324f.) sowohl Äußerungen von Th. und Kl. eingeschätzt werden, sind mit der Schätzskala von Minsel u. a. (1973) nur die Äußerungen des Th. zu erfassen. In den wenigen amerikanischen Untersuchungen (Truax und Carkhuff, 1964 a; Muehlberg, Drasgow, Pierce, 1969; Berenson, Friel, Mitchell, 1969) wird ein positiver Zusammenhang mit dem therapeutischen Prozeßverlauf gefunden. Die Arbeit von Minsel u. a. (1973) hingegen erbrachte keinen Zusammenhang mit den Änderungswerten des Kl. Allgemein kann diese Variable dazu beitragen, die Variable VEE zu ergänzen.

2. Emotionale Zuwendung des Therapeuten
Bei der Besprechung der Variablen W wurde angeführt, daß diese mit großer Wahrscheinlichkeit mehrdimensional sei. In mehreren deutschsprachigen Arbeiten wurde versucht, das Ausmaß »innerer Anteilnahme-Interesse-Sorge-Wertschätzung-emotionaler Wärme« zu skalieren und zu bewerten. Nach Bommert und Minsel (beide zit. nach Tausch, 1973) sowie Eckert und Schwartz (1972) zeigten sich Zusammenhänge dieses Merkmals mit mehreren konstruktiven Änderungen des Kl., so mit Verminderung der Angst, Introversion, Psychoneurotizis-

mus, sowie Zunahme von Extraversion. In einer amerikanischen Untersuchung von HOWARD, ORLINSKY und HILL (1970) werden ähnliche Ergebnisse berichtet: Zunahme innerer Ruhe, Sicherheit, körperlicher Entspannung, größeren Selbstvertrauens. – Trotz dieser neuen Untersuchungsergebnisse ist es weiterhin fraglich, ob die Mehrdimensionalität der Variablen »Echtheit« auch mit den vorliegenden Skalen schärfer erfaßt werden kann.

3. Psychische Funktionsfähigkeit des Therapeuten

Mit dieser Verhaltensbeschreibung ist keine dem therapeutischen Basisverhalten vergleichbare Variable beschrieben, sondern eine wahrscheinliche Bedingung für verschiedene Ausprägungsgrade der Variablen VEE, W und »Echtheit«. BERGIN und SOLOMON (1963, 1970) stellten z. B. eine negative Korrelation zwischen Selbstunsicherheit und Ängstlichkeit des Th. sowie deren Kompetenz – von Supervisoren und Kl. eingeschätzt – fest. Vergleichbare Ergebnisse brachten die Untersuchungen von BANDURA (1956) sowie BANDURA, LIPSHER und MILLER (1960). Hier fanden die Autoren, je stärker in einem Th. Feindseligkeits-Konflikte vorhanden sind, desto eher vermeidet er die vergleichbaren Probleme beim Kl. Ein ähnliches, ergänzendes Ergebnis fanden WINDER u. a. (1962) für Abhängigkeitsangst. Die Bedeutung der allgemeinen psychischen Funktionsfähigkeit von Th. für die Therapieeffektivität bei Kl. fanden JORGENSEN und HURST (1972) in einer Arbeit, in der sie die Erwartungen von Kl. hinsichtlich des psychisch angepaßten Funktionierens und effektiveren Verhaltens von Th. untersuchten. Zu den weiteren therapiebeeinflussenden Th.-Merkmalen gehören z. B. die Erwartungshaltungen von Th. gegenüber ihren Kl. (vgl. die Untersuchungen von ROSENTHAL, 1963), die Fähigkeit, eigenem Erleben und eigenen Gefühlen gegenüber offener zu sein (ALLEN, 1967), besonders aber die Erfahrung des Th. (BARRETT-LENNARD, 1962; CARTWRIGHT und VOGEL, 1960; BERGIN, 1966; KRATOCHVIL, ASPY und CARTWRIGHT, 1967; SANDER, 1971). Daß allerdings auch das Alter des Th. unter sonst gleichen Bedingungen von gewissem Einfluß sein kann, legt eine Untersuchung von BOULWARE und HOMES (1970) nahe.

4. Aktivität

Die große Bedeutung dieser Th.-Variablen wurde in den letzten Jahren in wenigen Untersuchungen eindrucksvoll hervorgehoben (MINSEL, LANGER, PETERS, TAUSCH, 1973; ECKERT und SCHWARTZ, 1972; PIERCE u. a., 1970; CARKHUFF II, 1969). Eine kl.z., nichtdirektive Therapiekonzeption ist nicht mit Passivität, rigidem »Spiegeln« von Verbaläußerungen des Kl. gleichzusetzen. Vielmehr unternimmt der Th. für den Kl. deutlich wahrnehmbare Anstrengungen, das phänomenale Erleben des Kl. innerhalb dessen Bezugssystems (seiner Wertungen, Einstellungen) zu verstehen und in hohem Maße konkret und präzise mitzuteilen. Vermutlich fördert solch aktiv bemühtes, suchendes, angestrengt nachdenkendes Verhalten ein größeres Ausmaß der selbstexplorativen Anstrengungen des Kl.

5. Konfrontation und Selbsteinbringen des Therapeuten

Beide Variablen gehen innerhalb des kl.z. Therapiekonzepts hauptsächlich auf R. CARKHUFF (I, II, 1969) zurück. Obwohl für beide Variablen bereits Skalen entwickelt wurden (CARKHUFF, II, 321 f, 324 f), liegen nur wenige, unbedeutsame empirische Arbeiten vor. Inhaltlich ist bei Konfrontation gemeint, daß der Kl. durch den Th. verschiedene Diskrepanzen wahrnehmen kann, z. B. zwischen verbalem Inhalt und mimischem Ausdruck oder überhaupt agierendem Verhalten; zwischen idealem und realem Selbst; zwischen der Art, wie der Th. den Kl. wahrnimmt und der Art, wie der Kl. sich über sich selbst äußert. Auf Grund der Nähe dieser Variablen zu deutendem, interpretierendem Vorgehen wird sie innerhalb des kl.z. Modells bereits von ihrem Konzept her eher zurückhaltend betrachtet. Ähnliches mag von der Variablen Selbsteinbringung gelten (self-disclosure), deren therapeutische Ineffektivität durch BARRETT-LENNARD (1962) und HALKIDES (1958) nahegelegt sein könnte (vgl. TAUSCH, 1973, 161 f). Nach der fünften Skalenstufe von »Selbsteinbringung« gibt sich der Th. als einmalige Person. Er zeigt dem Kl. seine Gefühle und Wertungen. Negative Gefühle des Th. gegenüber dem Kl. werden konstruktiv eingesetzt zur Klärung der therapeutischen Beziehung. Die therapeutische Bedeutung auch dieser Variablen kann erst nach Vorliegen einiger empirischer Untersuchungen eingeschätzt werden.

Überblickt man die empirischen Arbeiten zu den kl.z. Th.-Variablen, so zeichnet sich bereits jetzt ein neues Bild ab. Während bis Ende der sechziger/Anfang der siebziger Jahre fast ausschließlich die drei klassischen therapeutischen Basisvariablen untersucht wurden, verlagert sich das Interesse allmählich auf die Prüfung der zuletzt besprochenen therapeutischen Verhaltensformen, was zur neuerlichen Modifikation einiger gesprächspsychotherapeutischer Grundprinzipien führen wird.

Interaktionsvariablen der Therapeut-Klient-Beziehung

Von Franz Kiener

Eine soziale Interaktion ist ein recht komplexer Prozeß, an dem eine große Zahl von Variablen beteiligt ist, die auch heute noch nicht, trotz intensiver Forschung, alle bekannt sind und über deren Zusammenwirken noch vielfach Unklarheit besteht. Vor allem sind es die Kommunikationsmittel, sprachliche und nichtverbale, sowie sonstige Verhaltensweisen, welche die Interaktion als einen dynamischen Prozeß in Gang setzen und tragen. Mitbestimmt wird er noch durch eine Reihe von Persönlichkeitsvariablen der Interaktionspartner und durch Elemente der Situation. Weiterhin wirkt sich darauf besonders der Zweck der Interaktion aus. Deshalb lassen sich Ergebnisse der Forschung, die aus der Beschäftigung mit einer bestimmten Interaktionsform – z. B. des pädagogischen Bereichs – gewonnen wurden, nicht auf andere Interaktionsformen ohne weiteres übertragen, mögen auch gewisse Grundelemente in allen solchen zwischenmenschlichen Beziehungen die gleichen sein. Das gilt nicht zuletzt auch für Interaktionen mit einem therapeutischen Ziel.

Wenn wir uns damit näher beschäftigen, so müssen wir zuerst klarstellen, daß wir nur auf eine Zwei-Personen-Interaktion abheben, wie die klassische Psychotherapie seit FREUD sie versteht. Die Forschung hat sich schon seit den ersten Anfängen der modernen Psychotherapie mit der Interaktion Th.–Kl. beschäftigt, ja, ihre Methode erst im Zuge dieser Bemühungen entwickelt. Man denke an die Herausbildung der psychoanalytischen Methode von der Verwendung der Hypnose über die Katharsis-Therapie bis zur eigentlichen Psychoanalyse, die durch die Entdeckung der Übertragung erst ihre spezifische Form finden konnte. Es ist seitdem ein Anliegen der Forschung geblieben, den Prozeß der Beziehung Th.–Kl. zu erhellen, um damit unter Umständen den therapeutischen Effekt erhöhen zu können. Es liegt denn auch eine Vielzahl von Befunden aus Untersuchungen vor, die sich mit bestimmten Fragen der therapeutischen Interaktion beschäftigen. Vor allem hat man dabei Th.-Variablen angezielt (vgl. etwa TAUSCH, 1970, II), hauptsächlich das Sprachverhalten. Persönlichkeits- und Verhaltensvariablen des Kl. (vgl. TAUSCH, 1970, IV) sind weitere Gegenstände der Forschung, insbesondere interessieren psychische Vorgänge, die den therapeutischen Prozeß beinhalten oder fördern, etwa Übertragung und Katharsis in der Psychoanalyse oder Selbstexploration und Experiencing in der GPT. Hinzu kommt eine Reihe weiterer Variablen, wie die Zugehörigkeit zu einer bestimmten Bevölkerungsgruppe (Delinquent, Geisteskranker, Psychopath usw.), der sozioökonomische Status, response class, Bewußtheit (vgl. KRASNER, 1969) u. a. Weiterhin spielen situative Variablen in die Th.-Kl.-Beziehung hinein (vgl. TAUSCH, 1970, S. 53–65).

All diese Variablen, insbesondere solche, die den Th. und Kl. betreffen, sind mit die konstitutiven Elemente der therapeutischen Interaktion oder wirken in sie hinein. Darüber hinaus aber ist die Interaktion selbst ein sozialpsychologisches Faktum, dem die Forschung innerhalb der Psychotherapie leider bisher zu wenig Aufmerksamkeit geschenkt hat. Seine Bedeutung wird sichtbar, wenn wir eine Reihe von Variablen vorstellen, die hier einschlägig sind.

Vor allem ist es die *therapeutische Dyade* Th.–Kl., die sich von anderen Zweierkonstellationen der sozialen Interaktion abhebt. Hier findet sich die Urbeziehung Helfender–Leidender wieder, die allen therapeutischen Interaktionen zwar in ihrem Grundverhältnis gemeinsam ist, sich aber darin unterscheidet, ob es sich um ein körperliches oder seelisches Leiden handelt, und im letzteren Falle wieder, welcher Methode der Th. verschrieben ist. Unter der Einstellung eines Verhaltenstherapeuten realisiert sich diese auf einen Heilprozeß abgestellte Dyade anders als unter dem therapeutischen Verständnis eines Analytikers oder Rogerianers. Mögen Unterschiede bestehen – sie gegeneinander abzuheben wäre eine dankbare Aufgabe –, das Grundverhältnis bleibt bestehen, das sich als komplementär darstellt.

BECKMANN (1973) hat sich neuerdings mit den Positionen der Partner in einer Dyade befaßt und dabei vier Interaktionstypen herausgefunden.

	symmetrisch	komplementär
einseitig	symmetrische Abhängigkeit	komplementäre Abhängigkeit
wechselseitig	symmetrische Wechselbeziehung	komplementäre Wechselbeziehung

Die Positionen, in denen Arzt und Patient stehen, sind unaufhebbar. Die Komplementarität bleibt in jedem Fall bestehen, allerdings ist es in die Hand des Heilenden gegeben, ob sich diese Beziehung einseitig oder wechselseitig realisiert. Zumeist verläuft sie einseitig, da – wie Beckmann betont – zur Rolle des Patienten die Selbstdarstellung gehört. »Die einseitige Übertragung von Informationen ist ein primäres Strukturmerkmal der Arzt-Patient-Beziehung. Sie hat ihren Ursprung in der Erwartung, der Arzt müsse alles über den Patienten wissen, um der Allmachtsphantasie möglichst nahe zu kommen. So zeigt auch die klassische Form der Psychoanalyse ein Grundschema, in dem allein der Patient, nicht aber der Therapeut, Informationen über sich gibt« (Beckmann, 1973, S. 733).

Zwar befindet sich auch in der GPT der Kl. in der Rolle eines Übermittlers von Informationen. Aber es geht hier nicht so sehr darum, daß der Th. möglichst umfassend über die körperlichen und seelischen Beschwerden und sozialen Schwierigkeiten des Kl. informiert wird, sondern vielmehr um Selbstexploration und Selbstenthüllung, um die Erfahrung seiner Gefühle und seines Selbst, schließlich um die Selbstakzeptierung. Der Th. hilft ihm dabei, indem er im empathischen Eingehen auf ihn die persönlich-emotionalen Inhalte des Erlebens in genauer und differenzierter Form zu verbalisieren und dabei innere Zusammenhänge aufzudecken versucht. Zugleich hat der Th. dem Kl. positive Wertschätzung und emotionale Wärme zu vermitteln und ihm das Gefühl der Echtheit zu geben. Dies sollte den Th. veranlassen, sich selbst einzubringen, indem er z. B. von seinen eigenen Gefühlen spricht. Gerade ein solches Verhalten macht deutlich, daß innerhalb der GPT die Th.-Kl.-Beziehung – im Idealfall – wechselseitig komplementär verläuft, was in dieser Ausdrücklichkeit – wie uns scheint – keine andere Form der Psychotherapie fordert. Die Attitüde des »Großen Heilbringers« wäre hier völlig verfehlt.

Die wechselseitige Komplementarität in einer Dyade faßt der Sozialpsychologe auch unter den Begriff der *Reziprozität.* Dazu liegt eine Reihe von empirischen Befunden vor, die ARGYLE (1972) z. B. zusammengestellt hat; die einschlägigen sollen hier aufgeführt werden.

Psychotherapeuten sprechen – wie MATAZARRO fand – meist ein Fünftel oder ein Sechstel soviel wie ihre Patienten; verdoppelt oder halbiert aber ein Th. die Länge seiner Äußerungen, dann macht der Patient das gleiche; es gibt indes auch Bedingungen, etwa Zeitmangel, unter denen zwischen den Längen der Äußerungen eine umgekehrte Beziehung festgestellt werden kann (ARGYLE, S. 169). JAFFE fand eine positive Korrelation zwischen den Häufigkeiten, mit welchen Th. und Patient Wörter wie »I«, »you«, »the«, »a« usw. verwandten (ARGYLE, S. 170). RODENFELD stellte fest: Wenn Interviewer auf jede Äußerung ihrer Vpn mit einem Lächeln oder einem Kopfnicken reagierten, die Vpn viel häufiger lächelten oder nickten, als wenn dies nicht geschah (ARGYLE, S. 170). SCHEFLEN erfuhr bei der Analyse von Filmen psychotherapeutischer Sitzungen, daß oft beide Partner kongruente Haltungen einnehmen. Man hat beobachtet, daß dies häufiger geschieht, wenn zwei Menschen eine günstige Einstellung zueinander haben. – Interaktionen führen dazu, daß die Interaktionspartner einander mögen, das wiederum führt zu mehr Interaktionen usw., bis zu einem bestimmten Punkt. Patienten, die von ihren Th. in einem höheren Maße angetan sind, werden von diesen ebenfalls als anziehender eingeschätzt als jene Patienten, die von ihren Th. nicht so begeistert sind. Wie amerikanische Autoren nachweisen konnten, spielt die »interpersonal attraction« für die Th.-Kl.-Beziehung eine bedeutende Rolle (BERGIN und GARFIELD, 1971, S. 164). Daß der Th. nicht in jedem Fall eine omnipotente Rolle einnimmt, zeigt eine Untersuchung von HOUTS, MACINTOSH und MOOS (1969). Die Daten der Einschätzungen des Verhaltens der Th. und Kl. – zumindest für diese Stichprobe – haben ergeben, daß Th. (ihre theoretische Richtung war nicht angegeben) mehr von ihren Kl. beeinflußt werden als diese von den Therapeuten.

Was ist eigentlich Reziprozität und wie kommt sie zustande? Sie ist etwas anderes als Imitation; wahrscheinlich gibt es einfach eine soziale Form, die Reziprozität verlangt, die jemanden veranlaßt, sich in die Rolle des anderen zu versetzen (role taking). Vollzieht man vor allem die Gefühle eines anderen nach, so bezeichnet man dies als »Empathie«. Mehrere Faktoren sind dafür verantwortlich: 1. die Fähigkeit, sich kognitiv in die Rolle eines anderen zu versetzen, 2. das Entstehen einer Art interpersonaler Motivation – besonders durch Affiliation, Sexualität und Fürsorglichkeit (therapeutischer Eros), und 3. eigene Erfahrungen ähnlicher Situationen. Die altruistische Reziprozität scheint verschiedenen Quellen zu entspringen, offenbar ist sie u. a. auch ein Ergebnis der Evolution (vgl. ARGYLE, S. 189/190). In der sozialen und damit auch in der therapeutischen Interaktion wirkt sie relativ langsam und reflektiert, im Gegensatz zum schnelleren und mehr automatischen Prozeß der Imitation.

Die Reziprozität der Th.-Kl.-Beziehung kann sich auch im diagnostischen Stereotyp auswirken (BECKMANN, 1973, S. 736). So beurteilten Th., die sich selbst eher als zwanghaft sehen und von anderen Th. auch so gesehen werden, ihre Patienten signifikant als vermehrt passiv/gefügig (Selbstbild des Th./Pat. Beurteilung: r = 0,67). Die Th., die bezüglich der eigenen Potenz in ihrer Rolle selbst Zweifel haben und sich mehr Dominanz wünschen, erlebten ihre Patienten unabhängig von deren Selbstbild als mißtrauisch und verschlossen (Selbstbild des Arztes/Pat. Beurteilung: r = 0,50 und 0,65; ideales Selbstbild des Arztes/Pat. Beurteilung: r = 0,60; Selbstbild des Pat./Pat. Beurteilung: r = 0,13).

Mit eingeschlossen in die therapeutische Dyade ist die *Intimität.* Für gewöhnlich führt die Reziprozität einer Zwei-Personen-Beziehung zu einer kongruenten Intimität (z. B. Liebende). In der Arzt-Patient-Beziehung oder in dem Th.-Kl.-Verhältnis kann es allerdings nur zu einer inkongruenten Intimität kommen, wobei dem Heilungssuchenden einseitig zugemutet wird, sich zu enthüllen und preiszugeben. Um ihm dies zu erleichtern, legt die Gesellschaft dem Arzt die Schweigepflicht auf und schützt sie durch das Gesetz. In der reziproken Th.-Kl.-Beziehung der GPT wird zwar die Inkongruenz der Intimität nicht aufgehoben, aber sie wird gemildert, indem der Th. sich selbst mit einbringt. Mitunter kann das Anlaß dazu sein, daß der Kl. den Th. zu persönlichen Kontakten einlädt. Es gibt Fälle, wo es unumgänglich ist, eine solche Einladung anzunehmen, sonst aber sollte der Th. sehr vorsichtig damit sein, um die Unbefangenheit als Th. nicht zu verlieren. Empirische Befunde zu diesem Problem sind mir nicht bekannt.

Die therapeutische Interaktion führt, insbesondere wenn sie in einem gewissen Umfang reziprok verläuft, zu einer je nach der Partnerschaft verschieden modifizierten *Th.-Kl.-Beziehung*. Den meisten Therapieformen liegt die Annahme zugrunde, die Beziehung zwischen Th. und Kl. sei ein wesentliches Mittel für den therapeutischen Erfolg; man nimmt an, die günstigen Veränderungen durch die Therapie würden mit der Beschaffenheit der Th.-Patienten-Beziehung variieren (FREUD, 1939; ROGERS, 1951 u. a.). Nach PARLOFF (1961) herrscht der Glaube vor, es sei ein Zeichen der »Güte« der Beziehung und schließlich auch des wahrscheinlichen Erfolges, wenn der Patient in der Behandlung verbleibt. Diese weitverbreitete Ansicht wurde jedoch angefochten. EATON (1959) warnt: Zwar habe in der Tat eine »gute Beziehung« mit dem therapeutischen Erfolg zu tun, sie kann nämlich den Kl. beeinflussen, von einer so hilfreichen Beziehung abhängig zu werden und zu versuchen, sie weiter in Anspruch zu nehmen, wodurch das therapeutische Ziel zunichte gemacht wird, dem Kl. zur Autonomie zu verhelfen. Auch REDL und WINEMAN (1951) meinen, daß es manchmal notwendig werden könnte, eine offenbar gute therapeutische Beziehung zeitlich zu begrenzen. Sie betonen, daß ein Th., der eine enge, warme und permissive Beziehung zu seinem Patienten herstellen konnte, sich bald in die nicht-therapeutische Rolle eines Freundes ohne Einfluß versetzt sehen dürfte. Wir können noch hinzufügen, daß eine solche Entwicklung durch persönliche Kontakte noch gefördert wird.

Diese unterschiedlichen Standpunkte gegenüber der Auswirkung einer »guten Beziehung« in der Therapie dürften dem Umstand entspringen, daß man sich über den Begriff »gute Beziehung« nicht einig ist. Es bedarf einer genauen Definition des Begriffs der Th.-Kl.-Beziehung und seiner systematischen Überprüfung. Bisher lassen sich nur wenige experimentelle Untersuchungen über das Verhältnis zwischen Erfolg und der Beschaffenheit der Th.-Kl.-Beziehung finden.

Es gibt viele theoretische Bezugssysteme, in die man den Begriff »Beziehung« einordnen kann. Nach FIEDLER (vgl. PARLOFF,

1961) lassen sich die daraus entspringenden Differenzen leicht unter die allgemeine Beschreibung einer »idealen therapeutischen Beziehung« subsumieren. Er berichtet, daß Th. verschiedener Richtungen einen bemerkenswerten Grad der Übereinstimmung bei der Charakterisierung einer solchen »idealen therapeutischen Beziehung« zeigten. Gerade das Konzept *der* idealen therapeutischen Beziehung scheint aber nach Ansicht PARLOFFS der Erfahrung und dem Glauben der klinisch tätigen Th. zu widersprechen, daß eine Beziehung, soll sie effektiv sein, sich anpassen und abwandeln müsse, um den besonderen Bedürfnissen des jeweiligen Patienten entgegenzukommen. Im übrigen – so meint PARLOFF etwas ironisch – könne eine Überprüfung des FIEDLERSCHEN Konzepts nur seine Bestätigung erbringen, da die beschreibende Festlegung so abstrakt gehalten sei, daß sie über die besonderen Bedürfnisse sowohl der meisten Patienten als auch der meisten Nichtpatienten hinweggeht. Das ideale Muster therapeutischer Beziehung nach FIEDLER scheint die Bedingung zu beschreiben, die für eine volle und lebendige soziale Beziehung wesentlich ist, unabhängig von der therapeutischen Intention. Diese Form der Beziehung könnte per se therapeutisch sein; es ist aber auch möglich, daß eine solche Beziehung prinzipiell nur eine Vorbedingung für die Herstellung einer bis jetzt noch nicht definierten und nicht ausgeloteten therapeutischen Beziehung darstellt. Eine solche könnte noch die Anwendung besonderer Techniken und Vorgehensweisen in sich schließen, die ein Th. bei der Behandlung für wesentlich hält; z. B. die Verbalisierung emotionaler Erlebnisse bei der GPT oder Traumdeutung und freie Assoziationen innerhalb der Psychoanalyse.

Tatsächlich unterstützen die Ergebnisse, die PARLOFF bei der empirischen Überprüfung des FIEDLERSCHEN Konzepts erhält, nur begrenzt die Hypothese, daß die Veränderung des Patienten in der Psychotherapie gerade von der Güte der therapeutischen Beziehung abhängt. Sicher ist sie ein sehr wesentlicher Faktor, wie die Untersuchung (zweier Gruppen einer Gruppentherapie) von PARLOFF zeigt. In dieser Therapie geschah es auch, daß ein Kl. trotz der Güte der individuellen therapeutischen Beziehung die Behandlung, die eine heilsame Wirkung auf ihn ausgeübt hatte, freiwillig vorzeitig beendete. Das rechtzeitige Ausscheiden ist offenbar in der GPT ein besonderes Problem. In der Einzeltherapie tritt es nicht so in den Vordergrund, weil durch das hohe Honorar der Kl. veranlaßt wird, auch eine gute Th.-Kl.-Beziehung zu beenden, wenn sich die Wohltat einer Besserung eingestellt hat. Anders ist es in der Gruppentherapie, wo für den einzelnen Teilnehmer das Honorar nicht so ins Gewicht fällt wie beim Kl. in der Einzeltherapie.

Es stellt sich die Frage, ob die günstige Th.-Kl.-Beziehung vielleicht von der Ähnlichkeit der Partner abhängt. Darüber gibt es einige empirische Befunde. SAPOLSKY (1965) stellte fest, daß Patienten sich schneller erholten, wenn sie mit ihren Th. kompatibel waren, d. h. die gleiche affiliative Motivation aufwiesen. CARSON und LLEWELLYN (1966) überprüften Untersuchungen anderer Autoren und kamen aufgrund eigener Forschung allerdings zu dem Schluß, daß beim gegenwärtigen Stand der Dinge wir nicht mehr anzunehmen brauchten, eine umfassende Ähnlichkeit der Persönlichkeitsstruktur zwischen Kl. und Th. sei besonders fruchtbar oder nützlich für die Therapie.

Ein Untersuchungsergebnis, das man hier als weiterführend anschließen kann, legen HEISING und BECKMANN (1971) vor. Es hat sich gezeigt, daß in der Gießener Psychosomatischen Universitätsklinik einige Th. unter Umgehung der Indikationskonferenz spontane Behandlungsvereinbarungen trafen, und zwar ausschließlich bei Psychotherapien (Psychoanalysen), die im Sitzen durchgeführt werden. Die Autoren vermuten in dieser Handlungsweise eine Gegenübertragungsreaktion, denn erstens sei die Psychotherapie im Sitzen *die* Behandlungsform, bei der die emotionelle Arzt-Patient-Beziehung besonders subjektiv gestaltet werden könne, und zweitens setze der Th., der eine Behandlung im Sitzen vereinbare, das »set-up« des Gegenübersitzens beim Erstinterview fort, und der Th., der den Patienten wiedersehen möchte, perpetuiere die Situation, in der dieser Wunsch wach wurde. BECKMANN und RICHTER konnten, als sie dieser Tatsache nachgingen, feststellen, daß das diagnostische Stereotyp – in jede Diagnostik gehen individuelle stereotype Urteile ein – die Indikation, den Behandlungswunsch und damit das Auswahlverfahren in hohem Maße mitbestimmt. Es ist statistisch gesichert, daß die Patienten, die dem Gegenübertragungsstereotyp am meisten entsprechen, auch am häufigsten in Behandlung genommen werden. Es ist demnach mit hoher Wahrscheinlichkeit erwiesen: Patienten unterschiedlicher Struktur motivieren die Th. in unterschiedlichem Ausmaß zu stereotypen Gegenübertragungsreaktionen.

Mag dieser Befund auch in der Klinik zustande gekommen sein, wo den Th. die Kl. zur Auswahl standen, so dürfte er doch von allgemeiner Bedeutung sein. Dies Ergebnis berührt die Th.-Kl.-Beziehung und wahrscheinlich auch den Erfolg einer Therapie.

Wie sich zeigt, sind die empirischen Befunde über die Interaktionsvariablen der Th.-Kl.-Beziehung noch recht lückenhaft und z. T. noch nicht verläßlich genug. Zugleich hat unsere Übersicht auch erwiesen, welche (zentrale) Bedeutung diesen Variablen für den therapeutischen Prozeß zukommt.

Empirische Befunde zum Verlauf des gesprächspsychotherapeutischen Geschehens

Von Jochen Eckert

Die folgenden Ausführungen werden durch die komplexe Frage bestimmt:

Was ändert sich im Verlauf einer GPT *unter welchen Umständen, zu welchem Zeitpunkt* und *wie*?

Der erste Teil der Frage – was ändert sich unter welchen Umständen? – ist zum größten Teil bereits in anderen Kapiteln behandelt worden. Der nachfolgende Überblick soll das verdeutlichen und zugleich eine Abgrenzung ermöglichen.

1. *Variablen* (was verändert sich?)
Die Annahmen und Untersuchungen darüber, was sich im Verlauf einer GPT ändert, betreffen sowohl sogenannte Prozeßvariablen des Kl. als auch sogenannte Erfolgsvariablen, wie Veränderungen in der Ideal-Selbstbild-Diskrepanz. Betrachtet man die *Art* der untersuchten Variablen, so reicht die Spannweite von physiologischen Merkmalen (z. B. PGR) bis hin zu komplexen psychologischen Konstrukten (z. B. Selbstbild).
2. *Determinanten* (unter welchen Umständen?)
Die Determinanten lassen sich grob in internale und externale einteilen. Unter internalen Determinanten können die Bedingungen verstanden werden, die der Kl. in der psychotherapeutischen Situation vorfindet, wie situative Bedingungen, wie räumliche Gegebenheiten. Unter die externalen Bedingungen fallen die Gesamtheit der Lebensumstände eines Kl. und seine psychologischen Gegebenheiten. So kann die Findung eines neuen Arbeitsplatzes ebenso wie die Schwere der neurotischen Beeinträchtigung zu Beginn der Behandlung einen Einfluß auf den Therapieverlauf haben.
3. *Art und Weise der Veränderungsprozesse* (wie?)
Hier sieht das theoretische Konzept der GPT sowohl ganzheitliche Umstrukturierungen (Paradigma: »Einsicht«) als auch kontinuierliche Prozesse (Paradigma: »Systematische Desensibilisierung«) vor.
Die empirische Forschung hat sich weitgehend auf die Untersuchung

von kontinuierlichen Prozessen beschränkt, was sich leicht daran ablesen läßt, daß wir von *Prozeßvariablen* sprechen, also von Merkmalen, die eine quantitative Variation implizieren.

4. *Zeitpunkt und Dauer der Veränderungsprozesse* (wann?)
Werden Änderungsvorgänge als eine Funktion der Zeit aufgefaßt (Verläufe), so kann unterschieden werden zwischen Veränderungen innerhalb eines Therapiekontaktes und Veränderungen über den gesamten Behandlungszeitraum.

Stand der empirischen Verlaufsforschung

Wir wissen bisher nur sehr wenig über die zeitlichen Abläufe von Veränderungsprozessen. Das liegt sicherlich nicht zuletzt darin begründet, daß überraschend viele Prozeßvariablen nur ein- oder zweimal im Therapieverlauf erhoben werden. Mehrpunkterhebungen an größeren Stichproben, die solche Aussagen ermöglichen und zudem weniger anfällig gegenüber Zufallsschwankungen sind, liegen kaum vor.

Wir wissen noch gar nichts über die zeitliche Aufeinanderfolge von Veränderungsvorgängen in unterschiedlichen Bereichen. So wichtige Fragen wie, ob eine tiefgehende körperliche Entspannung während eines therapeutischen Kontaktes eine Voraussetzung dafür ist, daß emotionale Konflikte leichter »aufgelöst« werden können, sind kaum empirisch untersucht worden.

Die fundiertesten Untersuchungen liegen bisher zu Prozeßvariablen des Kl. vor. Prozeßvorgänge bei Th. sind weniger untersucht worden. Das erklärt sich einmal aus der ursprünglichen Auffassung, der Th. sei die unabhängige Variable im therapeutischen Geschehen, zum anderen aus den Ergebnissen bisher vorliegender Untersuchungen, bei denen sich eine weitgehende Konstanz des Th.-Verhaltens gezeigt hat (z. B. im Merkmal »Verbalisierung emotionaler Erlebnisinhalte«, VEE).

Daher beschränkt sich unsere Darstellung auf Prozeßvariablen des Kl., deren zeitlicher Verlauf untersucht worden ist. Wir gehen dabei besonders auf den Bereich »Selbstexploration« ein. (Literaturhinweise siehe Anhang S. 217ff.)

Einige Schwierigkeiten der Verlaufsforschung

In die in Punkt 3 des Überblicks aufgeworfene Frage, wie Änderungen passieren, fließt der alte Schulstreit zwischen Assoziationspsychologen und Behavioristen ein. Bewahrt sich das theoretische Modell der GPT in diesem Punkt größtmögliche Offenheit, indem es beide Möglichkeiten nicht ausschließt, so bleibt doch das methodische Dilemma, nämlich die Tatsache, daß unsere derzeitigen Methoden der Gruppenstatistik es weitgehend nur zulassen, monotone (wachsende) Prozesse zu analysieren. Qualitative Veränderungen, die innerhalb kürzester Zeit stattfinden (»critical incidents«), entziehen sich derzeit noch einer adäquaten Abbildung durch Daten. Häufig zeigen Untersuchungen, daß sich wichtige Prozeßvariablen, wie z. B. die Selbstexploration, nur wenig oder gar nicht im Verlauf der Behandlung ändern. Nun kann dieses Ergebnis nicht zwangsläufig so ausgelegt werden, daß die GPT auf die Selbstexploration keinen Einfluß hat. Vielmehr kann die Selbstexploration an bestimmte Bedingungen geknüpft sein, wie an die Inhalte, über die ein Kl. spricht. Diese Inhalte können im Verlauf der Psychotherapie für den Kl. zunehmend relevanter werden, die damit verknüpfte Scheu und Angst verhindert aber gleichsam eine Erhöhung der Selbstexploration im Sinne der operationalen Skala.

Für den hier geschilderten Zusammenhang zwischen *quantitativen* Veränderungen (hier: Anstieg von SE) und *qualitativen* Veränderungen (hier: Wechsel der Gesprächsinhalte) gibt es bereits empirische Belege (s. Murray und Jacobson in: Bergin und Garfield). Generell gilt für die Verlaufsforschung: Es fehlen subtilere Modelle für Veränderungsvorgänge, besonders solche, die über einen quantitativen, linearen Ansatz hinausgehen.

Der für die Verlaufsforschung wohl bedeutendste Ansatz ist von Rogers (1958, 1959) gemacht worden: die *Prozeß-Skala*. Seine Bedeutung liegt darin, daß versucht wurde, das Prozeßgeschehen aus den theoretischen Annahmen der GPT abzuleiten. Die Vielzahl von Konstrukten wurde verschiedenen Funktionsbereichen des Kl. zugeordnet und für jedes Konstrukt die Veränderung über den Therapieverlauf operational definiert (vgl. S. 155ff.).

Untersuchungen mit der Prozeß-Skala

Mit Hilfe der Prozeß-Skala sind eine Reihe von Untersuchungen durchgeführt worden; häufig wurden Modifikationen der Skala benutzt, so daß direkte Vergleiche nur schwer möglich sind.

In einer frühen Untersuchung, der eine Zweipunkterhebung zugrunde lag (zweiter und vorletzter Kontakt), ergab sich:

Abhängigkeit des Prozeßverlaufes vom Therapieerfolg.
Erfolgreiche Kl. erreichten höhere Skalenwerte als nicht-erfolgreiche Kl.
Abhängigkeit vom Ausgangsstatus.
Diese höheren Skalenwerte fanden sich bereits im Anfangsstadium der Behandlung.
Veränderungen über die Zeit.
Der Verlauf der Veränderungen bestätigte die in die Prozeßskala eingegangenen Hypothesen: Kl. wiesen am Ende der Behandlung höhere Skalenwerte als am Anfang auf.

Diese sehr eindeutigen Ergebnisse (von TOMLINSON und HART, 1963) blieben in nachfolgenden Untersuchungen nicht unwidersprochen bzw. wurden durch die Befunde modifiziert:

Abhängigkeit des Prozeßverlaufes von der »Krankheit«.
Positive Veränderungen auf der Prozeßskala scheinen abhängig zu sein von der Art der Beeinträchtigung: Psychoneurotische Kl. unterscheiden sich von schizophrenen Patienten.
Qualitative Unterschiede im Prozeßverlauf.
Erfolgreiche Kl. unterschieden sich in einer Untersuchung von nicht-erfolgreichen Kl. nicht so sehr im Ausmaß der Veränderungen, sondern in der Kombination der Funktionsbereiche, in denen Veränderungen auftraten, und im zeitlichen Verlauf dieser Veränderungen.
Differentielle Prozeßverläufe.
In den Fällen, in denen sich Verlaufsunterschiede zwischen erfolgreichen und nicht-erfolgreichen Kl. zeigten, ergab sich folgendes Bild: Bei den erfolgreichen Kl. zeigt sich ein deutlicher Aufwärtstrend, bei den nicht-erfolgreichen Kl. zeigt sich entweder keine Veränderung über die Zeit oder ein leichter Aufwärtstrend.

GENDLIN (1968) kommt unter Berücksichtigung dieser z. T. widersprüchlichen Ergebnisse in einer eigenen Untersuchung zu dem Schluß, daß es – in Abhängigkeit von der Art der Beeinträchtigung – möglicherweise *zwei* günstige Prozeßverläufe gibt, die zu einem Therapieerfolg führen:

1. ein möglichst hohes Anfangsniveau
2. eine rasche und möglichst deutliche Veränderung in Richtung günstiger Skalenwerte in den Anfangskontakten.

Aus dieser *Prozeß-Skala* entwickelte TRUAX die Skala *Selbstexploration* (SE), die er zu einer Verlaufsstudie einsetzte (TRUAX, 1966). Diese Zweipunkterhebung (Anfang und Ende der Behandlung) erbrachte folgende Ergebnisse:

> Die Selbstexploration von erfolgreichen Kl. steigt im Verlauf der Behandlung, bei nicht-erfolgreichen sinkt sie.
> Diese Verlaufsunterschiede sind signifikant bei psychoneurotischen Kl., nicht aber bei Schizophrenen.
> Im Gegensatz zu den berichteten Untersuchungen fand TRUAX für die Selbstexploration keine Anfangsunterschiede zwischen den beiden Erfolgsgruppen.

Das letzte Ergebnis wird durch eine Arbeit aus dem deutschen Sprachraum in Frage gestellt. SCHWARTZ (1973) fand an einer größeren Stichprobe psychoneurotischer Kl., daß die Anfangsunterschiede (im 2. Kontakt) im Ausmaß der Selbstexploration bereits mit dem Therapieerfolg zusammenhingen. Hingegen bestätigte sich in der gleichen Arbeit der differentielle Therapieverlauf: Die Selbstexploration nicht-gebesserter Kl. sinkt im Vergleich zu gebesserten Kl. im Verlauf der Behandlung deutlich ab.

Eine vorsichtige Verallgemeinerung dieser Befunde läßt sich in zwei Punkten zusammenfassen:

1. Therapieeffektive Kl.-Variablen, vor allem das bisher am besten untersuchte Merkmal »Selbstexploration« in seinen verschiedenen operationalen Definitionen, verändern sich im Laufe der Behandlung.
2. *Das Ausmaß der Veränderung* der Selbstexploration ist möglicherweise ein gleichgewichtiger, wenn nicht besserer Indikator für eine erfolgreiche Psychotherapie als die *absolute* Höhe zu Behandlungsbeginn.

Neben dem Verfahren, objektive Daten (Ratings, physiologische Messungen usw.) zu analysieren, scheint die Erhebung von subjektiven Daten ein fruchtbarer Ansatz zur Verlaufsanalyse zu sein.

Aus den Einschätzungen von Kl., die ihre Erfahrungen und Empfindungen nach jedem Therapiekontakt anhand vorgegebener Merkmale auf einem kurzen Fragebogen niederlegen (sogen. Klienten-Erfahrungs-Bogen, KEB: ECKERT und SCHWARTZ, 1973), ergeben sich verläßliche Hinweise auf Therapieverlauf und -erfolg.

Eine Analyse von zehn aufeinanderfolgenden GPT-Kontakten zeigte, daß sich die Empfindungen und Erfahrungen von Kl. im Verlauf der Behandlung bedeutsam verändern:

Die körperliche Entspannung nimmt zu
die Pausenbelastung sinkt ab
der Optimismus, die eigenen Probleme zu lösen, wächst
Probleme werden verstärkt in neuem Licht gesehen u. a.

Die Ergebnisse der bisher vorliegenden Untersuchungen lassen folgende allgemeinere Aussagen zu:

1. Die meisten dieser subjektiven Prozeßerfahrungen von Kl. zeigen bereits nach dem ersten Kontakt einen deutlichen Zusammenhang mit dem späteren Therapieerfolg.
2. Ähnlich wie bei der Selbstexploration ist das Ausmaß der Veränderung für gebesserte Kl. häufig größer als für nicht-gebesserte Kl.

Von Bedeutung für die psychotherapeutische Praxis erscheint uns vor allem folgendes Ergebnis: Die einzelnen Erfahrungen der Kl. haben nicht zu jedem Zeitpunkt der Behandlung die gleiche Bedeutung für den Therapieerfolg.

Dieser Sachverhalt soll an dem Verlauf des Merkmals »Heute sah ich einige meiner Probleme im neuen Licht« verdeutlicht werden.

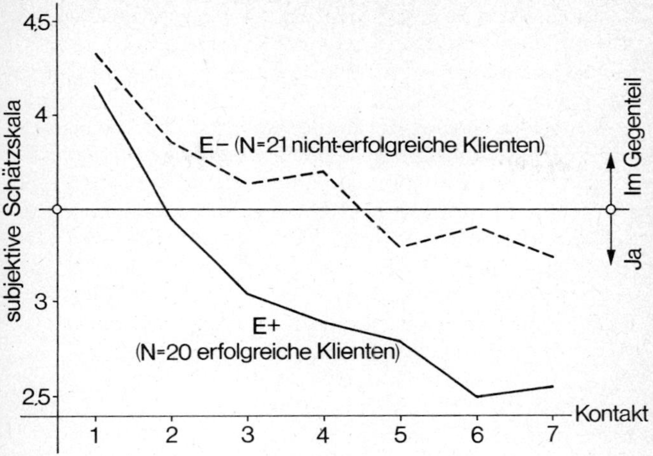

Abb.: KEB-Variable 4 (»Probleme im neuen Licht sehen«): Verlauf über 7 aufeinanderfolgender Kontakte.

Die Abbildung verdeutlicht den im 2. Polynom signifikanten Trend: Am Anfang der Behandlung treten die größten Veränderungen ein, gegen Ende der Behandlung wird der Zuwachs immer geringer. Hingegen zeigen Merkmale, die eher emotionale Zustände erfassen, z. B. »nach dem heutigen Gespräch bin ich innerlich ruhiger geworden«, die größeren Veränderungen erst etwa vom fünften Kontakt an.

Dieses Ergebnis schlägt sich auch in einem anderen Zusammenhang nieder: Zu Beginn einer GPT (2. Kontakt) korreliert das »einfühlende Verständnis« des Th. (VEE) *negativ* (−.58) mit der Einschätzung des Kl., daß er sich durch den Th. verunsichert fühlt. Am Ende der Behandlung (vorletzter Kontakt) stellt sich dieser Zusammenhang umgekehrt dar. Je höher das einfühlende Verständnis des Th. ist, um so weniger fühlt sich der Kl. verunsichert.

Verallgemeinernd ergibt sich aus diesen Befunden:

Bestimmte Prozeßerfahrungen von Kl. gewinnen zu bestimmten Zeitpunkten der Behandlung an Bedeutung.
Entsprechend ergeben sich für bestimmte Merkmale des Th.-

Verhaltens zu verschiedenen Zeitpunkten unterschiedliche Auswirkungen.

Gewinnen wir durch weitere Untersuchungen über diese Prozeßvorgänge größere Sicherheit, so liegt darin die Möglichkeit für einen differentiellen Psychotherapieansatz: In Abhängigkeit vom Prozeßstadium, in dem sich ein Kl. befindet, können Th. verstärkt bestimmte Verhaltensweisen realisieren bzw. bestimmte Prozeßmerkmale des Kl. in den Mittelpunkt ihrer Aufmerksamkeit stellen.

Zur Erfassung des therapeutischen Prozesses mit Hilfe komplexer Skalen

*Von Wolfgang M. Pfeiffer**

Die Analyse psychotherapeutischer Gespräche ist im allgemeinen durch ein Streben nach eindimensionalen Skalen gekennzeichnet. Dem ist entgegenzuhalten, daß sich einzelne Merkmale des Gesprächs nur künstlich voneinander isolieren lassen, vielmehr stellen sie Aspekte eines gestalthaft geschlossenen Geschehens dar. Willkürliche Änderungen an einem Aspekt (etwa in der Intensität der Empathie oder emotionalen Zuwendung) führen damit notwendigerweise zu Änderungen im Bereich der anderen Aspekte, sowohl beim Th. wie beim Kl.

So lag es nahe, daß Walker, Rablen und Rogers versuchten, das Geschehen des therapeutischen Prozesses global zu erfassen, indem sie es mit 7 verschiedenen Aspekten beschrieben. Diese Aspekte sind über das Kontinuum des therapeutischen Prozesses hinweg zu verfolgen, wobei Entwicklungsstufen herausgehoben werden.

Das untere Ende der Skala entspricht einem statischen und rigiden Zustand psychischer Funktion, arm an Gefühlen, undifferenziert in den Erlebens- und Verhaltensweisen. In fortschreitenden Stufen führt der Prozeß zu einer Funktionsebene, die durch reiche Differenzierung und Wandlungsfähigkeit gekennzeichnet ist, wobei die Gefühle nun angeeignet sind, tief erlebt und akzeptiert werden.

Die Skala ist für die routinemäßige Anwendung wohl zu komplex, auch ist die Reliabilität zweifelhaft. Doch scheint mir die Analyse von Einzelgesprächen mit Hilfe dieser Aspekte der beste Weg zu einem tieferen Verständnis der kl.z. Therapie zu sein. Deshalb werden hier die 7 Aspekte und ihre Wandlungen im Laufe des therapeutischen Geschehens wenigstens kurz charak-

* Die vorstehende Arbeit wurde mit Hilfe der Deutschen Forschungsgemeinschaft durchgeführt.

terisiert. Zur näheren Beschäftigung sei auf die ausführliche Schilderung in der Literatur verwiesen, so in ROGERS, 1961 und HART und TOMLINSON, 1970. Im einzelnen handelt es sich um folgende Aspekte:

1. Das Gewahrwerden und Ausdrücken eigener Gefühle.[1]
Im Zustand schwerer Störung werden Gefühle vom Kl. überhaupt nicht erkannt oder sie werden als fremd, nicht zugehörig wahrgenommen (z. B. »Stimmen beschimpfen mich und ich kann mich dagegen nicht wehren«). In mittleren Stufen kommt es in steigendem Maße zur Inbesitznahme und zur Mitteilung von Gefühlen, wobei es sich aber noch mehr um ein Sprechen *über* Gefühle handelt. In den höchsten Stufen sind die Gefühle der Person voll gegenwärtig und zu eigen, sie vermag – statt über sie zu sprechen – sie zu leben und ihnen unmittelbaren Ausdruck zu verleihen.

2. Das Verhältnis zum Erleben (Experiencing).[2]
Auf niederer Stufe ist das Erleben fern, wenig bewußt, meist erst in zeitlicher Distanz wahrnehmbar. Das Erleben ist an rigide psychische Strukturen gebunden, was zur Folge hat, daß die Lebenssituationen immer wieder als die gleichen erscheinen. Auf hoher Stufe steht der Kl. voll im Fluß seines gegenwärtigen Erlebens, das nicht mehr »strukturgebunden« ist und somit in jedem Augenblick neu erscheint. Der Mensch erfaßt dessen Bedeutung für seine Person und gewinnt dadurch eine flexible Lenkung seines Verhaltens.

3. Gewahrwerdung und Häufigkeit von Inkongruenz.[3]
Auf niederer Stufe werden Widersprüche zwischen dem natürlichen (organismischen) Erleben einerseits und dem Selbstkonzept bzw. dem daraus hervorgehenden Verhalten andererseits nicht einmal wahrgenommen. In der Folge wird sich der Kl. zunehmend solcher Inkongruenzen bewußt. Er erfaßt die Widersprüche zwischen den Strebungen, die seinem eigentlichen Selbst entspringen und den Ansprüchen seines in-

---

[1] zum Begriff »Gefühle« vgl. S. 72ff.
[2] zum Begriff des »Erlebens« vgl. S. 72ff.
[3] zum Begriff der »Inkongruenz« vgl. S. 72ff.

trojizierten Selbstkonzeptes. Auf hoher Stufe ist das Selbstkonzept in Einklang mit dem eigentlichen, in den Tiefen des Organismus gründenden Selbst. Der Mensch ist sich seines Erlebens voll bewußt und vermag ihm in situationsgemäßer Weise Ausdruck zu geben, d. h. sich kongruent zu verhalten.

4. Kommunikation über das Selbst.[1]
Am unteren Ende der Skala lehnt es der Kl. ab, über sein Selbst zu sprechen und bezieht sich im wesentlichen auf äußere Vorgänge. Im mittleren Bereich vermag er über sein Selbst Aussagen zu machen, er lernt es wie ein Objekt kennen, erforscht seine Sonderheiten und Strukturen. Auf den obersten Stufen verschwindet das Selbst als Objekt, es wird nicht mehr als statische Struktur wahrgenommen, sondern wird gleichbedeutend mit dem subjektiven Bewußtsein des Erlebens.

5. Strukturierung des Erlebnisfeldes.
Auf niederer Stufe erkennt der Kl. die Strukturen, die er dem Erlebnisfeld gegeben hat, nicht als seine subjektiven Schöpfungen, sondern sieht sie als objektiv gegebene Fakten an, an denen er rigide festhält. In der Sicherheit der Therapie kommt er dahin, diese Konstrukte in Frage zu stellen. Auf hoher Stufe gibt er dem Erleben nur mehr versuchsweise Strukturen, die mit jeder neuen Erfahrung modifizierbar sind.

6. Beziehung zu Problemen.
Auf niederer Stufe werden Probleme oft überhaupt nicht wahrgenommen, womit auch der Wunsch nach Änderung fehlt. Wenn Probleme erkannt werden, erscheinen sie als ausschließlich durch äußere Umstände bedingt und werden intellektualisierend betrachtet. Auf höherer Stufe wird der Kl. des eigenen Anteils an den Problemen gewahr und übernimmt für sie zunehmend Verantwortung. Besonderes Gewicht erhalten die emotionalen Beziehungen zu anderen Menschen.

7. Beziehung zu Personen.
Auf niederer Stufe werden engere Beziehungen zu anderen Personen als gefährlich empfunden und gemieden, was sich

---

[1] zum Begriff des »Selbst« vgl. S. 67ff.

gerade auch im Kontakt zum Th. äußert. Auf höheren Stufen wird der Kl. zunehmend bereit und fähig, engere emotionale Beziehungen zu anderen Personen aufzunehmen und als reale Person in Erscheinung zu treten.

Wie ROGERS betont, ist die Aufstellung dieser Variablen nur ein tastender Versuch, einige Orientierungspunkte in der Vielfalt des psychischen Geschehens zu finden. Dabei sind manche wichtige Aspekte unberücksichtigt geblieben, so die Fähigkeit des Kl. zur Selbstbehauptung und zum Aggreß. Auch die Abgrenzung von Stufen aus dem Kontinuum des therapeutischen Prozesses ist künstlich. Im Einzelfall verhält es sich nun so, daß der Kl. die Behandlung an irgendeinem Punkt des Kontinuums beginnt und zwar kaum auf der untersten Stufe, da Personen, die diesem Bereich zugehören, sich nicht als therapiebedürftig erleben. Erfolgreiche Therapie endet um einige Punkte über dem Anfangswert, doch wird gewöhnlich nicht das oberste Ende der Skala erreicht.

Nähere Ausführungen über empirische Untersuchungen mit der Prozeßskala finden sich auf S. 150ff.

Im übrigen ergab sich, daß mehrere Unterskalen (Gefühle, Erleben, Selbst) nicht hinreichend unterschieden sind, um eine eindeutige Zuordnung bei den einzelnen Äußerungen zu gestatten (TOMLINSON, 1962). Die restlichen Unterskalen zeigen wiederum untereinander eine so hohe Korrelation, daß man sich für umfassendere Untersuchungen auf einen möglichst komplexen Aspekt beschränken kann. Hierfür erwies sich der Aspekt des Erlebens (vgl. S. 75f.) als besonders angemessen, wofür GENDLIN, ZIMRING und TOMLINSON eine eigene Skala entwickelten.

Nun stellt die Gegenüberstellung der Th.-Äußerungen als unabhängige Variable und der Kl.-Äußerungen als abhängige Variable eine bedenkliche Vereinfachung dar. Tatsächlich ist es so, daß die Äußerungen des Th. und des Kl. sich wechselseitig beeinflussen, eine weitgehend geschlossene Gestalt bilden. So wurde die deutsche Bearbeitung der Experiencing-Skala (Erlebens-Intensitäts-Skala = E.I.S.) so gehalten, daß danach sowohl die Kl.-Äußerungen wie die Interventionen des Th. eingestuft werden können, so daß sich damit eine fortlaufende Formalisierung des Gespräches durchführen läßt. Dies ermöglicht z. B. eine Beurteilung der Auswirkungen von kritischen Interventionen des Th. Ein weiterer Vorteil der Skala liegt darin, daß sie sich –

im Unterschied zu anderen im Training verwendeten Skalen – nicht leistungsbewertend auswirkt, sondern rein beschreibend. Allerdings bedarf die E.I.S. noch der Verfeinerung und der Überprüfung der Reliabilität. (PFEIFFER, 1974.)

Die Beschreibung der Skala ist so umfangreich, daß wir uns hier auf eine kurze Charakterisierung der einzelnen Stufen beschränken.

Am untersten Ende der 7-stufigen Skala (Stufe 1) bietet der Kl. abstrakte Generalisationen oder rein externale Erzählungen an, wobei kein Bezug auf das eigene Erleben und nur minimale emotionale Beteiligung erkennbar sind. Auf Stufe 2 sind in die Mitteilungen distanzierte, intellektuell betonte Hinweise auf die Bedeutung des Geschehens für die eigene Person, auf die begleitenden Gefühle eingestreut.

Auf Stufe 3 tragen die Mitteilungen bereits eine deutlich persönliche Färbung. So erwähnt der Kl., welche Bedeutung ein Ereignis für ihn hatte, was er dabei fühlte. Die Mitteilung basiert aber weiter auf dem äußeren Geschehen, das durch die persönlichen Aspekte nun plastischer gestaltet wird.

Bei Stufe 4 rückt der Schwerpunkt der Mitteilung auf das innere Geschehen, von dem aber noch mit einiger Schwierigkeit und Distanz gesprochen wird. Die äußeren Ereignisse haben jetzt nur mehr die Funktion, das innere Geschehen verständlich und anschaulich zu machen. Diese Stufen 3 und 4 bieten eine günstige Ausgangsposition für die GPT, so wie das Aufgreifen und Verstärken des erlebnismäßigen Anteils der Kl.-Äußerung die augenfälligste Intervention des kl.z. Th. darstellt.

Stufe 5 ist dadurch gekennzeichnet, daß der Kl. ein Problem oder eine Aufgabe in sich erkennt und daß er sie auf persönliche Weise bearbeitet. Dabei dient ihm als entscheidendes Bezugssystem sein subjektives Erleben, das ihm überwiegend in der Rückschau verfügbar ist.

Auf Stufe 6 zentriert sich dagegen die Aufmerksamkeit auf das im Augenblick ablaufende psychische Geschehen. Auch wenn sich die Mitteilung auf vergangene Ereignisse bezieht, ist es doch die gegenwärtige erlebensmäßige Antwort darauf, die in der Selbstexploration fortschreitende Klärung erfährt und den Kl. zur Erfassung weiterer Aspekte führt.

Die oberste Stufe wird kaum einmal in der Therapie beobachtet, eher in Selbsterfahrungsgruppen. Sie wird folgendermaßen charakterisiert: »Auf Stufe 7 vermittelt der Sprechende volles Gewahrsein seiner unmittelbar gegenwärtigen Gefühle und Prozesse. Er bewegt sich von einem inneren Bezugspunkt zum anderen, und er verändert und modifiziert seine Selbstkonzeption, seine Gefühle, Gedanken und Handlungen, wenn neue, unmittelbar gefühlte Nuancen im gegenwärtigen Moment des Erlebens auftauchen. Im Gegensatz zu allen früheren Stadien ist jetzt völlig evident, daß der Prozeß der Selbstexploration durch die augenblicklichen Erlebnisse vorwärts getragen wird, die der weiteren Selbstexploration jeweils als Sprungbrett dienen« (GENDLIN u. a., 1960).

Die vorstehend beschriebene Experiencing-Skala faßt nicht nur einen großen Teil der Prozeßskala in sich, sondern überschneidet sich auch in vielem mit der SE-Skala. Doch besteht gegenüber der letztgenannten ein qualitativer Unterschied. Die SE-Skala unterscheidet kaum, ob der Kl. *über* (evtl. längst vergangene) Gefühle redet oder ob die Mitteilung unmittelbarer Ausdruck eines in diesem Augenblick erfolgenden Erlebens ist. Eine solche Aktivierung des Erlebens samt seiner kognitiven Strukturierung stellt aber nach der Auffassung erlebnisorientierter Behandlungsmethodik das entscheidende therapeutische Agens dar und bildet einen zentralen Aspekt der Experiencing-Skala.

Studien mit der Experiencing-Skala haben – ebenso wie die mit der Prozeßskala – gezeigt, daß der Behandlungserfolg wesentlich vom Grad des schon im Beginn vorhandenen Vermögens abhängt, seines Erlebens gewahr zu werden, und daß im übrigen Therapieverlauf nur in einzelnen Fällen eine erhebliche Steigerung dieses Vermögens erreicht wird. GENDLIN blieb nicht bei der prognostischen Resignation stehen, sondern stellt die Forderung auf, daß die Therapie gezielt auf eine Aktivierung des Erlebens hinarbeiten müsse. Er entwickelte zu diesem Zweck eine Methode der Konzentration (focusing). Sie besteht darin, daß der Kl. während des Gespräches zeitweise dazu angehalten wird, sich in sein Fühlen zu versenken und aus diesem leibnahen Bereich Worte und Bilder spontan aufsteigen zu lassen. Kennzeichnend für gelungene Konzentration ist nun, daß Gefühle oder Inhalte, die konzentrativ erfaßt wurden, nicht statisch im Bewußtseinsfeld bleiben, sondern sich wandeln (experiential shift). Dieser Fluß des Erlebens soll nun zur ständigen Bezugsbasis für die Reflexion des Kl. und damit zum Motor der Therapie werden (GENDLIN u. a., 1968; GENDLIN, 1969).

Neben der von GENDLIN empfohlenen Methode sind auch andere Hilfen geeignet, die Öffnung auf das Erleben hin zu fördern. Hierzu gehört beim Verbalisieren emotionaler Gehalte eine verstärkte Orientierung auf das im Augenblick erfolgende Erleben; weiterhin kritische Interventionen wie Selbsteinbringung des Th., Bearbeitung der aktuellen therapeutischen Beziehung, Konfrontation mit Inkongruenzen. Endlich sind hier Hilfen zu nennen, wie sie etwa in der Gestalttherapie von F. PERLS entwickelt wurden, so der Hinweis auf das momentane leibliche Befinden, die Aufforderung, in ein augenblicklich anklingendes Gefühl hineinzugehen und bei ihm zu bleiben, der Dialog zwischen gegensätzlichen Strebungen des Kl. u. a.

Damit läuft der Th. freilich Gefahr, sich nicht mehr kl.z. zu verhalten, sondern selbst den Verlauf der Therapie zu bestimmen. So ist gerade bei der Erweiterung des therapeutischen Verhaltens mit Nachdruck auf die zentrale Bedeutung der Grundeinstellung der kl.z. Therapie zu verweisen, nämlich, den Kl. auf der Stufe zu akzeptieren, auf der er sich gerade befindet, ihn Richtung und Tempo der Therapie bestimmen zu lassen und als Leitschnur der therapeutischen Interventionen – auch wenn es sich nicht um das Verbalisieren emotionaler Erlebnisgehalte handelt – eine möglichst tiefdringende Einfühlung in das Erleben des Kl. beizubehalten.

Empirische Befunde der Ergebnisforschung in der Gesprächspsychotherapie

Von Dietrich Graessner und Klaus Heinerth

Forschungen über Prozesse und Ergebnisse der GPT sind seit der Konstituierung dieser therapeutischen Richtung durch ROGERS (1942) nahezu eine Selbstverständlichkeit. CARTWRIGHT konnte 1957 bereits 122 Arbeiten zusammenstellen, welche die GPT betrafen, und seither hat sich diese Zahl geradezu explosiv vervielfacht (vgl. BERGIN, 1971). Unter diesen Studien nehmen die Ergebnisuntersuchungen, also solche, die sich mit der Wirksamkeit gesprächspsychotherapeutischen Bemühens befassen, eine hervorragende Stellung ein.

Das Interesse an der Wirksamkeit der Methode oder einzelner Variablen beruht sicher stark auf der Formulierung der Hypothese der sogenannten »spontanen Remission« von EYSENCK (1952, 1961, 1964, 1965, 1967), die besagt, daß ca. 66% der Patienten/Kl., die keine therapeutische Behandlung erfahren haben, innerhalb von zwei Jahren »spontan« geheilt oder deren Symptome zumindest sehr stark gebessert sind. Diese Hypothese EYSENCKS stellte lange Zeit für die verschiedensten Formen der Psychotherapie eine starke Herausforderung dar, da sie an deren Berechtigung schlechthin Zweifel aufwarf.*

Eine zweite, nicht minder bedeutsame Motivation, Ergebnisforschung zu betreiben, liegt in der Konzeption der GPT begründet, die seit den ersten Anfängen forderte: Wie kann das von Th. in Gesprächen realisierte Verhalten in wesentlichen stabilen Merkmalen möglichst objektiv und in Form quantitativer Feststellungen beobachtet und mit den Kriterien (Modifizierung des

* Zum Problem der »spontanen Remission« und der Kritik an dieser Hypothese vgl. auch LUBORSKY (1954), ROSENZWEIG (1954), GOLDSTEIN (1960), STRUPP (1964), KIESLER (1966), BERGIN (1963, 1966, 1967a, 1967b), STRUPP und BERGIN (1969), TRUAX und CARKHUFF (1967) und BERGIN (1971).

Verhaltens und Erlebens beim Kl.) in statistische Beziehung gebracht werden (vgl. TAUSCH, 1973, S. 70).

Problematik

Neben der generellen Problematik der Psychotherapieforschung (vgl. z. B. BASTINE in: SCHRAML, 1970, und HELM, 1972), die sich vor allem auf ethische und allgemeine methodische Fragen bezieht, sieht sich die Ergebnisforschung mit speziellen Schwierigkeiten konfrontiert, deren Unkenntnis oder Nichtbeachtung die Resultate mehrerer Untersuchungen, vor allem solche der Vergangenheit, relativiert.* Einige dieser Probleme sollen hier verdeutlicht werden:

a) Verschiedene Erfolgskriterien. Die therapeutische Veränderung von Kl. kann nicht unidimensional aufgefaßt werden. Diese Schlußfolgerungen legen u. a. die Untersuchungen von ROGERS und DYMOND (1954) nahe, die unterschiedliche Ergebnisse bei derselben Kl.-Gruppe erzielten, nachdem sie unterschiedliche Kriterien anlegten. Andere Untersuchungen ergaben außerdem, daß solche Kriterien nur verhältnismäßig niedrig korrelieren (CARTWRIGHT, KIRSTNER und FISKE, 1963; oder KIESLER, 1966, 1968). Die Konsequenz dieser Untersuchungen führt zu der Erfassung mehrerer divergenter, anstelle eines einzigen – oder weniger – Merkmals therapeutischen Erfolges.
   Als ein Beispiel möge jene Dichotomie stehen, die BERGIN (1971) anbietet. Er weist darauf hin, daß bei der Ergebnisanalyse häufig externale Verhaltensweisen und innere Erfahrungszustände der Kl. nicht deutlich differenziert werden. Offenes Verhalten (overt behaviour) ist oft eindrucksvoller für Th. und Umwelt, aber dennoch nicht wichtiger als der innere Zustand (covert behaviour) der Kl.
   Da für die Erfassung des Erlebens des Kl. häufig noch adä-

* Diese Unkenntnis oder Nichtbeachtung der Probleme aller Ergebnisforschung macht u. a. die Hypothese der spontanen Remission von EYSENCK, der sich auf Studien stützen mußte, die nur selten den formulierten Anforderungen genügten, fragwürdig. (Daneben scheinen ihm auch eine Reihe weiterer Fehler unterlaufen zu sein, vgl. BERGIN, 1971.)

quate Meßmethoden fehlen, kommt es zu Widersprüchen im Therapieoutcome und macht verständlicherweise Vergleiche verschiedener Studien, die nicht kongruente Indices benutzt haben, schwierig. Stone u. a. (1961) haben dieser Tatsache Rechnung zu tragen versucht, indem sie in ihrer Untersuchung eine social ineffectiveness scale für offenes Verhalten und eine discomfort scale für internale Zustände angewendet haben.

b) Unterschiedliche Klienten und Therapeuten. Im Zuge der Entwicklung spezifischer Veränderungsmeßwerte muß die Problematik der jeweiligen Kl. mitberücksichtigt werden. Es scheint selbstverständlich zu sein, daß ein Kl., der wegen einer Konzentrationsstörung therapeutische Hilfe sucht, nicht nur global mit Persönlichkeitstesten, sondern auch mit speziellen Meßinstrumenten für Konzentrationsstörungen vor- und nachuntersucht wird. Obwohl diese Spezifizierung sofort einleuchtet, existieren kaum Untersuchungen dieser Art.
Entsprechend fehlt auf seiten des Th. ein Index, der seinem therapeutischen Verhalten in allen relevanten Dimensionen entspricht und den man mit den verschiedenen outcome-Kriterien in Beziehung setzen könnte. Gewöhnlich werden nur Mittelwerte von verschiedenen Th.-Verhaltensweisen mit einem oder wenigen globalen Erfolgskriterien korreliert.

c) Unterschiedliche Realisierung der gesprächspsychotherapeutischen Variablen. Die kl.z. GPT ist in ständiger Entwicklung begriffen. Zu verschiedenen Zeiten und von verschiedenen Forschern ist den einzelnen gesprächspsychotherapeutischen Variablen unterschiedliches Gewicht beigemessen worden, so daß die Ergebnisse wenig vergleichbar sein können, und es ist vor allem in älteren Arbeiten nicht bekannt, welchen Effekt welche Variable hat. So läßt sich, genau genommen, immer nur ein Erfolg bestimmter Variablen nachweisen, kaum aber die Brauchbarkeit der komplexen gesprächspsychotherapeutischen phänomenologischen Theorie.

d) Meßinstrumente. Zum Teil beruht der unbefriedigende Zustand der Ergebnisforschung innerhalb der GPT und anderer Therapieformen auf den bisher ungelösten Problemen der

Persönlichkeitspsychologie. Der theoretische Background dieses Gebietes der Psychologie ist u. E. noch zu wenig fortgeschritten und zu kontrovers, als daß er es erlaubte, Meßinstrumente zu entwickeln, die uns in die Lage versetzen, wirklich valide Ergebnisse zu erhalten.
BERGIN leitet aus dieser Situation die Forderung ab, dieses Gebiet stärker als bisher zu fördern. Dabei scheint es für die Arbeit der Persönlichkeitspsychologen durchaus fruchtbar zu sein, Anregungen aus dem speziellen Bereich der therapeutischen Prozeß- und Veränderungsmessung aufzunehmen.

An dieser Stelle konnten nur kurz einige Probleme angedeutet werden. Weitere Ausbreitungen, sowie Probleme der Designs und der Statistik innerhalb der Ergebnisforschung würden den Rahmen dieses Artikels sprengen.

Ergebnisforschung, Erfolgskriterien und Ziele

Bevor einige exemplarische Untersuchungen der Ergebnisforschung ausführlicher dargestellt werden, soll an dieser Stelle eine Zusammenstellung einiger Variablen erfolgen, die bisher getestet wurden oder für die wenigstens einige Wahrscheinlichkeit besteht, daß sie therapeutisch wirksam sind (ROGERS 1942, 1951, 1961; GENDLIN 1961; TRUAX und CARKHUFF 1967; TAUSCH 1973):

Klientenvariablen

Motivation, sich durch Psychotherapie zu ändern.
Intelligenz und Verbalisierungsfähigkeit.
Leidensdruck.
Intrapunitivität.

Klientenprozeßvariablen

Selbstexploration.
Experiencing.
Ausgewogenheit von Selbstreferenzen und Äußerungen über sich selbst und konkrete einzelne Bezugspersonen.
Beschäftigung mit den Hier-und-Jetzt-Gefühlen.

Therapeutenvariablen

Positive Wertschätzung, emotionale Wärme, Akzeptierung des Kl. unabhängig von Person und Verhalten.

Echtheit, Übereinstimmung der Th.-Äußerung mit sich selbst, kein Spielen einer beruflichen Rolle, einer nicht empfundenen Sympathie.

Aktive Teilnahme am Kl., Interesse an seinen Problemen, intensives Versuchen, den Kl. zu verstehen.

Nicht: Dominieren des Th., Erteilen von Ratschlägen (nichtdirektives Konzept).

Klientenzentrierung (Konzept der autonomen Selbstverwirklichung).

Annäherung in kleinen Schritten, Vermeidung von Konfrontationen mit zu großen, im Augenblick nicht zu bewältigenden Schwierigkeiten.

Anbieten eines angemessenen Modellverhaltens: entspanntes, angstfreies Verhalten.

Bekräftigung erwünschter Verhaltensweisen wie Selbstexploration, Beschäftigung mit neuen Lösungssätzen.

Konkretheit gefühlsmäßiger Erlebnisse in der Verbalisierung.

Konfrontation mit Diskrepanzen zwischen dem, wie der Kl. sich wünscht und wie er sich erfährt.

Konfrontation mit Diskrepanzen zwischen verbalem und beobachtetem oder berichtetem Verhalten.

Unmittelbarkeit der Interaktionen.

Situationsvariable, z. B. Zeitbegrenzung.

Die Prüfung therapeutisch wirksamer Variablen ist abhängig von Erfolgskriterien, die zur Beurteilung der Ergebnisse genannt werden müssen. Dabei hat eine ganze Skala von Verfahren Anwendung gefunden: Persönlichkeitsfragebogen (z. B. FPI, MMPI), physiologische Messungen, bestimmte Außenkriterien (z. B. Häufigkeit und Dauer von gerichtlicher Verurteilung oder Inhaftierung, Entlassung aus der Klinik oder Rückeinweisung, Fehlzeiten am Arbeitsplatz, Häufigkeit von Arztbesuchen oder Urteil von Ärzten über medizinischen Gesundheitszustand), Einschätzungen durch den Kl. selbst oder durch den Th. und projektive Tests (z. B. TAT, Rorschach, Tausch, 1963).

Diese Erfolgskriterien sind verhältnismäßig schlechte Operationalisierungen der Zielvorstellungen der GPT, da die Ziele tatsächlich schlecht operationalisierbar sind. Einerseits kann nicht erwartet werden, daß sich die individuelle Problematik des Kl., die das Therapieziel definiert, objektiv repräsentieren läßt, andererseits sind die allgemeinen Therapieziele so abstrakt formuliert, daß eine einfache Operationalisierung mit den gängigen Testverfahren nicht möglich erscheint (ROGERS 1942, 1951, 1961; TAUSCH 1973):

verstärkte Akzeptierung der eigenen Person
größere emotionale Sicherheit
Zufriedenheit
weniger Ängste
verstärkte Selbständigkeit, Unabhängigkeit und kritische Haltung
größere Fähigkeit und Bereitschaft zu sozialen Beziehungen
größere Flexibilität in Denken und Verhalten.

Immerhin sind einige Ziele durch Selbsteinschätzung quantifizierbar (TAUSCH, 1973).

Untersuchungen zur Ergebnisforschung in der GPT

Im folgenden sollen einige größere Untersuchungen zur outcome-Forschung im amerikanischen und neuere Untersuchungen im deutschen Bereich kurz referiert werden.

Eine der ersten bedeutenderen Untersuchungen in der Ergebnisforschung in der GPT war wohl die von ROGERS, DYMOND u. a. (1954). 16 Th. behandelten 29 nichtausgewählte »psychoneurotische« Kl. Mit der Hälfte dieser Kl. wurde zunächst eine Eigenwartegruppe gebildet, wobei die Wartezeit nach der ersten Testuntersuchung 60 Tage bis zur zweiten Testung und zum gleichzeitigen Therapiebeginn dauerte. Die anschließende Therapiedauer betrug durchschnittlich 33 Wochen (entspricht 33 Kontakten). Die Autoren hatten außerdem eine Fremdkontrollgruppe gebildet, die zwar in den wesentlichen soziologischen Variablen der Therapiegruppe glich, jedoch aus »Nichtneurotikern« bestand. Die Bedeutung dieser Gruppe lag ausschließlich darin, die Testeffekte zu kontrollieren. Es wurden zahlreiche Teste wie Q-SORT, TAT, E-M Skala von WILLOUGHBY eingesetzt. Die globalen Ergebnisse zeigen eine signifikante Verminderung der psychoneurotischen Störungen bei den behandelten Kl., wobei diese Änderungen allein auf die therapeutischen Kontakte und nicht auf die Wartezeit oder die mehrmaligen Tests zurückgeführt wurden.

Allerdings war ein individuell unterschiedliches Ausmaß der

Veränderung zu verzeichnen, wie starke Verbesserung bei einem Teil der Kl., aber auch Verschlechterung bei einem anderen Teil.

Die Arbeit untersucht keine differentiellen Th.-Verhaltensweisen, es bleibt offen, welche Variable wirksam war. Außerdem geht aus der Untersuchung nicht hervor, welche Kl. mit welcher Problematik bei welchem Test Verbesserungen oder Verschlechterungen zeigten.

Diese Nachteile versucht eine Studie von CARTWRIGHT und VOGEL (1960) zu vermeiden.

Zehn sogenannte erfahrene und neun weniger erfahrene Th. behandelten 22 »psychoneurotische« Kl. Als Test wurde der TAT und der Anpassungs-Q-Sort (von BUTLER und HAIGH) benutzt, die zu vier Zeitpunkten vorgegeben wurden: 1. bei der Anmeldung; 2. zu Beginn der Therapie, wobei die Wartezeit individuell unterschiedlich war; 3. während der Therapie zu dem Zeitpunkt, der der Wartezeit entsprach, und 4. nach dem Ende der Therapie. Es war hier also keine Fremdwartegruppe eingeführt worden.

Die Ergebnisse dieser Untersuchung müssen im einzelnen betrachtet werden. Kl. erfahrener Th. zeigten nach der Therapie im Vergleich zu Kl. unerfahrener Th. signifikante Verbesserungen in beiden Tests.

Dieses Ergebnis konnte auch beim Test innerhalb der Therapie festgestellt werden, jedoch nur mit dem Q-Sort. Längere oder kürzere Wartezeiten hatten keinen Einfluß auf Verhaltensverbesserungen. Auch dieses Resultat konnte nur mit dem Q-Sort, nicht aber mit dem TAT erzielt werden. Ebenfalls mit dem Q-Sort und nicht mit dem TAT konnte die Hypothese gestützt werden, daß die Psychotherapie im Vergleich zu einer gleich langen Wartezeit erfolgreich war.

Bei der damaligen und der derzeitigen TAT-Interpretationsmethode muß allerdings bezweifelt werden, ob dieser Test ein sinnvoll einzusetzendes Instrument ist. Als einziges Erfolgskriterium bliebe der Q-Sort, dessen Geltungsbereich sich vermutlich nur auf internale Erlebnisweisen des Probanden bezieht.

Durch die Nichteinbeziehung einer Fremdwartegruppe sind Testeffekte nicht kontrolliert worden, was die Qualität der Ergebnisse dieser Studie weiter einschränkt. Eine Differenzierung hinsichtlich des realisierten Th.-Verhaltens schließlich fand nur in einer recht globalen Dichotomie »erfahren – nicht erfahren« statt.

Im deutschen Sprachbereich wurden Ergebnisstudien über GPT besonders in den Psychologischen Instituten der Universitäten Hamburg, Münster und Kiel vorangetrieben. Zwei neuere Untersuchungen sollen stellvertretend für die dortige Arbeit stehen.

RUDOLPH, LANGER und TAUSCH (nach TAUSCH, 1973, S. 278) untersuchten die Therapieverläufe von 314 Kl., die zufallsmäßig auf eine Therapie- und auf eine Wartegruppe verteilt wurden. Die therapeutischen Kontakte wurden von jeweils zwei Th. alternierend durchgeführt, von denen der eine nach dem vierten Kontakt durch den Kl. abgewählt werden konnte. Von den 80 Th. waren ca. 60% nicht erfahren. Die Dauer der Therapie betrug durchschnittlich 8–9 Kontakte. An Tests wurden eingesetzt: EPI, Skala PT und A (zur Kontrolle MA) des MMPI, LPS, Untertests 1–4 und ein globaler Einschätzbogen.

Die Ergebnisauswertung ist noch nicht abgeschlossen, doch stehen folgende Resultate fest: Die Gruppe der Psychotherapieklienten zeigt im Vergleich zu den Warteklienten starke Verbesserungen in PT und A des MMPI, und in N, aber nicht in E des EPI. Differentielle Effekte: 38% sehr starke positive Änderungen oder starke positive Änderungen; 35% positive Änderungen, 17% keine positiven Änderungen.

Die Testveränderungen der Kl. zeigten keinen oder nur einen geringen Zusammenhang mit dem Th.-Verhalten gemäß der Wahrnehmung des Kl. im BARRETT-LENNARD-Fragebogen.

In 75% der Fälle war der abgewählte Th. der weniger erfahrene. In diesen Untersuchungen wurden weitgehende Anstrengungen unternommen, die differentiellen Effekte innerhalb der GPT zu erhellen. An weiteren Auswertungen, wie z. B. Zusammenhang des Therapieerfolges mit verschiedenen Th.-Verhaltensweisen wird unseres Wissens noch gearbeitet. Was allerdings hier noch nicht zum Tragen kommt, ist die differenzierte Messung von bestimmten Kl.-Problemen und deren Veränderung.

In einer Untersuchung von MINSEL, LANGER, PETERS und TAUSCH (1973) wurden 39 Kl. von 17 Th. behandelt, von denen nur vier erfahren waren.

Bei den Kl. waren durchschnittlich 6 Kontakte nach einer 8-wöchigen Wartezeit oder ohne Wartezeit durchgeführt worden.

An Testdaten wurde Folgendes erhoben: Untertest SI, A S des MMPI, Untertest 1–4 des LPS, nach der Therapie ein globaler Selbsteinschätzungsfragebogen und nach einer einhalbjährigen follow-up-Periode der oben erwähnte Fragebogen sowie Einzelfragen hinsichtlich Hoffnung und Erwartungen, Problemen und Schwierigkeiten. Der Schwerpunkt dieser Untersuchung liegt auf der Ausdifferenzierung von Th.-Merkmalen. Folgende Variablen wurden bestimmt: Verbalisierung emotionaler Erlebnisinhalte (VEE), aktives Bemühen, innere Anteilnahme des Th., konkrete gefühlsmäßige Erlebnisinhalte des Kl. in der Äußerung des Th., Häufigkeit des Gesprächswechsels, Selbstexploration (SE) und Ausmaß des Sprechens des Kl.

Diese Prozeßmerkmale wurden faktorenanalytisch ausgewertet. Auf dem ersten Faktor lagen Anteilnahme und aktives Bemühen des Th., verbunden mit häufigen Gesprächswechseln; auf dem zweiten Faktor VEE und SE, und auf dem dritten Faktor Gesprächswechsel Kl.–Th. versus häufiges Reden des Kl. in Form von Monologen.

Diese Faktoren wurden mit Veränderungswerten in Zusammenhang gebracht, wobei sich überraschenderweise ergab, daß wohl die Faktorenwerte von Faktor 1, nicht aber die von Faktor 2 mit den Änderungswerten signifikant korrelierten. Weiterhin kann vermutet werden, daß ein Wechselgespräch zwischen Th. und Kl. günstiger für den Therapieverlauf ist als ein häufiges Reden von Kl.

Die Autoren geben einige Gründe an, weswegen hohes VEE und SE offensichtlich nicht mit dem outcome korrelierten. Dazu gehören unter anderem:

1. die Th. verwirklichten VEE in hohem Ausmaß, so daß diese Variable nicht differenziert; 2. ein sehr hohes Ausmaß von VEE scheint an bestimmten Stellen der Therapie von wesentlicher Auswirkung zu sein. Diese Stellen konnten aber nicht zuverlässig erfaßt werden; 3. die Skala SE scheint nicht sensibel genug zu sein, da sie nur das Sprechen des Kl. über sich erfaßt, nicht aber das Sprechen des Kl. über Beziehungen zu anderen, was wesentlich für den Therapieerfolg zu sein scheint. – Die Schlußfolgerungen der Autoren, daß es »in keiner Weise sinnvoll (erscheint), das Th.-Merkmal VEE als Technik zu erlernen und zu verwirklichen«, geht jedoch u. E. logisch nicht aus der Untersuchung hervor. Hier wäre es angebrachter gewesen, den Schluß zu ziehen,

daß über eine bestimmte Ausprägung des Merkmals hinaus keine weiteren Effekte über VEE erreichbar sind, wie dies die Autoren auch andeuten.

Abgesehen von dieser Unstimmigkeit zeichnet sich diese Untersuchung jedoch durch eine gute Differenzierung des Th.-Verhaltens aus. Leider ist auch hier auf die unterschiedliche Problematik der Kl. und deren Veränderung nicht eingegangen worden, obwohl diese Forderung zu Anfang der Untersuchung von den Autoren erhoben worden war.

Wenn die vorgestellten Untersuchungen in einigen Aspekten kritisiert werden mußten, so sind sie insgesamt doch Nachweis dafür, daß GPT ein angemessenes Verfahren ist, die angestrebten Ziele einer Erlebens- und Verhaltensmodifikation zu erreichen. Neuere Untersuchungen (1972/73), besonders am Psychologischen Institut der Universität Hamburg, durch BASTINE, BOMMERT, FITTKAU, KRAUSE, LANGER, MINSEL MÜLLER, NICKEL, RUDOLPH, SANDER, A. TAUSCH, R. TAUSCH und WIECZERKOWSKY belegen dies eindrücklich (vgl. TAUSCH, 1973, S. 275ff.).

Schlußbemerkungen

Der derzeitige Stand der Psychotherapieforschung legt die Notwendigkeit nahe, die Fragestellung nach den differentiellen Effekten stärker als bisher voranzutreiben: Welche Behandlungsmethode ist durch welchen Th. für welches Individuum mit welchen Problemen am effektivsten? Diese Fragestellung ist nur in Ansätzen in Angriff genommen worden. Die Konsequenz ist, daß die Ergebnisse der outcome-Studien insgesamt nur mäßig positive Effekte aufzeigen können. Nicht nur im Sinne der Widerlegung der EYSENCKSCHEN Hypothese der »spontanen Remission«, sondern auch innerhalb der therapeutischen Verantwortung für den Kl., ist Forschung an der oben erwähnten Fragestellung notwendig.

Einige Gesichtspunkte zu methodisch-statistischen Fragen der Veränderungsmessung in der Gesprächspsychotherapie

Von Ellen und Gerhard Seidenstücker

Anknüpfend an die seit kurzem im deutschen Sprachraum angelaufene Methodendiskussion zu Fragen der Psychotherapieforschung (BASTINE, 1970, 1973; FROHBURG, 1972; MINSEL und LANGER, 1973), wollen wir hier zwei Problemkreise skizzierend diskutieren: Veränderungsmessung und Prozeßmodelle in der Psychotherapieforschung.

Veränderungsmessung

Das Kernproblem empirischer Therapieforschung liegt in dem Nachweis, daß eine wie immer gestaltete Intervention mit hoher Wahrscheinlichkeit zur gewünschten und definierten Änderung des Erlebens oder Verhaltens eines Kl. führt. Dieser Nachweis wird in Therapiestudien häufig in Form der Differenzenbildung (Post-Kriteriumswerte minus Prä-Kriteriumswerte) geführt (BASTINE, 1970).

1. Problemstellung

Bei oberflächlicher Betrachtung erscheint die Methode der Differenzenbildung qua Analogie zur Änderungsmessung physikalischer Variablen plausibel. Es läßt sich nun aber beobachten, daß die Differenzwerte psychologischer Variablen Besonderheiten gegenüber den vertrauten Differenzwerten im cgs-System aufweisen. Insbesondere zeigt sich, daß bei zweimaliger Applikation desselben Tests Personen, die mit ihrem ersten Score deutlich über dem Mittelwert lagen, bei der zweiten Testerhebung eine Scoreminderung in Richtung des Gruppenmittelwertes aufweisen und umgekehrt. Dieses Phänomen wird als Regressionseffekt bezeichnet.* Als Erklärung des Regressionseffekts sind Homöostaseregulation, Bezugssystemänderung und die Korrelation zwischen Differenz- und Ausgangswert zu betrachten.

Am leichtesten läßt sich wohl der durch Testdeckeneffekte bedingte Fehleranteil von Differenzwerten ausmerzen. Kurz: Der Punkt, auf den es beim Regressionseffekt im Rahmen der Differenzbildung ausschließlich ankommt, ist der, daß dasjenige, was – aufgrund welcher psychologischen Prozesse auch immer – mit Sicherheit durch die reine Testwiederholung zu erwarten ist, nicht als Interventionseffekt interpretiert werden darf.

2. Statistische Lösungswege

In Untersuchungen jüngeren Datums versucht man dem Problem der naiven Differenzwertbildung durch die Verwendung von gereinigten Differenzwerten, bei denen der Regressionsbeitrag herausgenommen wurde, beizukommen (vgl. zur Residualisierung mittels Kontrollgruppe – Minsel und Langer, 1973). Dazu wird die Regressionsgleichung der Prätest-Werte auf die Posttest-Werte ermittelt und der Anteil des Posttest-Scores entfernt, welcher aufgrund des Prätest-Status voraussagbar war. Der Residualwert kann nach Cronbach und Furby (1970) dann folgendermaßen definiert werden:

$$DX = Y - E(Y)|X = Y - \bar{Y} - \beta_{YX}(X - \bar{Y});$$

wobei D den Differenzwert und E(Y) den Erwartungswert von Y bezeichnen.

Egal, welchen der verschiedenen in der Literatur vorgeschlagenen Wege zur Ermittlung eines gereinigten Differenzwertes man auch wählt (Lord, 1957; McNemar, 1958; Tucker, Damarin und Messick, 1966), alle benutzen an irgendeinem Punkt die Korrelation zwischen dem Prätest-Wert (X) und dem Posttest-Wert (Y). Beide Meßwerte sind fehlerbehaftet. Falls nun X und Y kurzfristig unter Kontrollgruppenbedingungen erhoben werden, wird die Korrelation empirisch selbst dann unter $r_{XY} = 1$ liegen, wenn es sich bei dem zugrundeliegenden Konstrukt um ei-

* Es erscheint uns unglücklich, daß man den Regressionseffekt oft als Artefakt bezeichnet findet, was ihm den Beigeschmack des Unerklärlichen einträgt. Wie handgreiflich und erklärlich der Effekt ist, verdeutliche man sich an Lord's Über- und Untergewichtsbeispiel (Lord, 1963).

nen relativ invarianten Persönlichkeitszug handelt. Die Residualisierung aufgrund der so ermittelten Regressionsgleichung beruht dann auch auf dem unumgänglichen Meßfehler. Zur Vermeidung derartiger fehlerbehafteter Residualisierungen sind wiederum Korrekturen für r_{XY} (Minderungskorrekturen) vorgeschlagen worden, über deren Ausmaß aber keine übereinstimmenden Vorstellungen existieren (CRONBACH und FURBY, 1970). Schließlich ist auch die Interpretation von residualisierten Differenzwerten problematisch, da es nicht von vornherein plausibel ist, daß gleichen Differenzbeträgen in unterschiedlichen Bereichen einer psychometrischen Skala gleiche Änderungen der zugrundeliegenden psychologischen Dimension entsprechen. Nach eingehender Analyse naiver und residualisierender Differenzwertebildung kommen CRONBACH und FURBY (1970) zu dem Ergebnis, daß alle Verfahren in der Therapieforschung überflüssig sind und ungünstigenfalls zu unnötigen Schwierigkeiten führen. Bei randomisierten Kontrollgruppenplänen empfehlen sie zur Kontrolle der Variation in den Prätest-Werten bei $\rho_{XY} > 0.4$ Kovarianzanalyse und ansonsten Blockbildung. Bei nicht-randomisierten Kontrollgruppenplänen gibt es nach der Analyse von LORD (1967) kein statistisches Verfahren, das die Einflüsse unkontrollierter Differenzen in den Ausgangswerten kontrolliert. Bei präexperimentellen Eingruppenplänen erübrigen sich alle Überlegungen, da sie wegen des zu geringen Ausschlusses von Alternativhypothesen nicht in Betracht kommen.

3. Fragebogentechnische Lösungswege

Im Vergleich zu den statistischen Bemühungen, die stets auf Datendifferenzen basieren, sind die fragebogentechnischen Wege, die bereits Differenzen als Grunddaten erheben, zur Lösung des Problems der Veränderungsmessung erst selten gegangen worden. BASTINE (1970) und MINSEL und LANGER (1973) gehen auf einen speziellen Fragentyp ein, die Veränderungsfragen wie z. B.: »Seit Beendigung der Therapie bin ich bedeutend selbstsicherer geworden.« BEREITER (1962) schlägt zur Veränderungserfassung eine spezielle Form der Verskorung vor, die auf dem Vergleich zwischen Prätest- und Posttestbeantwortung derselben Items beruht: 0-Score, wenn sich an der Beantwortung nichts geändert hat; +1-Score, wenn einer positiven Beantwortung im Prätest eine negative im Posttest folgt und −1-Score für den umgekehrten Fall. Erste Untersuchungen sprechen für die Brauchbarkeit der Methode der Veränderungsscorung (Kanter und Brown, 1968).

Einen Schritt weiter in Richtung klientenspezifischer Änderungsindices geht Shapiro (1964) mit seinem Ansatz des Personal Questionnaire, der eine auf die Problemlage von Kl. individuell abgestimmten Fragebogenkonstruktion verwirklicht. Die Konstruktion eines Personal Questionnaire erfolgt in fünf Schritten:

1. Interview zur Ermittlung der Beschwerdeformulierung des Kl.;
2. Nachexploration bei Widersprüchen oder Unklarheiten in den Beschwerdeformulierungen des Kl.;
3. Ausgehend von der Beschwerdeformulierung (illness statement) werden zu jeder Beschwerde Items formuliert, die Beschwerdebesserung (improvement statement) und Beschwerdebeseitigung (recovery statement) beinhalten wie z. B.
   a) Ich wirke sicherlich sehr unentschlossen. (Illness)
   b) Möglicherweise wirke ich unentschlossen. (Recovery)
   c) Insgesamt gesehen, wirke ich nicht unentschlossen. (Improvement)
4. Beschwerdeformulierung, Besserungs- und Beseitigungsformulierungen werden vom Kl. auf einer bipolaren 9-Punkte-Skala (+4 bis −4) eingestuft. Beschwerdeformulierungen sollen als −4/−3, Besserungsformulierungen als −2/−1 und Beseitigungsformulierungen als +1/+2 eingestuft werden. Gegebenenfalls wird die Formulierung nuanciert, um den gewünschten Einstufungseffekt zu erzielen.

Nach erfolgreicher Kalibrierung lassen sich die symptombezogenen Triaden im Verfahren des Paarvergleichs (innerhalb der Triaden) zur Veränderungsmessung einsetzen. Die Frage nach der Außerzufälligkeit der im Veränderungsplan mehrfach erhobenen Antwortmuster wird mit Hilfe der Konfigurationsfrequenzanalyse beantwortet (vgl. Lienert und Krauth, 1973).

Prozeßmodelle

Bei allen Versuchen, durch Differenzwertbildung zu stichhaltigen Aussagen über bedeutsame Kl.-Änderungen zu gelangen, wird implizit deutlich, daß stets mit der hypothetischen Konstruktion eines Veränderungsprozesses operiert wird, den man nur an einigen (zwei, drei oder vier) Punkten in seiner Ausprägung (Kriteriumserhebung) erfaßt. Es erscheint daher methodisch konsequent, wenn – wie in der GPT-Forschung seit langem üblich – Instrumente zur möglichst differenzierten Erfassung des Prozeßgeschehens entwickelt werden (vgl. dazu die Zusammenstellung von Kiesler, 1973). Relativ sporadisch sind hingegen noch die Erfahrungen mit formalen Modellen des Prozeßgeschehens, von denen man eine detailliertere Erklärung und Voraussage der Prozeßverläufe sowie eine Vermeidung der statistischen Probleme der Differenzwertbildung erwarten darf.

Die Erhebung von Prozeßdaten erfolgt in Zeitreihenplänen. Der einfache Zeitreihenplan beinhaltet eine kontinuierliche Datenerhebung (z. B. in Form von Selbstbeobachtung oder Fremdbeobachtung) vor, während und nach einer Intervention. Neben seiner deskriptiven hat er eine heuristische Funktion: In ihm können kritische Ereignisse registriert werden, die zur Formulierung von post hoc Hypothesen über die Wirkung nicht kontrollierbarer Einflüsse auf die abhängigen Variablen benutzt werden. Durch Einbeziehung einer Kontrollgruppe geht er in einen multiplen Zeitreihenplan über. Wenn diese Kontrollgruppe dann unmittelbar nach der Experimentalgruppe einer Behandlung unterzogen wird, lassen sich auch Alternativhypothesen über zeitspezifische Einflüsse auf den Untersuchungseffekt ausschalten.

1. Methode der Kurvenangleichung

Eine naheliegende Methode zur Modellierung von Änderungen stellt das Verfahren der Kurvenangleichung dar. Da bisher nur wenig über die Verläufe von im Zeitreihenplan erhobenen The-

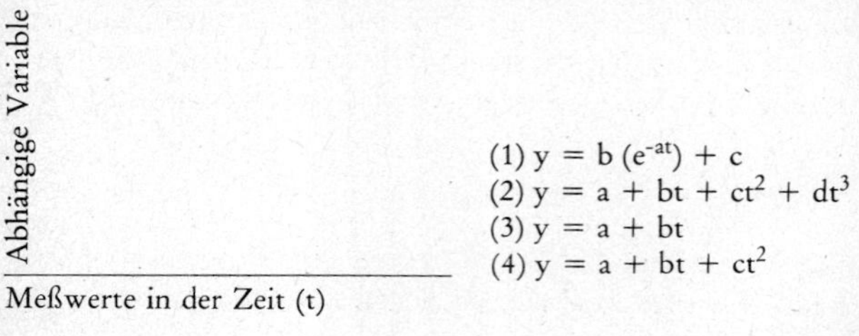

rapievariablen bekannt ist, ergeben sich nur schwache Anhaltspunkte für die zu erwartenden Funktionstypen.

Die Abbildung zeigt vier mögliche Funktionstypen: Während (3) den einfachen Fall eines linearen Verlaufs darstellt, zeigen (1) (Exponentialfunktion) und (2) (kubische Funktion) den Verlauf einer Therapievariablen in Funktionsformen, die als Lernkurven ihre Plausibilität aus der These vom Therapieprozeß als Lernprozeß beziehen. Die quadratische Funktion (4) könnte beispielsweise den Datenverlauf dann wiedergeben, wenn sich Kl.-Änderungen nur auf den Therapiezeitraum beschränken. Zur Beschreibung der empirisch erhobenen Verlaufsdaten ist bekanntlich der Funktionstyp zu wählen, bei dem die Summe der Abweichungsquadrate ein Minimum bildet. Dieses Kriterium taugt allerdings nur zur Selektion zwischen Funktionen gleicher Parameterzahl. Durch die Wahl komplexerer Funktionen erzielt man in der Regel eine bessere Datenanpassung, bezahlt aber mit der Einführung neuer Parameter, deren inhaltliche Deutung Probleme aufwerfen kann. Neben der deskriptiven Verwendung können über Kurvenanpassung und spezielle Signifikanztests (GOTTMAN u. a., 1969) auch Hypothesen geprüft werden. Ein praktischer Vorteil der Kurvenanpassung gegenüber der Zeitreihenanalyse besteht darin, daß die Daten nicht in festen Zeitintervallen erhoben werden müssen, ein Nachteil darin, daß Kurvenanpassung Unabhängigkeit der Daten voraussetzt.

2. *Methode der Zeitreihenanalyse*

Für nicht-lineare und abhängige Zeitreihendaten ist das mathematische Verfahren der Zeitreihenanalyse, das vor allem im wirtschaftswissenschaftlichen Kontext entwickelt wurde, in der Psychotherapieforschung adaptiert worden. Kernproblem der Zeitreihenanalyse ist das Auffinden einer erzeugenden Funktion, die systematische und unsystematische Variationen in den Zeitreihendaten trennt (vgl. GOTTMAN u. a., 1969). Die erzeugende Funktion F (D) hat die Gestalt $F(D)e_t = x_t$, wobei für $1 \leq t \leq n$ e_t den Fehleranteil, x_t den systematischen Anteil der Zeitreihe und D den Laufoperator mit $D(x_t) = x_{t-1}$ darstellen. Zur Ermittlung von D wird die Struktur der Zeitreihe mit Hilfe der Autokorrelation beschrieben, so daß sich präzisieren läßt, in welcher Form und Stärke ein Zeitreihenereignis x_t von seinen Vorgängern x_{t-1}, x_{t-2} usw. abhängt.

Zwei der häufigst benutzten Grundtypen erzeugender Funktionen sind die Moving-average Funktion erster Ordnung $x_t = (1 + a_1D)e_t$, mit $D(e_t) = e_{t-1}$ und $F(D) = 1 + a_1D$ und die autoregressive Funktion erster Ordnung $x_t = e_t/(1 - b_1D)$ mit $F(D) = 1/(1 - b_1D)$ (a_1, b_1 sind Konstante). Die Anwendung der beiden Funktionen erfordert allerdings einen Zeitreihenplan mit ca. 200 Meßwerterhebungen, da sie die Annahme enthalten, daß zur Bestimmung eines x_t weit zurückliegende Ereignisse ebenso bedeutsam sind wie rezente Ereignisse. GOTTMAN u. a. (1969) argumentieren jedoch, daß weiter zurückliegende Ereignisse im Therapieprozeß ein x_t weniger beeinflussen als rezente Ereignisse. Deshalb plädieren sie für ein exponentiell gewichtetes Moving-average Modell, das den Aufwand bei der Datenerhebung drastisch senkt. Das exponentiell gewichtete Moving-average Modell hat die Form $\hat{x}_{t+1} = \gamma_o \hat{x}_t + e_t$. Berechnet man die Quadratsumme $QS = \Sigma (\hat{x}_i - x_i)^2$ für alle Werte γ_o im Intervall $[-1, +1]$, dann wird als Gewichtung dasjenige γ_o gewählt, bei dem QS ein Minimum bildet. Will man beispielsweise ein Therapieprogramm in einem einfachen Zeitreihenplan durchführen* (Sequenz: Grundrate A – Therapie – Grundrate B), dann wäre bei Zeitreihenanalyse zunächst die erzeugende Funktion für die abhängige(n) Variable(n) in Grundrate A zu ermitteln und der Verlauf der Variable(n) für die Therapie über die zu erzeugende Funktion zu prognostizieren. Die Summe der Abweichungsquadrate zwischen beobachteten und prognostizierten Werten sei QS_A. Die Ermittlung der erzeugenden Funktion für den Variablenverlauf im Therapiezeitraum würde ebenfalls zu erwarteten Variablenwerten für die Therapiephase führen. Die Summe der Abweichungsquadrate zwischen den beobachteten und diesen theoretischen Werten sei QS_T. Ob die Veränderung zwischen Grundrate und Therapie bedeutsam ist bzw. ob keine Prozeßän-

* Man würde aus Ökonomiegründen zunächst wohl mit Selbstbeobachtungsdaten oder Ratings arbeiten. Dabei sei angemerkt, daß der in Selbstbeobachtungsdaten ansonsten unerwünschte reaktive Effekt bei Zeitreihenanalyse überhaupt nicht stört. Im Gegenteil: wir können die Reaktivität der Selbstbeobachtung zugunsten des Therapieziels wirken lassen. Daß kontinuierliche Beobachtung und Registrierung des eigenen Verhaltens etwa Zigarettenkonsum oder unerwünschtes Sozialverhalten bei Kindern mindert, ist hinlänglich gesichert.

derung stattgefunden hat, läßt sich aus folgendem F-Test ermitteln:

$$F = ((QS_A - QS_T)/df_A) / ((QS_A + QS_T)/df_T)$$

Gegenwärtig liegen erst sehr wenige Zeitreihenstudien in der Therapieforschung vor (vgl. GOTTMAN, 1973). Betrachtet man jedoch ihren Wert bei der zufallskritischen Analyse von Prozeßmessungen, so erscheint das zugrundeliegende Konzept vielversprechend. Es macht vor allem auch den Einzelfall ebenso stringenter Datenanalyse zugänglich wie sie bei der Analyse extensiver Versuchspläne bereits üblich ist. Gleichzeitig bietet die fortlaufende Datenanalyse und die Prognose dem Th. kontinuierliche Rückmeldung über die Sollwertdiskrepanzen bisheriger Interventionsergebnisse und ermöglicht dadurch zielorientierte Korrekturen des Interventionsplans, die in den bekannten extensiven Designs nur von Untersuchung zu Untersuchung stattfinden.

3. Methode der Computersimulation

In der Therapieforschung läuft die Modellbildung über Computersimulationen auf eine Ersetzung des Th. oder Kl. durch das Computerprogramm hinaus. Dazu sind Computerprogramme geschaffen worden, die über Fernschreiber und Drucker mit einem menschlichen Partner (Kl. oder Th.) »Gespräche« führen können. Die verwendeten Programme lassen sich durch folgende Strukturkomponenten kennzeichnen: (1) Ein Wörterbuch, welches das Wortgedächtnis der simulierten Person darstellt; (2) Zerlegungsregeln, die mit Hilfe des Wörterbuchs Antworten und Fragen des menschlichen Partners syntaktisch analysieren; (3) Ein Speicher, der als semantisches Gedächtnis über ein Partnermodell verfügt bzw. dieses aufbauen kann oder zumindest Gesprächsereignisse registriert; (4) Ein Affektsystem, das die Affektverarbeitung von Eingabeinformationen leistet; (5) Transformationsregeln, die für die Zerlegungsprodukte unter Berücksichtigung des Affektzustandes und der Inhalte des semantischen Gedächtnisses Antworten erzeugen (MOSER u. a., 1973). Für das kl.z. Gespräch liegen bereits Simulationen von WEIZENBAUM (1966) und MCGUIRE u. a. (1967) vor. Die Qualität der vom Programm erzeugten Th.-Äußerungen erweist sich bei einigen »schlechten« Fehlern als verblüffend gut. Der Gebrauchswert von Kl.-Simulationen zu Trainingszwecken liegt auf der Hand. Automatisierte Therapie begegnet hingegen noch einiger Skepsis. Aber auch hier wird man sich der Frage nach Wirkung, Indikation und Nutzen nicht verschließen können, die sich in einigen Fällen bereits heute positiv beantworten läßt (Moser u. a., 1973).

Schlußbemerkung

Kurvenanalysen, Computersimulationen und Zeitreihenanalysen erschöpfen natürlich nicht die Möglichkeiten der Prozeßmodellierung (vgl. dazu die Anwendung der Markoff Modelle auf den Therapieprozeß von Hertel, 1972). Man darf wünschen, daß auf diesem Gebiet ähnlich differenzierte Entwicklung stattfindet wie wir sie bei der Verfeinerung der Therapietechniken, der Meßverfahren und der Versuchsplanung bereits beobachten. Auf den potentiellen Ertrag der Simulationsforschung wurde hingewiesen. Zeitreihenanalyse und in geringem Maße Kurvenanpassung liefern wünschenswerte Informationen über den Verlauf von Therapievariablen, die uns bei Kriteriumsmessungen nicht zugänglich sind. Da sie auch im Einzelfall anwendbar sind, bringen sie uns dem Ideal der individuenzentrierten Diagnostik und Therapie erheblich näher. Das erscheint sehr erwünscht, wenn wir uns daran erinnern, daß die Übertragbarkeit der Ergebnisse der üblichen extensiven Versuchspläne auf die Bedingungen im Einzelfall auf schwachen Füßen steht. Darin könnte man, wie Gottman (1973) bemerkt, eine Brücke zwischen Therapieforschung und Therapiepraxis sehen.

Indikation und Kontraindikation der Gesprächspsychotherapie

Von Wolf-Rüdiger Minsel

Die Begriffe *Indikation/Kontraindikation* in Zusammenhang mit GPT umschreiben die Frage nach den Bedingungen oder Kriterien, nach denen GPT als Behandlungsmaßnahme wirksam werden kann bzw. erfolglos bleiben muß. Damit sind implizit eine Reihe von Problemen angesprochen, die grundsätzlich zur Beantwortung der aufgeworfenen Fragen geklärt werden müssen.

1. Problem: Was ist die Behandlungsmaßnahme »Gesprächspsychotherapie«
2. Problem: Welches sind die allgemeinen psychologischen Bedingungen für die Anwendung der gesprächspsychotherapeutischen Behandlungsmaßnahme
3. Problem: Wann ist diese Behandlungsmaßnahme erfolgreich/erfolglos (Indikationsmodelle).

Problem 1: Die psychotherapeutische Behandlungsmaßnahme »Gesprächspsychotherapie«

In der Psychotherapieforschung – unterstützt von vielen Vertretern unterschiedlicher psychotherapeutischer Schulmeinungen – wird vielfach so getan, als handelte es sich bei der Behandlungsmaßnahme »Psychotherapie« um eine einheitliche Einflußnahme fest umrissener Art. Gegen derartige Uniformitätsmaßnahmen argumentierte bereits Kiesler (1966). Es muß vielmehr angenommen werden, daß *jede* psychotherapeutische *Behandlungsmaßnahme* eine Aneinanderreihung situativ vom Th. ausgewählter *unterschiedlicher Behandlungselemente* darstellt.

Beispiel: Ein Kl. sagt: »Jetzt, im Augenblick, wenn ich daran denke, bin ich richtig aufgeregt.«

Der Th. antwortet (dabei zieht er eine Augenbraue in die Höhe, die andere bleibt unverändert): »Sie spüren es jetzt förmlich, wie Sie sich dort fühlten.«

Der Kl. reagiert: »Sie glauben mir nicht ganz.«

In diesem Beispiel kontrastieren zwei durch den Th. offerierte Behandlungsmaßnahmen:

das verbale Reflektieren und
die nicht-verbale mimische Reizgebung (Hohn, Spott, Zweifel etc.).

Der Kl. reagiert auf die nicht-verbale Behandlungsmaßnahme.

Dieses Beispiel verdeutlicht, daß es unklar ist, welche Reizsetzung durch den Th. zu einem bestimmten Zeitpunkt während der therapeutischen Interaktion als Behandlungsmaßnahme wirksam wird. Das Sprechen von einer bestimmten Behandlungsmaßnahme oder Behandlungsart (wie etwa der GPT) kennzeichnet demnach die Häufigkeit des Auftretens bestimmter charakteristischer Behandlungselemente (z. B. das Ansprechen internaler psychischer Vorgänge im Kl. durch den Th. im Behandlungsverlauf).

Belege für diese Betrachtungsweise lassen sich aus einem Sammelreferat von Truax und Mitchell (1971) herleiten. Diese Autoren haben in ihrer Arbeit Forschungsergebnisse zusammengestellt zur Frage, in welchen Verhaltensmerkmalen erfahrene und nicht-erfahrene kl.z. Th. sich voneinander unterscheiden. Eindeutig ergibt sich, daß erfahrene Th. ein breites Spektrum an Techniken zur Verhaltensmodifikation in die Behandlungsmaßnahme mit einbringen. Diese Th. wenden u. a. auch an: Konfrontationen, Persuasion, Interpretationen etc. Dies sind Handlungselemente, die nach der Theorie von Rogers (1951) in der GPT nicht enthalten sein dürften. Dieser Gedankengang und die aufgeführten Befunde zeitigen zwei Konsequenzen, die für Indikationsfragen, z. B. zur GPT, grundlegend sind. In Frageform lauten sie:

a) Welches sind die häufigsten charakteristischen Behandlungselemente, die während einer sogenannten kl.z. GPT auftreten und wie wirken sie bei ihrer Verwendung?

b) Was macht den Erfolg/Mißerfolg einer kl.z. gesprächspsychotherapeutischen Behandlungsmaßnahme aus?

Ist es die Häufung der charakteristischen gesprächspsychotherapeutischen Behandlungselemente (etwa: das Verbalisieren der inneren Erlebnisweisen des Kl. durch den Th. – VEE)?

Ist es ein in den Rahmen charakteristischer gesprächspsychotherapeutischer Verhaltenselemente eingebettetes atypisches andersartiges Behandlungselement (etwa: die situative Konfrontation des Kl. durch den Th. mit einem früher genannten Inhalt innerhalb einer Häufung von psychotherapeutischen Verständnis-, Echtheits- und Akzeptierungsreaktionen)?

Diese Fragen können im Augenblick noch nicht mit stichhaltigen empirisch gewonnenen Untersuchungsergebnissen beantwortet werden. Zwar unterstützen eine Vielzahl empirischer Arbeiten den Eindruck, daß die häufige Verwendung der gesprächspsychotherapeutischen Kernvariablen (positive regard, empathy, congruence, ROGERS 1951) auf seiten des Adressaten (Kl., Schüler, Sozialpartner etc.) verstärkte Selbstexploration, Offenheit in der Selbstdarstellung etc. bewirken. Doch weisen persönliche Erfahrungen von Th. einerseits und nur mittelhohe Korrelationskoeffizienten (ca. $r = .55$) zwischen den genannten Merkmalen andererseits auch auf andere mögliche Verhaltenskonsequenzen hin (wie: Verschlossenheit, Aggressionen etc.). Demnach gilt es letztlich zu klären:

Unter welchen Bedingungen lösen welche Verhaltensweisen des Th. welche Prozesse beim Sozialpartner aus.

Problem 2: Die psychologischen Bedingungen für die Anwendung der Behandlungsmaßnahme »Gesprächspsychotherapie«

Eine psychotherapeutische Behandlungsmaßnahme ist ein Instrument, das zur gezielten Veränderung psychischer Prozesse bei bestimmten Personen eingesetzt wird. Jedes Instrument ist nach drei Richtungen hin beschreibbar: als Gegenstand selbst, im Hinblick auf seine Funktion und hinsichtlich seiner Auswirkungen für den Benutzer.

So ist ein Arbeitstisch beschreibbar

als Gegenstand Tisch (Material, Form, Verarbeitung, Farbe, Größe etc.)

in seiner Funktion (Hobelbank, Schreibtisch, Maschinentisch etc.)

in seinen Auswirkungen für den Benutzer (zu kleiner Tisch erfordert gebückte Haltung, Hobelbank zwingt zum Stehen etc.)

Ähnlich wäre bei einer psychologischen Theorie zu fragen:

wie stellt sich die Theorie dar (Gegenstand)

welche Zielsetzungen ergeben sich zwangsläufig aus den theoretischen Gedankengängen (Funktion)

was sind zwingende psychologische Gegebenheiten, die unmittelbar aus der Theorie selbst festgelegt sind (Auswirkung auf Benutzer)?

Die Theorie selbst wurde bereits in einem anderen Kapitel dieses Buches dargestellt. Dieser Gesichtspunkt soll deshalb an dieser Stelle unberücksichtigt bleiben. Interessanter ist hier die Betrachtung der Funktion (Zielsetzung) der GPT bzw. die Beleuchtung der Auswirkungen der theoretischen Gedanken auf ihre Benutzer. Das geschieht im folgenden.

Die Funktion der Gesprächspsychotherapie: Nach den Ausführungen von ROGERS (1951) handelt es sich bei dem Konzept »Gesprächspsychotherapie« um eine *Wahrnehmungstheorie.* Im Zentrum des Interesses steht das »Selbst« und das »Selbsterleben«. TAUSCH (1972) betont an diesem Konzept »Einstellungskomponenten«, persönliche Haltungen und Aspekte der sozialen Wahrnehmung. Andere Autoren (u. a. MINSEL, 1974) betonen den Handlungsausschnitt »Sprache« und sehen ihn als Mittel, um psychologische Prozesse (z. B. Entspannung) zu ermöglichen, konkrete emotionale Erfahrungen in der therapeutischen Situation zu stimulieren oder kognitive Problemlöseprozesse zu initiieren. Allen diesen Ansätzen ist gemeinsam, daß sie in dem Individuum selbst, seinen spezifischen veränderbaren Erlebnisvorgängen und Wahrnehmungsprozessen zentrieren. Die reale situative Umwelt wird nur durch die Optik des darstellenden Kl. einbezogen. Damit werden zwei Momente deutlich, die für Indikationsfragen entscheidend sind:

Die Anwendung der GPT muß an den Stellen problematisch werden, an denen die Umwelt objektiven Auslösecharakter für persönliche Störungen annimmt (z. B. bei der Resozialisierung von Strafgefangenen etc.).

Die Erfolgsmessung für die GPT müßte sich verstärkt an den genannten Inhalten orientieren. Es sind zwingend Meßinstrumente zu bevorzugen, die unmittelbar Wahrnehmungsvorgänge, Selbst-Erleben etc. erfassen und spezifisch konstruiert sind, um die Veränderungen in diesen psychologischen Bereichen zu registrieren (Q-sort, POI, BARRETT-LENNARD-Fragebogen, Veränderungsfragebogen etc., MINSEL 1974). Andere Meßinstrumente (z. B. Persönlichkeitsfragebogen) erscheinen eher konzeptfremd und daher sinnlos.

Auswirkungen für die Benutzer der GPT: Benutzt wird das Konzept GPT vom Kl. und vom Th. Der Th. entscheidet sich durch die Anwendung gesprächspsychotherapeutischen Verhaltens für eine spezifische Auswahl von therapeutischen Behandlungselementen auf Kosten anderer (z. B. Reflektieren emotionaler Erlebnisinhalte anstelle direkter Fragen nach kognitiven Inhalten). Der Kl. erklärt sich mit einem bestimmten Verhaltensspektrum eines Th. mehr oder weniger direkt einverstanden.

Nach Ergebnissen empirischer Arbeiten sowie den theoretischen Gedankengängen von u. a. ROGERS (1951) und TAUSCH (1972) müßten Kl., damit die gesprächspsychotlrapeutischen Verhaltensmerkmale günstige Auswirkungen zeigen,

dieses Th.-Verhalten spontan als günstig für sich erleben und/oder bereit sein, von sich aus über ihre eigenen inneren Erlebnis-/Empfindungsweisen hinsichtlich der Problemsituationen zu sprechen;
aktuelle innere Befindlichkeiten ansprechen;
ihre eigenen unmittelbar vorausgehend geäußerten Befindlichkeiten inhaltlich differenzieren, spezifizieren und konkretisieren bzw. unmittelbar die Äußerungen des Th. in ihren weiteren Reflektionen berücksichtigen;
unmittelbar emotionale Beteiligung/Erregung beim Sprechen über ihre innere Befindlichkeit erkennen lassen.

Diese Liste kann je nach aktuellem Untersuchungsstand zur GPT beliebig ergänzt werden. Sie dient nur der Verdeutlichung.

Die Frage der Indikation/Kontraindikation ist dieser Betrachtungsweise zufolge immer dann berührt, wenn ein Kl. in seinem

Verhalten und Erleben von diesen genannten Zielsetzungen abweicht. Bestmögliche Indikation läge vor, wenn ein Kl. in seinem Verhalten während der Psychotherapie allen augenblicklich vorhandenen aufzählbaren Zielvorstellungen (s. obige Beispiele) entspräche. Dieser Kl. brauchte unter Umständen keinen Th. (MINSEL 1974), er eignet sich in besonderem Maße für die Lernsituation des Th.-Anwärters.

Kontraindikation im höchsten Ausmaß liegt vor, wenn ein Kl. in seinem Verhalten während der Psychotherapie keiner der augenblicklich vorhandenen aufzählbaren Zielvorstellungen (s. obige Beispiele) entspricht. Dieser Kl. wäre am günstigsten durch andere Behandlungselemente beeinflußbar.

Zwischen diesen Endpunkten des Indikation/Kontraindikation-Kontinuums wären alle Kl. anzusiedeln, die in einer oder mehreren Verhaltensweisen von den augenblicklich vorhandenen aufzählbaren Zielvorstellungen (s. obige Beispiele) abweichen. Die Frage ihrer genauen Position auf dem Kontinuum ist nur beantwortbar durch Klärung von zwei Problemen:

a) Wie gewichtig ist das einzelne Zielverhalten für eine erwünschte Beeinflussung des Kl. (Gewichtsfunktion)?
b) Welche Bedeutung hat die summative Kombination einzelner Zielverhaltensweisen für eine erwünschte Beeinflussung des Kl. (Summenfunktion).?

Beide Probleme gilt es zu klären. Der Klärungsprozeß muß dabei einerseits beide Funktionen gesondert voneinander berücksichtigen und zum anderen das Zusammenspiel von Gewichts- und Summenfunktion erfassen. Da es sich jeweils um Wahrscheinlichkeitsaussagen handelt, liegt ein multiplikatives Zusammenwirken nahe. Es erscheint grundlegend, diese Fragen für die Indikations-/Kontraindikationsproblematik rational zu beantworten.

Die Auswirkung der Benutzung des gesprächspsychotherapeutischen Konzeptes auf den *Psychotherapeuten* hat einen statischen und einen dynamischen Aspekt. Der *statische* umreißt

Fragen nach persönlichen Charakteristika des Th. (z. B. Einstellungen, Werthaltungen, Verhaltensweisen), die ihm den Erwerb gesprächspsychotherapeutischer Behandlungselemente erleichtern bzw. erschweren. Der *dynamische* Aspekt beinhaltet Fragen nach Veränderungen in persönlichen Charakteristika des Th. (z. B. in Einstellungen, Werthaltungen, Verhaltensweisen etc.) durch den Erwerb gesprächspsychotherapeutischer Behandlungselemente. Für die Indikations-/Kontraindikationsproblematik sind diese Fragen bedeutsam, da sie den Einfluß des Th. für den Erfolg bzw. Mißerfolg der Psychotherapie mitbestimmen.

Zu beiden der genannten Teilaspekte liegen empirische Untersuchungen vor (TRUAX und MITCHELL 1971, T:CH 1972, MINSEL 1974):

Etwa 30% aller Interessenten an der GPT erleben nur geringe Schwierigkeiten beim Erwerb psychotherapeutischer Verhaltensmuster.
Diese Personen sind nach ca. 60 Minuten Arbeit an Trainingsmaterialien zu erkennen.
Sie zeichnen sich aus durch u. a.: ein hohes Ausmaß persönlicher Selbstexploration, Bereitschaft zu persönlicher Offenheit, starker Orientierung an inneren emotionalen Prozessen anderer Personen etc.
Durch den Erwerb gesprächspsychotherapeutischer Verhaltensmuster verändern sich bei den Lernenden
 ihre zwischenmenschliche Haltung,
 das Ausmaß an Ruhe, Duldsamkeit etc.,
 das Sprachverhalten,
 die persönliche Selbsteinschätzung etc.

Diese Befunde erscheinen für die Abklärung der Eignung von Th.-Anwärtern für dieses Behandlungskonzept zentral. Für künftige Forschungsarbeiten sind derartige Fragen noch genauer und intensiver zu untersuchen. Dabei ist zu bedenken, daß die empirische Erforschung dieser Sachverhalte sehr schwierig ist:

Psychologen, die stärkste Gruppe der Psychotherapieanwärter, kennen die psychologischen Meßinstrumente meist zu genau. Das schränkt die Brauchbarkeit traditioneller Meßverfahren ein.
Für praxis-relevante psychologische Merkmale liegen häufig keine geeigneten Meßinstrumente vor, wie: Glauben an die Eigenverantwortung der

Menschen, Ausmaß an Selbstachtung, Ausmaß an gewährender zwischenmenschlicher Haltung.

Problem 3: Die Indikation/Kontraindikation der Behandlungsmaßnahme »Gesprächspsychotherapie«

Auf dem Hintergrund der bisherigen Ausführungen und anhand empirischer Untersuchungen lassen sich drei *Indikationsmodelle* voneinander unterscheiden.

Indikationsüberlegungen anhand von psychodiagnostischen Kategorien;
Indikationsüberlegungen anhand aktuellen Erlebens und Wahrnehmens des psychotherapeutischen Prozeßgeschehens durch Kl. und Th. (Indikationsskalen);
Indikationsüberlegungen anhand situativer Verhaltensregistrierung im Prozeß der Psychotherapie.

Indikation/Kontraindikation anhand psychodiagnostischer Kategorien: Bei diesen Überlegungen handelt es sich um einen gewohnten Prozeß. Ein Kl. wird psychodiagnostisch untersucht. Aufgrund der Befunde in psychologischen (z. B. Fragebogen, Leistungstests etc.) und medizinischen (z. B. Blutdruck, Hautwiderstand etc.) Testverfahren wird er diagnostisch kategorisiert, z. B. als Hysteriker, als Neurotiker, als Querulant, als Schizophrener, als Phobiker etc. Nach Abschluß dieses Verfahrens werden psychotherapeutische Überlegungen angestellt. Die Kernfrage der Indikation lautet:

> Ein Kl. welcher psychodiagnostischer Kategorien profitiert von welcher psychotherapeutischen Behandlungsmaßnahme in welchem Ausmaß?

Auf dem Hintergrund der bisherigen Ausführungen müßte diese Art der Fragestellung als zu grob und teilweise nicht sachgerecht abgelehnt werden. Tatsächlich sind auch die Ergebnisse, gemessen an der großen Zahl gezielt durchgeführter empirischer Untersuchungen, sehr gering. So ergibt sich einheitlich nur die erfolgreiche Verwendung gesprächspsychotherapeutischer Behandlungselemente bei Personen, die auf Grund psychologischer Meßverfahren als stark *psychoneurotisch* beschreibbar sind. Alle anderen auf diesem Hintergrund ermittelten Befunde sind bisher nicht unwidersprochen geblieben, etwa: die Verwendung des gesprächspsychotherapeutischen Handlungskonzepts bei Alkoholikern, Phobien, jugendlicher Delinquenz, Schizophrenen etc. (Bergin und Garfield 1971, Tausch 1972, Minsel 1974).

Doch selbst der genannte einheitliche Befund der Verminderung von Psychoneurotizismus müßte hinterfragt werden, etwa

welche Art psychoneurotischer Beschwerden sind angesprochen (Einstellungen, physiologische Behinderungen, Verhaltensweisen);
sind die persönlichen Beeinträchtigungen von Personen mit identischen psychoneurotischen Testwerten als vergleichbar anzusehen (z. B. Testwert T = 150 im MMPI-Hg bei Person A mit Sexualstörungen und bei Person B mit Berufsunsicherheiten);
welche zusätzlichen unbekannten Behandlungselemente werden im Verlauf der Behandlungen unausgesprochen bei bestimmten sog. Krankheitsbildern durchgeführt (z. B. stärkere thematische Kontrolle gegenüber Alkoholikern und Drogenabhängigen, stärkeres Ausmaß an Aktivität des Th. gegenüber Jugendlichen etc.).

Nach eigener Anschauung wäre es notwendig, von diesem Indikationsmodell Abstand zu nehmen. Trotz der großen Beliebtheit und Ökonomie des Modells sollte diese Trennung erfolgen zugunsten qualitativ vertretbarer Aussagen über wirkliche Behandlungseinflüsse. Dabei werden die beiden folgenden Indikationsmodelle zur Anwendung kommen.

Indikation/Kontraindikation anhand von Erlebnis-Kategorien: Die Grundfrage dieses Indikationsmodells lautet:

In welchem Ausmaß charakterisiert ein erfolgreicher bzw. ein erfolgloser Kl. seine Wahrnehmungs- und Erlebnisprozesse zum psychotherapeutischen Geschehen?

Dazu werden dem Kl. bzw. auch dem Th. eine Anzahl von einzelnen Fragen vorgelegt. Diese Fragen zielen direkt auf grundlegende Verhaltenselemente des gesprächspsychotherapeutischen Konzepts. Beispiele für solche Fragen sind:

*vom Kl. zu beantworten**:

* entnommen: Minsel, W.-R.: *Praxis der Gesprächspsychotherapie*, Wien 1974. S. 29

Der Th. achtet mich als Person (uneingeschränktes Akzeptieren).
Gewöhnlich spürte oder erkannte der Th., was ich fühlte (Empathie).
In seinen Gefühlen mir gegenüber schien sich der Th. nicht zu verstellen (Echtheit).
Ich finde das Gespräch zähflüssig*.
Nach dem Gespräch fühle ich mich zuversichtlicher*.

vom Psychotherapeuten zu beantworten:*

Nach dieser Stunde fühle ich mich unbefriedigt.
Ich fühle, daß der Kl. mir vertrauensvoll gegenübersteht.
Ich spüre, daß der Kl. dieser Form der Psychotherapie vertrauensvoll gegenübersteht.
Ich war heute so engagiert, daß ich mich wunderte, wie schnell die Zeit verging.
Ich hatte den Eindruck, daß der Kl. heute wenig vorangekommen ist.

Um das Ausmaß des Erlebens und Wahrnehmens zu erfassen, werden numerische Ratingskalen mit Intervallskalenqualitäten zur Beurteilung vorgegeben. Die bekanntesten deutschsprachigen Verfahren sind die Bögen von BARRETT-LENNARD (TAUSCH 1972, MINSEL 1974) und die Indikationsskalen von ECKERT und SCHWARTZ 1974 (TAUSCH 1972). Diese Merkmalskalen eignen sich in hervorragender Weise, um *erfolgreiche* und *erfolglose* Psychotherapien schon frühzeitig im Verlauf der Behandlung (etwa 2. Kontaktstunde) zu *prognostizieren* (BERGEN und GARFIELD 1971, TAUSCH 1972, MINSEL 1974).

Dieses Vorgehen zeichnet sich aus durch die Möglichkeit

klare Orientierung an den Zielen des theoretischen gesprächspsychotherapeutischen Konzepts vorzunehmen;
die einzelnen Behandlungselemente in ihrer Häufigkeit und Bedeutsamkeit für die Gesamttherapie zu berücksichtigen;
beliebig viele praxis-relevante Fragen zu stellen;
die Wechselwirkungen zwischen Th. und Kl. mitzuberücksichtigen.

Schwierigkeiten bei dieser Verfahrensweise ergeben sich allerdings nur an zwei Punkten. Zum einen fällt das Festlegen von

* entnommen: ECKERT, J., SCHWARTZ, H.: *Prozesse in client-centered Gesprächspsychotherapie*. Unveröffentl. Diss., Univ. Hamburg, 1974

kritischen Werten für das Ausmaß, in dem ein Verhaltensmerkmal erlebt/wahrgenommen wird, schwer. Das betrifft die Entscheidung, wann eine Psychotherapie als »erfolgreich« prognostiziert werden kann. D. h., reicht es aus, daß der Kl. den Th. als »etwas echt« erlebt oder muß er ihn als »überwiegend echt« wahrnehmen? Zum anderen werden durch diese Vorgehensweise sehr seltene – unter Umständen weniger wesentliche – Verhaltensmerkmale in ihrer Bedeutsamkeit verzerrt, und zwar allein dadurch, daß sie ohne Kennzeichnung ihrer Häufigkeit, neben bereits als wichtig erkannten Verhaltensmerkmalen, gleichzeitig in ihrem Ausmaß eingeschätzt werden. Um dieses Problem zu vermeiden, wäre es günstig, gleichzeitig die Auftretenshäufigkeit von Merkmalen beurteilen zu lassen. Erfolgversprechender erscheint allerdings – da dadurch beide Schwierigkeiten behoben werden –, dieses Indikationsmodell mit dem folgenden zu verbinden.

Indikation/Kontraindikation anhand situativer Verhaltensregistrierung: Dieses Indikationsmodell orientiert sich an der oben dargestellten Sicht von einer Behandlungsart (z. B. GPT) als Summe einzelner aneinander gereihter Behandlungselemente. Dabei wird die Behandlungsart jeweils charakterisiert durch die Nennung der häufigsten Behandlungselemente. Das psychotherapeutische Verhalten – die Auswahl eines und die Entscheidung für ein Behandlungselement – richtet sich dabei aus nach den

zu bestimmenden Charakteristika aus der Behandlungsart;
zu bestimmenden Charakteristika aus der psychotherapeutischen Situation;
zu bestimmenden Charakteristika im Kl.-Verhalten;
zu bestimmenden Charakteristika aus dem Verhaltensrepertoire des Th.

So wird ein Th., der sich überwiegend gesprächspsychotherapeutischem Verhalten verschrieben hat (Ideologie plus Verhaltensmuster – Empathie, Akzeptierung etc. – nach ROGERS) in einer Störungssituation während des psychotherapeutischen Gespräches (z. B. ein Fremder öffnet die Tür trotz Hinweisschildes und erfragt Sprechstundenzeiten), wenn er einem momentan sehr ängstlichen, erregten Kl. gegenübersitzt, kaum einen sehr aggressiven Hinweis auf das Verbotsschild (z. B. »bitte nicht eintreten!«) vornehmen. Eher wäre beispielsweise eine kurze sachliche Mitteilung angemessen, um mögliche weitere durch Ängstlichkeit indizierte Erregungen seitens des Kl. zu verhindern. Bei einem anderen Kl. (z. B. geringe aktuelle emotionale Erregung, also starre feste Vorstellungen etc.) in derselben Situation wäre mehr aggressives Verhalten eher angebracht, beispielsweise in der Absicht, das aktuelle Erregungsniveau des Kl. zu beeinflussen.

Dieses Indikationsmodell wäre als *adaptives psychotherapeutisches Reaktionsmodell* beschreibbar. Es setzt voraus, daß die wesentlichsten Charakteristika der oben benannten Bereiche (Behandlungsart, Situation, Kl., Th.) bekannt sind. Die Summe der Charakteristika machen die Zielelemente gesprächspsychotherapeutischen Handelns aus. Sind in allen Bereichen alle Zielelemente vorhanden, wären typische gesprächspsychotherapeutische Behandlungselemente angemessen.

Beispiel: Kl. akzeptiert Selbstbestimmung und Selbsttätigkeit
Kl. spricht von sich, von aktueller innerer Befindlichkeit, ist emotional aktuell beteiligt etc.
Th. kann Kl. akzeptieren, kann Empathie gegenüber diesem Kl. in hohem Ausmaß verwirklichen etc.

Das bedingt

angemessenes Th.-Verhalten, wie hohe innere Anteilnahme, gutes Reflektieren der Gefühle des Klienten etc.
gute Selbstexploration des Kl., starke Differenzierung seiner Wahrnehmungsprozesse etc.

Das wäre der Fall bestmöglicher Indikation. Sind in einzelnen Bereichen in einem Moment einzelne Zielelemente nicht nachweisbar, so sind vom Psychotherapeuten Maßnahmen mit der Zielsetzung zu treffen, das fehlende Element (Defizit) unmittelbar zum Auftreten zu stimulieren.

Beispiel:
a) Kl. fragt den Th. fortwährend: »Sehen Sie das auch so?« »was könnte ich jetzt tun?« etc. (fehlendes Zielelement: Selbstbestimmung)
Mögliche Th.-Reaktion, unabhängig vom aktuell behandelten Problem-

inhalt, etwa: »Sie selbst sind sich nicht sehr sicher«, »Sie vertrauen Ihren eigenen Empfindungen/Vorstellungen nicht sonderlich«.

b) Kl. fragt den Th. etwa: »bringt die Therapie überhaupt etwas?«, »was machen Sie eigentlich dabei?«, »wie stehen andere Menschen dazu?« (fehlendes Zielelement: Vertrauen in Behandlung)

Mögliche Th.-Reaktion: »Bisher haben Sie den Eindruck, es sei sinnlos, was wir machen«, »Sie haben den Eindruck gewonnen, ich gebe Ihnen zu wenig«, Informationen geben über den Sachverhalt etc.

c) Kl. berichtet monoton, ohne sichtbare aktuelle emotionale Beteiligung: »Ich bin impotent; habe ich gerade neulich erfahren«. (fehlendes Zielelement: aktuelle emotionale Beteiligung/Erregung).

Mögliche Th.-Reaktion: »im Grunde bedeutet es Ihnen nichts«.

Auch hinter diesen Beispielen verbirgt sich die Frage zur Indikation.

Welches psychotherapeutische Behandlungselement ist auf Grund welcher Charakteristika des Behandlungselements, der augenblicklichen Situation, des Kl. sowie des Th. bei welcher Zielsetzung anwendbar?

Nach dieser Modellvorstellung wäre die Frage zur Kontraindikation überhaupt nicht zu stellen. Die Kontraindikation ergibt sich dabei als Fehler innerhalb des Rahmens der Analyse der Gesamtsituation, der Entscheidung für ein Behandlungselement sowie der praktischen Realisierung eines Behandlungselements durch den Th.

Von dieser Betrachtungsweise ist die Forschung noch relativ weit entfernt, obwohl in der Praxis der Psychotherapie und der Th.-Ausbildung dieses Handlungsmodell eigener Anschauung nach verwendet wird. Ferner sind eine große Anzahl empirisch gewonnener Befunde in dieser Weise sinnvoll darstellbar (MINSEL 1974).

Neben den gesprächspsychotherapeutischen Kernverhaltensmerkmalen (Verbalisierung emotionaler Erlebnisweisen des Kl. durch den Th., Kongruenz etc.) wurde die Wirksamkeit weiterer Verhaltensmerkmale von Th. in der GPT nachgewiesen: Konfrontation, Persuasion, Interpretation, Erkennen von Verteidigungsverhalten des Kl. etc. (TRUAX und MITCHELL 1971, MINSEL 1974). Diese Merkmale sind teilweise nicht direkt dem theoretischen gesprächspsychotherapeutischen Konzept zuordnungsfähig.

Empirische Befunde zur Prozeß-Vergleichsforschung zwischen Psychotherapiekonzepten unterschiedlicher Orientierung erbrachten das Vorhandensein derselben Behandlungselemente. Unterschiedlich ist die Häufigkeit ihres Auftretens (Bergin und Garfield 1971, Tausch 1972, Minsel 1974).
Der empirische Vergleich von Verhaltensweisen erfahrener und unerfahrener Th. erbrachte, daß erfahrene Th. ein sehr viel reichhaltigeres Angebot an realisierbaren psychotherapeutischen Behandlungselementen zur Verfügung haben als unerfahrene und diese Elemente auch nach bisher ungeklärten persönlichen Kriterien zum Vorteil der Kl. benutzen (Truax und Mitchell 1971, Minsel 1974).
Letztlich wären Empfehlungen aus der Th.-Ausbildung anzuführen, nach denen Zuordnung zwischen einzelnen Charakteristika (etwa des Kl.: häufiger thematischer Wechsel) zu Behandlungselementen (z. B. Festlegen des Kl. auf ein Thema) vorgenommen werden. Hierzu würden auch psychodiagnostische Überlegungen zu zählen sein, nach denen sog. unerwünschte Kl.-Charakteristika (z. B. Rigidität) momentane, situative, häufig isolierte Merkmale darstellen und nicht grundlegende Persönlichkeitseigenschaften (Minsel und Langer 1974).

Insgesamt bedeuten die vorliegenden Befunde eine beeindrukkende Stützung dieses Indikationsmodells. Dabei muß jedoch betont werden, daß gezielte empirische Untersuchungen zu diesem Ansatz nahezu völlig fehlen. Es scheint zwingend, in nächster Zeit in dieser Richtung Forschungsuntersuchungen zu betreiben.

Der gruppentherapeutische Ansatz nach dem Konzept der Gesprächspsychotherapie Klientenzentrierte Selbsterfahrungsgruppen

Von Gert-Walter Speierer

Literaturüberblick

Versuche, die nichtdirektiven, kl.z. bzw. gesprächspsychotherapeutischen Beratungs- und Behandlungsmethoden auch in Gruppen von Kl. anzuwenden, erfolgten erstmals Mitte der vierziger Jahre (ROGERS, 1970). Obwohl seit jeher fester Bestandteil der klinischen Praxis, ist die Gruppenpsychotherapie aber eher ein Stiefkind der kl.z. Psychotherapieforschung gewesen.

Erste Publikationen finden sich zwischen 1947 und 1952, weitere Veröffentlichungen folgen erst wieder um 1960.

In die jüngste Zeit fallen Publikationen u. a. über sogenannte »basic encounter-groups«, für die wir die Bezeichnung *kl.z. Selbsterfahrungsgruppen* wählen wollen.

Innerhalb der GwG wurde vom Autor 1972 ein »Arbeitskreis Gruppenmethoden in der GwG« ins Leben gerufen, der u. a. die empirische Erforschung der Variablen der kl.z. Gruppentherapie zum Ziel hat.

Theorie

Wie der kl.z. Einzelpsychotherapie liegt auch der kl.z. Selbsterfahrungsgruppe die Theorie des Selbst und der »fully functioning person« von ROGERS (1951, 1961) zugrunde. Sie hypostasiert als Voraussetzung psychischer Gesundheit die Fähigkeit, Kongruenz zwischen idealem Selbst und realem Selbst herstellen zu können, mit anderen Worten: Unterschiede zwischen den idealen Vorstellungen von sich selbst und dem, wie man sich in der Realität des Alltags erlebt, klein zu halten oder streßfrei ertragen zu können. Sie hypostasiert als zweite Voraussetzung psychischer Gesundheit eine prinzipielle Offenheit für die eigene Selbsterfahrung und das Selbsterleben sowie das Bemühen, das eigene Leben danach zu gestalten. Metatheoretische Grundlage dieser Theorie der gesunden Persönlichkeit ist das unbedingte Vertrauen auf eine dem Organismus innewohnende Tendenz zu gesunder psychischer Entwicklung und gesundem seelischem Wachstum.

Bedingungen therapeutischer Selbsterfahrung

Die Übernahme dieser Annahmen als Grundlagen der therapeutischen Methode der kl.z. Selbsterfahrungsgruppe läßt die notwendigen und hinreichenden Bedingungen therapeutischer Änderungen deutlich werden.

1. Unbedingtes Vertrauen des Th. wie des Kl. auf die dem Organismus innewohnende Fähigkeit, die eigenen Probleme selbstverantwortlich zu lösen.
2. Ein Gruppenklima, das ein Offensein für alle Arten von Selbsterfahrung bzw. Selbsterleben erleichtert.

Therapeutisches Basisverhalten

Erste Aufgabe des Th. ist es daher, dem Kl. unbedingte Wertschätzung als selbstverantwortlicher und ihre Ziele selbst bestimmender Person entgegenzubringen. Mit dieser Haltung unvereinbar ist die Vorstellung oder der Wunsch mancher Th., Kl. auf bestimmte Ziele hin zu manipulieren, die nicht deren Ziele sind. Der kl.z. Einzel- wie Gruppentherapeut kann es daher nicht versäumen, seine Funktion als Facilitator (= Erleichterer) für den Selbstheilungsprozeß seiner Kl. und nichts anderes für den Kl. transparent zu machen.

Eine zweite Aufgabe des Th. besteht darin, die Entstehung einer Gruppenatmosphäre zu erleichtern, die offene Selbsterfahrung für alle Teilnehmer maximiert.

In der kl.z. Einzelbehandlung wie in der Selbsterfahrungsgruppe ist die bedeutsamste Variable der Selbsterfahrung die Selbstexploration, also die Fähigkeit, zwischenmenschliches Erleben und Erfahrungen offen und unmittelbar in ihren verstandesmäßigen, besonders aber gefühlshaften Aspekten in Anwesenheit des Th., der Gruppenmitglieder und schließlich der

Personen, die sie auslösen, auszusprechen. Die kl.z. Psychotherapieforschung hat für die therapeutische Zweier-Situation wie auch für die Gruppensituation gezeigt, daß emotionale Wärme und Wertschätzung, einfühlendes Verstehen, das Ansprechen emotionaler Erlebnisinhalte, Echtheit, Konkretisierung des von Kl. Gesagten, aktive Bemühtheit und – weniger empirisch gesichert – auch das Vorhandensein einer unmittelbaren zwischenmenschlichen Beziehung, Selbsteinbringung sowie das Aufzeigen von Widersprüchen im Kl. durch den Th. wesentliche, wenn auch nicht allein hinreichende Vorbedingungen für die Ermöglichung von offener Selbsterfahrung von Kl. sind.

Für alle vorgenannten Variablen des therapeutischen *Basisverhaltens* sind Einschätzungsskalen mit genauen Stufenbeschreibungen hergestellt worden. Sie können in der Ausbildung von Einzel- und Gruppentherapeuten verwendet werden.

Therapieziele

Globale Ziele der Teilnahme an kl.z. Selbsterfahrungsgruppen sind die Emanzipation des einzelnen von »krankmachendem« Streß infolge neurotischer Selbstinkongruenz und das Erlernen von Verhaltensweisen im Sinne der »fully-functioning-person«. Für den einzelnen sind diese Ziele konkreter zu operationalisieren. So könnte für einen an psychoneurotischen Symptomen leidenden Kl. das Therapieziel als erreicht gelten, wenn eine Verringerung der Diskrepanz von idealem und realem Selbstbild ein vermindertes Ausmaß des Erlebens von Angst und Streß, ein gesteigertes positives Gefühl des eigenen Wertes, das Erleben, wieder Herr der eigenen Impulse und Handlungen zu sein, und die Fähigkeit, sich mit sich selbst in weiteren Bereichen auseinanderzusetzen, parallel gingen.

Für einen angehenden Th., Arzt oder klinischen Psychologen könnte das Teilnahmeziel als erreicht gelten, wenn er die Variablen des therapeutischen Basisverhaltens konsistent zu verwirklichen in der Gruppensituation imstande wäre, wenn er entsprechend seinem eigenen Selbsterleben in der Gruppe vorwiegend frei wäre von fassadenhaftem Verhalten, frei von erlebten Widerständen gegen die eigene Selbstexploration, Widerständen gegen unvoreingenommenes Verständnis der anderen Teilnehmer und Widerständen gegen die eigene Echtheit.

Es muß hier betont werden, daß diese Ziele nur zu einem geringen Teil deckungsgleich sind mit Variablen, die durch gebräuchliche psychodiagnostische Verfahren gemessen werden können. Für eine empirische Bewertung der Methode der kl.z. Selbsterfahrungsgruppen sind die herkömmlichen psychodiagnostischen Verfahren nicht ausreichend geeignet (SPEIERER, 1973).

Der Gruppenprozeß

Bis zur Entwicklung eines Gruppenklimas, das Selbsterfahrungen im Sinne der »fully-functioning-person« erleichtert, d. h. erweitertes und differenziertes Selbsterleben, Selbstreflexion und die Erprobung neuer Denk-, Erlebnis- und Verhaltensweisen ermöglicht, benötigt jede Gruppe mehr oder weniger Zeit, in der sie mehrere charakteristische Stadien durchläuft. Sie wurden 1967 von ROGERS zuerst in 15 Stufen beschrieben. Hier werden sie der Übersichtlichkeit halber in vier Stadien zusammengefaßt.

Die graduelle Entwicklung des therapeutischen Klimas in Gruppen hat ihre Ursache in der verminderten Kontrolle der Situation durch den Th. Ungleich der Einzeltherapie, in welcher der Th. von Anfang an ein Klima emotionaler Wärme, Echtheit, einfühlenden Verstehens, der Offenheit und Achtung vor dem Kl. durch sein eigenes Verhalten herstellen kann, gibt der Th. in der Gruppe durch sein eigenes Verhalten zunächst nur ein Beispiel, ein Modell, das unter Umständen stark abweichend von dem Verhalten der übrigen Gruppenteilnehmer ist. Er muß darauf vertrauen, daß die Gruppenteilnehmer ihr Verhalten an dem seinen orientieren und so sein Modell übernehmen. Der kl.z. Th. ist nicht autoritärer Gruppenleiter, sondern Gruppen-Facilitator, der durch sein eigenes Verhalten den Gruppenprozeß »erleichtert«, indem er den Teilnehmern ein Modell gibt, um die in der Gruppensituation auftretenden Kommunikationsschwierigkeiten zu überwinden.

Das erste Stadium der Entwicklung einer kl.z. Selbsterfahrungsgruppe – die Einleitungsphase – ist gewöhnlich gekennzeichnet durch Angst, Spannung und Streß, Schweigen, Verwirrtheit, höfliches, oberflächliches Verhalten, Frustration und Zusammenhanglosigkeit zwischen den Teilnehmeräußerungen. Dazu kommen meist Fragen, welche die Vertrauenswürdigkeit aller Teilnehmer zu erkunden suchen.

Das zweite Stadium ist gekennzeichnet durch die Mitteilung von Gefühlen. Zunächst werden vorwiegend vergangene und negative Gefühlserlebnisse mit Betonung fremder Personen mitgeteilt. Allmählich nehmen Äußerungen über persönliche Ereignisse zu. Schließlich werden auch unmittelbare, in der Gruppensituation entstehende, gefühlsmäßige Reaktionen mitgeteilt, meist erst in Form negativer Bewertung, dann auch positiver Bewertung der Aussagen oder des Verhaltens eines anderen Teilnehmers. In Studenten- und Th.-Selbsterfahrungsgruppen besteht in diesem Stadium eine durchgängige Tendenz zu diagnostizierenden und interpretierenden Äußerungen.

Im dritten Stadium – dem Stadium therapeutischer Selbsterfahrung – erreicht die Gruppe ein therapeutisches Klima. Die Teilnehmer sind jetzt imstande, aufeinander hilfreich und unterstützend, erleichternd, einzugehen. Dies ermöglicht den einzelnen, zu sich selber offen Stellung zu nehmen, reales und ideales Selbst zu erkennen, eventuelle Unterschiede zu akzeptieren oder zu korrigieren und die sich daraus ergebenden Folgerungen in der Gruppe zu erproben. In diesem Stadium lernen die Teilnehmer, positive wie negative Reaktionen, Gegensätze und Konfrontation von anderen so zu verarbeiten, daß es möglich wird, fassadenhafte Haltungen aufzugeben.

Das vierte Stadium ist gekennzeichnet durch die Entwicklung neuartiger persönlicher zwischenmenschlicher Beziehungen. Sie zeichnen sich aus durch von den Teilnehmern bisher nicht für möglich gehaltene Ausmaße an Ehrlichkeit, Offenheit, Einfühlungsvermögen, Hilfsbereitschaft, Mitgefühl, Spontaneität, Toleranz und Vertrauen. Das Erleben derartiger neuer Beziehungen scheint – um mit ROGERS zu sprechen – »einer der zentralsten, intensivsten und am meisten Veränderungen hervorrufenden Aspekte der Selbsterfahrung in Gruppen« zu sein.

Das vierte Stadium der Gruppenentwicklung wird von vielen Gruppen nicht erreicht. Wir müssen uns vielleicht damit bescheiden, dieses Stadium unter den jetzigen gesellschaftlichen Bedingungen als idealtypisches Ende unserer Bemühungen anzusehen.

Die Praxis der kl.z. Selbsterfahrungsgruppen

Indikation und Auswahl der Teilnehmer

Das Indikationsproblem hat allein Bedeutung für Kl.- bzw. Patientengruppen. Generell gelten dieselben Indikationen wie für die kl.z. Einzelberatung und Einzelpsychotherapie. Wenn immer möglich, sollte dem *Klienten* die Entscheidung zwischen Einzel- und Gruppentherapie überlassen werden. Bei der Zusammenstellung der Teilnehmer sollte man sich vom Gedanken der Kompatibilität als Voraussetzung der Entwicklung von Gruppenkohäsion leiten lassen. Damit ist gemeint, daß die Teilnehmer nicht zu stark voneinander abweichen hinsichtlich soziologischer, intellektueller und ideologischer Merkmale. Kontraindikationen der kl.z. Selbsterfahrungsgruppen sind Kl. mit schweren Formen der Hysterie, Psycho- bzw. Soziopathie sowie bestimmte psychotische Zustandsbilder.

Gruppenzusammensetzung

Homogene versus heterogene Gruppen

Im Sinne des oben Gesagten erscheint Homogenität der Gruppen hinsichtlich soziologischer, intellektueller und ideologischer Merkmale günstig. So werden etwa mit Erfolg Studentengruppen, Alkoholikergruppen, Gruppen mit Drogenabhängigen, Ehepaargruppen und Th.-Selbsterfahrungsgruppen gebildet. Heterogenität erscheint günstig für folgende Variablen: Geschlecht der Teilnehmer, persönliche und interpersonelle Schwierigkeiten, Alter innerhalb bestimmter Grenzen, psychologische Diagnose. Unterschiedliche Auffassungen bezüglich Heterogenität/Homogenität bestehen für bestimmte nosologische Gruppen wie Psychotiker, Neurotiker, psychosomatische Patienten.

Vorbereitung der Teilnehmer

Nach Klärung der Indikation und Zustimmung des Teilnehmers zur Gruppentherapie informiert man wie zur kl.z. Einzeltherapie in einem Einzelgespräch über die Möglichkeiten der Selbsterfahrung in der Gruppe. Letzteres zum Abbau von Angst und falschen Erwartungen. Merkblätter sowie Lektüre mögen hilfreich sein. Sofern vorhanden, kann man Tonbänder oder Videoaufnahmen von kl.z. Selbsterfahrungsgruppen in Ausschnitten vorspielen, um einen realistischen Eindruck zu geben. Von einigen Autoren wird ein Verhaltenstraining zur Vorbereitung empfohlen, in dem wesentliche Verhaltensweisen von Kl., Teilnehmern und Th. eingeübt werden.

Äußere Bedingungen

Die Anzahl der Teilnehmer einer Gruppe soll 10 Personen (ohne Therapeut und Co-Therapeut) nicht überschreiten. Die Sitzungen sollen in einem Raum stattfinden, der nicht allzusehr durch Außenlärm gestört wird und in dem ein bequemes Sitzen auf Stühlen, Sesseln und Fußboden möglich ist. Für die Zeitdauer der Sitzungen empfehlen sich 100 Minuten ein- bis zweimal wöchentlich. Eine auf drei bis vier Stunden verlängerte erste Sitzung erscheint günstig für die Gruppenentwicklung (SANDER und PAVEL, 1973). Nach mehreren Untersuchungen erscheinen 20 etwa 100-minütige Sitzungen ausreichend zur Erreichung der meisten der individuellen Ziele der Teilnehmer. Alternative Formen der zeitlichen Gestaltung kl.z. Selbsterfahrungsgruppen sind 10- bis 12-stündige Sitzungen an Wochenenden in Abständen von 4 bis 8 Wochen, sowie Blöcke von 4 bis 5 100-minütigen Sitzungen innerhalb einer Woche mit teilweise vorgeschalteten 6- bis 8-stündigen Initialsitzungen.

Die Herstellung von Tonband- oder Videoaufnahmen ist empfehlenswert, besonders zur Kontrolle und zum Training des Facilitatorverhaltens. Stundenbögen, die nach dem Ende jeder Sitzung von den Facilitatoren und den Teilnehmern ausgefüllt werden, ermöglichen Selbsterfahrungen in der Gruppe für Facilitator wie Teilnehmer transparenter zu machen und zu verstärken. Sie ermöglichen ferner Daten zu Forschungszwecken zu gewinnen.

(Vom Arbeitskreis Gruppenmethoden in der GwG können Stundenbögen von verschiedenen Autoren für die Gruppensitzungen angefordert werden.)

Beginn der Gruppe

Der Facilitator mag die Gruppe in unterschiedlicher Weise beginnen. Seine Worte sollten aber die globalen Ziele – etwa, Gelegenheit, sich selber und andere besser kennen und verstehen zu lernen, Schwierigkeiten mit sich selbst und anderen auszusprechen und zu bearbeiten – ansprechen und seine Bereitschaft mitteilen, dabei so zu helfen, daß jeder selber entscheiden kann, was für ihn das Richtige ist. In der Phase darauffolgender Spannung bzw. des Schweigens erleichtert er den Gruppenprozeß, indem er das, was er an sich und den Mitgliedern erlebt, offen ausspricht und so den Teilnehmern einen Einstieg ermöglicht. Er wird in dieser Phase so wesentlich ein Modell für das künftige Verhalten der Teilnehmer. Mit zunehmender Aktivität der Teilnehmer wird er passiver im Vertrauen auf den Gruppenprozeß.

Schwierige Situationen, die ein Eingreifen des Facilitators nahelegen

Schweigen: Nach länger dauerndem Schweigen (10 bis 15 Minuten) wird es für die einzelnen Teilnehmer gewöhnlich immer schwieriger, das Gespräch wieder aufzunehmen. Der Facilitator bricht das Eis, indem er etwa diese Erfahrung der Gruppe mitteilt oder andere Gefühle, die das Schweigen in ihm auslöst, ausspricht.

Externale Äußerungen: Etwa wenn die Gruppe sich längere Zeit über das Wetter, das Fußballspiel im Fernsehen und ähnliches unterhält.

Nichtausgesprochene, nonverbal deutliche starke Gefühle eines Gruppenmitgliedes, die von keinem anderen Gruppenmitglied aufgegriffen werden.

Nichteingehen der Teilnehmer auf gefühlsmäßige Anteile von verbalen Teilnehmeräußerungen.

Für den Facilitator uneinfühlbare Verbalisierungen der selbstexplorativen Äußerungen eines Gruppenmitgliedes. Hier bringt der Facilitator sein eigenes empathisches Verstehen als Alternative zum Ausdruck.

Hilflosigkeit eines Mitgliedes gegenüber Aggressionen von mehreren Mitgliedern.

Direktives Verhalten von Gruppenmitgliedern

Versuche etwa mehrerer Mitglieder, ein Mitglied gegen seine Zustimmung zu einer bestimmten Aussage oder einem bestimmten Verhalten zu veranlassen.

Alle Interventionen des Facilitators sind ausschließlich in den Variablen des therapeutischen Basisverhaltens (s. o.) möglich.

Ausbildung zum kl.z. Gruppenfacilitator

Der Arbeitskreis Gruppenmethoden in der GwG ist dabei, ein Ausbildungsprogramm für kl.z. Gruppenberater bzw. Gruppenpsychotherapeuten zu erstellen. Es wird wesentlich die Teilnahme an Selbsterfahrungsgruppen und Beratungs- bzw. Therapiegruppen als Co-Therapeut enthalten. In den USA bestehen derzeit Ausbildungsmöglichkeiten im Rahmen des La Jolla-Programms (Informationen können vom Leiter des Arbeitskreises Gruppenmethoden angefordert werden).

Partner-Therapie

Von Uschi Plog

Ähnlich wie von Individuen wird auch durch Partner zunehmend Beratung in unterschiedlichen Formen in Anspruch genommen. Entsprechend sind wir dazu übergegangen, einen Partner nicht als einzelnen zu beraten, sondern das Gesamt der Partnerschaft in Beratung zu nehmen. Dabei haben wir uns freilich Rechenschaft zu geben, wieweit wir von einem kl.z. Ansatz her theoretische Grundlagen und praktische Hilfe bieten können.

Die kl.z. GPT ist, wie schon der Name zeigt, weitgehend auf das Individuum gerichtet, so daß die Übertragbarkeit des therapeutischen Ansatzes auf Partnerbeziehungen problematisch erscheint. Jedoch hat Rogers schon 1959 versucht, aus der kl.z. Therapie eine Theorie zwischenmenschlicher Beziehung abzuleiten. Dabei wird deutlich, daß Rogers auch die zwischenmenschliche Beziehung als Prozeß betrachtet. Die Partner werden herausgefordert, sich und ihre Beziehung zu ändern, zu experimentieren, zu reifen, sich von der irrealen Vorstellung zu lösen, schon die Bejahung einer Partnerschaft könne das immer gleichbleibende Glück bringen.

Die Äußerungen Rogers' aus dem Jahre 1959 beziehen sich noch nicht ausdrücklich auf Partnerschaft in dem hier gegebenen Sinn, vielmehr versuchte er damals ein »vorläufiges Gesetz zwischenmenschlicher Beziehungen« zu formulieren.

> »Unter der Voraussetzung, es besteht ein Minimum an gegenseitiger Bereitschaft, in Beziehung zu sein und Mitteilungen (communications) auszutauschen, läßt sich sagen: Je größer die mitgeteilte Übereinstimmung von Erleben, Bewußtheit und Verhalten auf der Seite *eines* Individuums ist, desto mehr wird in der nachfolgenden Beziehungsaufnahme eine Bereit-

schaft zum wechselseitigen Austausch von Mitteilungen anwachsen, die bei beiden Partnern die gleiche Qualität hat: Gegenseitiges richtiges Verstehen des Mitgeteilten, verbesserte psychologische Einstellung bei beiden Partnern, gemeinsame Zufriedenheit in der Beziehung.« (S. 240)

In diesem Zusammenhang ist hervorzuheben, daß ROGERS als Bedingung für eine positive Beziehungsentwicklung die Übereinstimmung und Einheitlichkeit von Erfahrung (Wahrnehmung), Bewußtheit (Symbolisation) und Verhalten als notwendige Bedingung betrachtet; das also, was im therapeutischen Verhalten als Echtheit und Kongruenz gefordert wird.

Diese Kongruenz kann in einer zerfallenden Beziehung bei einem der beiden Partner in drei verschiedenen Punkten gestört sein (ROGERS, 1959, S. 236):

in der Erfahrung (Wahrnehmung) des Inhaltes der Mitteilung, welcher die Beziehung, aber auch jedes andere Thema betreffen kann;
in der Übersetzung der Erfahrung in das Bewußtsein, d. h. wie die wahrgenommene Erfahrung dem Selbstkonzept zugeordnet wird;
in dem bewußt mitgeteilten Ausdruck (sprachlich und/oder motorisch) der gemachten Erfahrung.

Der Partner nimmt die verzerrten Mitteilungen wahr und geht, wenn er nicht unmittelbar den Widerspruch aufgreifen kann, wahrscheinlich nur auf den bewußt geäußerten Anteil ein. Von da an sind die Mitteilungen beider Partner widersprüchlich (WATZLAWICK u. a.). Es liegt nahe, daß nunmehr einer den anderen als bedrohlich erlebt, was dazu führt, daß beide nicht mehr bedingungsfreie Wertschätzung füreinander empfinden. Dies führt bei beiden Partnern zu größerer Gehemmtheit, sich offen mitzuteilen. Es wird für beide schwerer, das innere Bezugssystem des anderen wahrzunehmen. Dies bedeutet beiderseits eine Steigerung des Fehlverhaltens, was die Beziehung als unbefriedigend erfahren läßt.

Wesentlich an dieser Analyse erscheint, daß einer der beiden Partner ein solches Geschehen in Gang setzen kann, daß aber nach einer Weile beide Partner betroffen sind und damit die Beziehung als Ganzes.

Rogers (1959) faßt die Bedingungen einer zerfallenden Beziehung folgendermaßen zusammen:

> »Je weniger Erleben, Bewußtheit und Verhalten in der Mitteilung an den Partner übereinstimmen, desto mehr werden die Mitteilungen in der nachfolgenden Beziehung in ihrer Qualität angeglichen: Es kommt zu einem Zerfall des richtigen Verständnisses, zu verstärkten psychologischen Fehleinstellungen auf beiden Seiten und zu gegenseitig erlebter Unzufriedenheit in der Beziehung.« (S. 240)

In diesem Zusammenhang ist bemerkenswert, daß in der GPT mehr als in dem »Kommunikationstraining« (Mandel u. a.) nach den Bedingungen dessen gefragt wird, der »kommuniziert«, der sich mitteilt. Erfahrung, Bewußtheit und das Verhalten des einzelnen Partners beeinflussen die Kommunikation, die Mitteilung. Diese Sichtweise ist weiter, führt allerdings zu der paradox scheinenden Aussage: Die Partnerbeziehung wird reicher, wenn jeder Partner sich bemüht, er selbst zu werden (Rogers, 1972, S. 206). Oder anders ausgedrückt: Wenn der eine dem anderen gegenübersteht, dann steht sein ganzes Leben hinter ihm, und hinter jedem das seine. Wie weit reicht da ihr Gemeinsames? (Guardini, S. 20).

Rogers stellt für das Gelingen einer Partnerschaft vier Voraussetzungen auf. Einmal nennt er die Bereitschaft, ein unabhängiges Selbst zu werden. Sicher ist auch die Umkehrung berechtigt, denn Partnerschaft ist eine Grundlage zur Selbstverwirklichung. Die Mitteilung an den Partner sollte von der Haltung getragen sein: »Ich möchte mein Selbst und meine Gefühle mit dir teilen, auch wenn sie nicht alle positiv sind« (Rogers, 1972, S. 203).

Als zweite Voraussetzung nennt Rogers die Bereitschaft zur Mitteilung und zum Mitvollzug. Um die Kommunikation erfolgreich zu verwirklichen, steht neben der Haltung und der Bereitschaft das Risiko, »es wirklich zu tun«. Rogers formuliert folgendermaßen: »Ich will mich selbst wagen, indem ich mich bemühe, jedes bestehende Gefühl meinem Partner mitzuteilen, sei es angenehm oder unangenehm – in dem Ausmaße, in dem ich es in mir erfahre – als ein lebendiger, gegenwärtiger Teil von *mir*. Dann will ich weiter das Wagnis eingehen, daß ich, mit aller

Fähigkeit zum Mitvollzug, versuche, die Antwort meines Partners zu verstehen, sei sie anklagend und kritisch oder teilnehmend und offen.« (1972, S. 204).

Hier wird zum Ausdruck gebracht, daß *einer* der beiden Partner den Vorgang in Bewegung bringen kann. Gleichzeitig wird aber der Hinweis gegeben, daß die Beziehung zum Scheitern verurteilt ist, wenn die Bemühung einseitig bleibt (ROGERS, 1972, S. 205).

Die Gleichmäßigkeit von Mitteilung und Mitvollzug beinhaltet die Gleichzeitigkeit von Selbstexploration und dem, was in der Hamburger Forschungsgruppe vorläufig unter »Du-Exploration« und »Wir-Exploration« begriffen wird. »›Wir‹ ist der einzig brauchbare Ausdruck.« (ROGERS, 1972, S. 69). »Wir haben in Beziehung mit uns selbst und miteinander zu stehen, damit sich die Partnerschaft entwickelt.« (ROGERS, 1972, S. 64). Z. Zt. ist die Hamburger Forschungsgruppe damit beschäftigt, eine Skala zu entwickeln, in der die Gleichzeitigkeit dieser Erfahrungen erfaßt wird (Arbeitsgruppe Partnertherapie). Neben der Untersuchung der Erfahrungs-, Symbolisations- und Ausdrucksfähigkeit der einzelnen Partner sehen wir hierin einen der fruchtbarsten Ansätze kl.z. Forschung im Bereich der Partnertherapie.

In die Spannung zwischen Selbsterfahrung und Mitvollzug wird auch der Th. einbezogen. ROGERS sagt darüber:

> »Meine Äußerung ist mitvollziehend, nicht anklagend; vortastend, nicht urteilend; und mitgeteilt mit dem echten Wunsch, zu verstehen.«

Und weiter unten:

> »Dies ändert den Ton des Dialogs. Wenn sie einmal erfahren, daß jemand *versteht*, und sei es jemand Drittes, dann sind sie beide fähiger, tiefer und zusammenhängender in die Art ihrer Unterschiede einzudringen.« (1972, S. 46).

Eine dritte Bedingung für die Erarbeitung einer zufriedenstellenden Partnerschaft ist die Auseinandersetzung der Partner mit den vermeintlichen und den realen Erwartungen der sozialen Umwelt. Dies meint sowohl die kindlich geprägten Einstellungen zu Partnerbeziehungen als auch die Einstellung zur Sexualität, die Motivation der Partnerwahl, die sozialen Begrenzungen der Partnerwahl, die Ausbildung eigener und gemeinsamer Interessen, die Einstellung zur Männlichkeit und Weiblichkeit und vieles mehr. Den Partnern wird die Möglichkeit zugesprochen, nach ihrer gemeinsam getroffenen Wahl zu leben. Diese angezielte Freiheit setzt auf seiten des Th. voraus, daß er sich gleichfalls mit seinen Einstellungen und sozialen Verpflichtungen auseinandergesetzt hat, möglichst nicht nur intellektuell und nicht als einzelner.

Schließlich die vierte Bedingung: Die Auseinandersetzung mit der Frage: Was bedeutet uns die Partnerschaft, wie wollen wir uns sehen? Ist sie eine geheiligte Institution, ist sie schicksalhaftes Füreinander-Bestimmtsein oder eine irgendwie definierte Interessengemeinschaft? ROGERS gibt folgende Antwort:

> »Wir lassen uns darauf ein, gemeinsam an dem sich ändernden Ablauf unserer Beziehung zu arbeiten, da diese Beziehung unser Leben und unsere Liebe bereichert, und wir möchten, daß sie sich entfaltet.« (1972, S. 202).

Der Vorteil solch einer offenen Formulierung liegt darin, daß alle Bereiche menschlichen Verhaltens in den Blick der Veränderung geraten können. Es findet keine theoretisch oder ideologisch vorgegebene Vorauswahl der Mitteilungsinhalte statt, daß von den unterschiedlichsten Ansätzen aus Partner einen Umgangsstil lernen, der ihnen mit sich selbst und dem anderen Partner immer neue Erfahrung gestattet (HOFSTÄTTER).

Zur Frage des praktischen Vorgehens: Es gibt mehrere Möglichkeiten, wie Partner zur Therapie kommen: Entweder sprechen sie gleich als Paar wegen ihrer Beziehungsprobleme vor, oder ein Partner steht bereits in Behandlung und zieht gewissermaßen den anderen nach. Dieser erhält dann auch Einzeltherapie oder es wird durch die Problematik eine Behandlung in der Partnersituation nahegelegt.

Kombinationen von Einzel- und Partnertherapie sind sicher denkbar. Dabei ist allerdings darauf zu achten, daß die Forderung nach Offenheit nicht daran scheitert, daß die Th. zu »Geheimnisträgern« werden.

Ist eine Partnertherapie vereinbart, dann verfahren wir so, daß wir ein Therapeutenpaar dem Klientenpaar zuordnen. Dies geschieht, um die Anfängerunsicherheit zu verringern und nicht dem Th. die ganze Last der Verantwortung aufzuerlegen. Die Angst, die Juniortherapeuthen haben, sich allein einer Partnertherapie zu stellen, rührt vor allem von der Frage her, ob sie fähig sein können, nicht Partei zu ergreifen, ob sie in der Lage sind, den an sie herangetragenen Wünschen des einen oder anderen Partners gegenüber so wach und aufmerksam zu sein, daß sie sich nicht mitziehen lassen, sondern jeweils dem *Paar* gegenüber offen sind. Auch führt die Unsicherheit gegenüber Streit und Aggressionen häufig zu dem Wunsch, nicht allein der Therapiesituation ausgeliefert zu sein. Solche Befürchtungen, die sicher auch erfahrene Th. betreffen, lassen sich in Selbsterfahrungsgruppen bearbeiten.

Wir legen nicht unbedingt Wert darauf, daß das Therapeutenpaar aus einem männlichen und einem weiblichen Th. besteht, andererseits nutzen wir die Vorteile z. B. des »gemischten Doppels« gerne aus. Sie bestehen vor allem darin, daß das Therapeutenpaar in entscheidenden Verhaltensweisen ein Vorbild gibt, z. B. in freier und offener Weise miteinander kommuniziert. Wenn z. B. der eine Th.-Partner einen anderen Einfall hat als den, der gerade geäußert wurde, so wird er sich bemühen, auch seinen Einfall ins Spiel zu bringen, damit er erwogen werden kann.

Wir versuchen, diesen recht schweren Anforderungen durch Rollenspiele, Gespräche und Diskussionen gerecht zu werden. Wichtig ist dabei, mögliche Konkurrenz- und Ehrgeizhaltungen der Th. aufzufangen und sie statt dessen anzuregen, eine wirklich verstehende, einfühlende und gewährende Haltung einzunehmen. In dem Maß, in dem Th. bei sich erfahren, wie schwer das ist, können sie auch toleranter gegenüber den Schwächen und Stockungen des Klientenpaares werden.

Hilfreich für die Rollenspiele und die Besprechung ist, sich mit den von GORDON aufgeführten Kriterien des »aktiven Zuhörens« auseinanderzusetzen.

Die von ROGERS (1972) mitgeteilten Gespräche machen deutlich, wie sehr jede seiner Äußerungen von dem Bemühen um Partnerschaft und Verständnis getragen ist. Stets im Rahmen kl.z. Haltung, zeigen sie doch eine Vielfalt therapeutischer Interventionen, die weit über ein bloßes Verbalisieren emotionaler Gehalte hinausgehen. Ohne Ratschläge zu erteilen, zu belehren, oder sich zum Dolmetscher eines einzelnen zu machen, schafft er eine Atmosphäre, die beiden Partnern gestattet, die eigenen Gefühle und die des anderen zu explorieren. Darüber hinaus gibt er ein Beispiel bedingungsfreien Akzeptierens und empathischen Verstehens.

Als besonders förderlich erwies sich für unsere Arbeit die Supervision. Sie deckt auf, inwieweit wir als Th. und als Partner in der Lage sind, konstruktiv in solchen Partnertherapien zu wirken. Das Abhören von Bändern, die anschließende Besprechung einzelner Äußerungen ist eine wichtige Hilfe. Nicht zuletzt aber das Einschätzen mit Skalen, wobei schon vorhandene verwendet werden können, wir aber dabei sind, Instrumente zu entwickeln, welche die »Du-Exploration« und die »Wir-Exploration« erfassen und die Beziehung zwischen den Partnern verdeutlichen (Interaktions-Skala).

Weiterhin geben wir den Kl. Fragebogen – z. B. die gängigen Persönlichkeitsinventare einschließlich Gießen-Test. Darüber hinaus haben wir einen Einstellungs-Fragebogen zu Partner und Partnerschaft formuliert, der sich aber in der Praxis noch zu bewähren hat.

Die Beendigung der Behandlung erfolgt – wie in der Einzeltherapie – nach Absprache mit den Kl. Dabei ist bedeutungslos, ob einzelne Themen noch nicht angesprochen wurden, denn die Kl. sollten im Laufe der Therapie gelernt haben, selbst ihre Probleme anzugehen und Lösungen zu suchen. Wenn sich die Kl. im Verlauf der Therapie zur Trennung entschließen, dann ist es möglich, daß einer von ihnen noch in Einzeltherapie bleibt. Sonst aber scheint uns der Wunsch nach Einzeltherapie eher Zeichen einer Stockung in der gemeinsamen Arbeit zu sein.

Endlich sei erwähnt, daß die Schwierigkeit, in der Therapie den Gefühlen der Beziehung oder der Beziehungslosigkeit Ausdruck zu verleihen und nicht zuletzt die beträchtliche persönliche Belastung öfters eine Versuchung darstellt, auf andere Methoden, auf standardisierte Formen des Kommunikationstrainings, überzugehen. Wir haben aber Bedenken, daß ein eklektisches Mischen der Methoden die besonderen Möglichkeiten der kl.z. Therapie schmälert, die aus der Intensität empathischer Einfühlung und aus dem emotionalen Engagement des Th. sich ergeben. Im übrigen ist es uns ein besonderer Wunsch, über unseren Arbeitskreis hinaus mit anderen Partnertherapeuten in Erfahrungsaustausch zu treten.

Gesprächspsychotherapeutische Elemente in quasi-therapeutischen Interaktionssituationen

Von Frauke Teegen

Gesprächspsychotherapeutisches Verhalten unterscheidet sich nach ROGERS nicht grundsätzlich von anderen Formen positiver sozialer Beziehung.

»Seit langem bin ich felsenfest davon überzeugt – manche werden sagen, es sei eine fixe Idee –, daß die therapeutische Beziehung nur ein spezieller Fall allgemeiner zwischenmenschlicher Beziehungen ist und daß die gleiche Gesetzmäßigkeit alle interpersonalen Beziehungen regelt.« (ROGERS, 1961)

Daß es sich nicht um eine »fixe Idee« handelt, sondern daß emotionale Wärme, Verständnis, Akzeptierung, Offenheit gegenüber dem Sozialpartner grundlegende Elemente hilfreicher zwischenmenschlicher Interaktion sind, soll zunächst für einige Interaktionsbereiche verdeutlicht werden.

Interaktion Eltern–Kind

Wie wir uns entwickeln und im Leben zurechtkommen, ob wir starke Verhaltensbeeinträchtigungen haben, kriminell werden, anderen Verständnis und Zuneigung geben können, wird zu einem Teil während unserer frühkindlichen und kindlichen Entwicklung bestimmt.

Von grundlegender Bedeutung für die Entwicklung/Förderung von körperlicher und seelischer Gesundheit, Intelligenz, Interessen bei Kindern scheint das Ausmaß von Zuwendung und emotionaler Wärme zu sein, das sie durch Bezugspersonen erfahren. Wir wissen heute, daß sogenannte Hospitalismusschäden auf einen Mangel an liebevoller Zuwendung durch feste Bezugspersonen zurückzuführen sind.

Daß ein Zusammenhang besteht zwischen Zuwendungsverhalten von Erziehern und der Intelligenzentwicklung von Kindern, zeigt u. a. eine Untersuchung von Radin (1971): Beobachtet wurden Interaktionen zwischen weißen und schwarzen Müttern der sog. Unterschicht und ihren 4-jährigen Kindern. Signifikante Zusammenhänge wurden gefunden zwischen dem Ausmaß von Wärme und Zuwendung, die die Mütter ihren Kindern gegenüber ausdrückten und der Höhe des IQ der Kinder, dem IQ-Zuwachs der Kinder in der Vorschule und ihrer Lernmotivation.

Anhand zahlreicher Untersuchungen stellte das Ehepaar Glueck (1950) fest, daß eine Prognose über spätere Delinquenz mit großer Sicherheit für 6-jährige Kinder anhand der Interaktion in ihrer Familie getroffen werden kann. Eltern sog. normaler Jugendlicher zeigen ihren Kindern gegenüber ein deutlich größeres Ausmaß an Zuwendung und Interesse als Eltern von delinquenten Jugendlichen.

Interaktion Lehrer–Schüler

Wenn Sie an Ihre Schul- und Ausbildungszeit zurückdenken, dann werden Sie sich sicher an Lehrer erinnern, bei deren Unterricht Sie sich besonders wohl fühlten, die Sie ermutigten, die Ihnen das Gefühl gaben, etwas zu können und eine Person von Wert zu sein. Manche dieser Lehrer waren Ihnen ein Modell für angemessenes zwischenmenschliches Verhalten, das Sie nachahmten. Wahrscheinlich haben Sie jedoch auch Lehrer kennengelernt, vor denen Sie Angst hatten, von denen Sie sich blamiert und geringschätzig behandelt fühlten.

Auch während der Schul- und Ausbildungszeit sind Bedingungen wie Wertschätzung, Akzeptierung durch den Lehrer, verbunden mit einem geringen bis mittleren Ausmaß an Lenkung/Strukturierung günstig für konstruktive Entwicklung und psychische Gesundheit von Schülern:

Schüler von Lehrern mit akzeptierendem, partnerschaftlichem Verhalten hatten signifikant weniger Schulangst und Schulunlust als Schüler, deren Lehrer eher autoritär und emotional kalt waren (Tausch u. a., 1966).

Bednar und Weinberg (1970) stellten fest, daß Trainingsprogramme für schlechte Schüler nur dann effektiv waren, wenn die Betreuer zugleich ein hohes Ausmaß in den gesprächspsychotherapeutischen Grundvariablen verwirklichten.

Interaktion Vorgesetzter–Untergebener

Von entscheidender Bedeutung für Arbeitssituationen ist oft das psychologische Klima zwischen Kollegen sowie Vorgesetzten und Untergebenen. Partnerschaftliche Zusammenarbeit, Verständnis und Akzeptierung des anderen sind wichtige Bedingungen für befriedigende Berufstätigkeit.

Untersuchungen aus dem Bereich der Betriebspsychologie verdeutlichen, daß die von den Vorgesetzten kommunizierte Wertschätzung und Akzeptierung in Zusammenhang stehen mit Motivation, Zufriedenheit und Arbeitsleistung ihrer Untergebenen sowie dem Ausmaß von Krankmeldungen und Kündigungen.

Fleischman und Harris (1962) sowie Fietkau-Garthe (1969) fanden, daß Zufriedenheit von Arbeitern sowie geringes Ausmaß von Kündigung, Krankheit entscheidend zusammenhingen mit dem Ausmaß von Interesse und Akzeptierung, das ihre Vorgesetzten für sie und ihre Arbeit zeigten.

Mayo und Elton (1950) wiesen nach, daß Leistungssteigerungen in Betrieben immer dann eintraten, wenn die Arbeiter eine persönliche, freundliche Behandlung erlebten und sich und ihre Arbeit mehr gewürdigt fühlten.

Bei einem Entwicklungsprojekt, in dem sowohl Chinesen als auch Amerikaner Afrikaner beim Bau einer Eisenbahnstrecke unterstützten und ausbildeten, konnte Folgendes beobachtet werden: Die akzeptierende, partnerschaftliche Zusammenarbeit der Chinesen mit den Afrikanern erhöhte deren Selbstbewußtsein, Motivation an der eigenen Arbeit, berufliche Selbständigkeit und führte zu schnellem Fortschreiten des Projektes; hierarchische Strukturen, Geringschätzung und Mißachtung der Afrikaner durch die Amerikaner bewirkten bei diesen Aggression, Submission, Arbeitsunlust, geringes Fortschreiten des Projektes und mindere Qualität der Eisenbahnstrecke (*Der Stern*, 1973, Nr. 39).

Diese Ergebnisse werden jedoch meines Erachtens nach relativiert, wenn auch die äußeren Bedingungen berücksichtigt werden, unter denen ein großer Teil unserer Bevölkerung arbeitet. Es ist zu fragen, in welchem Ausmaß die Würde von Menschen mißachtet wird durch Akkord- und Fließbandarbeit (Tätigkeiten, bei denen das Arbeitstempo dauernd von Maschinen diktiert wird und zwischenmenschliche Interaktion radikal beschnitten ist). Untersuchungen über Auswirkungen von Vorgesetztenverhalten müssen sicher im Zusammenhang gesehen werden mit Untersuchungen, die Verminderung von physischer/psychischer Gesundheit durch äußere Arbeitsbedingungen aufzeigen.

Prüfungssituationen

Vermutlich haben Sie schon erlebt, in welchem Ausmaß Freundlichkeit und Verständnis für die Belastung der Situation, die der Prüfer kommuniziert, die Anspannung des Prüflings vermindern und die Reproduktion von Wissen erleichtern kann. Daß jedoch auch das Verhalten des Prüfers und seine Zensurengebung zu einem gewissen Ausmaß von dem Prüfling beeinflußt werden kann, läßt eine Untersuchung von MASLING (1959) vermuten: Vorinstruierte Versuchspersonen agierten gegenüber Versuchsleitern bei der Durchführung eines Intelligenztests entweder emotional warm, freundlich oder emotional kalt, unfreundlich. Es zeigte sich, daß die Versuchsleiter bei emotional warmem Verhalten der Vpn deutlich freundlicher, wertschätzender reagierten und signifikant höhere IQ-Werte maßen.

Reziproke Affekte

Die Auswirkungen von Akzeptierung und Verständnis erleben wir auch in kurzfristigen zwischenmenschlichen Interaktionen: Manchmal sind wir überrascht über die positive Reaktion, die wir durch eine kurze freundliche Bemerkung z. B. gegenüber einer Verkäuferin oder dem neuen Kollegen auslösen können (»Das ist auch ziemlich anstrengend für Sie, dieser verkaufsoffene Samstag«, »Es ist schwer, sich zurechtzufinden in den ersten Tagen«).

Oder wir erleben, daß das Entgegenkommen des Partners nach einem Streit (»Ich glaube, ich hab's Dir auch etwas schwer gemacht . . .«) die eigene Bereitschaft, Schwierigkeiten einzugestehen, vergrößert.

Andererseits verletzt uns eine abweisende oder geringschätzige Bemerkung (»Na ja, damit haben Sie sich wohl etwas übernommen!«), auch wenn wir vielleicht wissen, daß der andere »es gar nicht so meint«.

Die in sozialen Situationen über Sprache, Mimik, Gestik vermittelten positiven und negativen Gefühle und Einstellungen rufen beim Sozialpartner spontan ähnliche (reziproke) Affekte hervor.

Emotionale Wärme (Interesse, Anteilnahme) löst spontan positive Affekte im anderen aus; emotionale Kälte löst spontan negative Affekte aus.

Reziproke Aspekte sind im wesentlichen unabhängig von der speziellen Rolle: Der Lehrer oder Vorgesetzte kann durch Kritik des Schülers/Untergebenen ebenso entmutigt werden wie umgekehrt der Schüler/Untergebene durch Kritik des Lehrers/Vorgesetzten.

Menschliches Grundbedürfnis nach positiven Affekten

Die Erfahrung von echter Anteilnahme, Akzeptierung unter Ausschaltung von starker Kontrolle und Manipulation scheint ein Grundbedürfnis von Menschen nach positiven Affekten zu befriedigen.

Diese Vermutung wird gestützt durch die Beobachtung von physiologischen Reaktionen bei der Kommunikation positiver/negativer Affekte: Dittes (1957) konnte zeigen, daß die Zahl abrupter Abweichungen des psychogalvanischen Hautreflexes bei Kl. signifikant zunahm, wenn der Th. das Ausmaß von Akzeptierung, Wärme, Permissivität auch nur geringfügig verminderte.

Sobald die zwischenmenschliche Beziehung als weniger akzeptierend erfahren wird, schützt sich der Organismus auch auf physiologischer Ebene gegen Bedrohungen.

Literaturverzeichnis

ALLEN, T. W., »Effectiveness of counselor trainees as a function of psychological openess«, in: *J. counsel. Psychol.* 14 (1967), 35–40.

ANDERSON, S. C., »Effects of confrontation by high- and low-functioning therapists on high- and low-functioning clients«, in: *J. counsel. Psychol.* 16 (1969), 229–302.

ANGYAL, A., *Foundations for a Science of Personality*, New York 1941.

ARGYLE, M., *Soziale Interaktion*, Köln 1972.

ASHBY, W. R., *An Introduction to Cybernetics*, London 1964.

ATTNEAVE, F., *Informationstheorie in der Psychologie*, Bern 1969.

AXLINE, V. M., *Play Therapy*, Boston 1947. Dt. Ausg.: *Kinder-Spieltherapie im nicht-direktiven Verfahren*, München 1971.

BANDURA, A., »Psychotherapist's anxiety level, self-insight, and psychotherapeutic competence«, in: *J. abnorm. soc. Psychol.* 58 (1956), 333–337.

BANDURA, A., LIPSHER, D. H., MILLER, P. E., »Psychotherapists' approach-avoidance reactions to patients' expressions of hostility«, in: *J. consult. Psychol.* 24 (1960), 1–8.

BARRETT-LENNARD, G. T., »Dimensions of therapist response as causal factors in therapeutic change«, in: *Psychol. Monogr.* 76 (1962).

BARRETT-LENNARD, G. T., »Professional Psychology and the Control of Human Behavior« (1965), in: Hart, J. T., Tomlinson, T. M., *New Directions in client-centered Therapy*, New York 1970.

BASTINE, R., »Forschungsmethoden in der klinischen Psychologie«, in: Schraml, W. J.: *Klinische Psychologie* I, Bern (1970), 523–562.

BASTINE, R., »Gruppenführung«, in: *Handbuch der Psychologie.* Bd. 7; 2: *Sozialpsychologie*, Göttingen (1972), 1654–1709.

BASTINE, R., »Zur Forschungsmethodik in der Psychotherapie«, in: Reinert, G. (Hrsg.): *Bericht über den 27. Kongreß der DGfP in Kiel 1970*, Göttingen 1973.

BECKMANN, D., »Funktionale Struktur informeller Rollensysteme«, in: *Psyche* 27 (1973), 718–748.

BEDNAR, R. L. u. WEINBERG, S. L., »Ingredients of successful treatment programs for underachiever«, in: *J. counsel. Psychol.* 17 (1970), 1–7.

BEREITER, C., »Using tests to measure change«, in: *Pers. Guid. J.* 41 (1962), 6–11.

BERENSON, B. G., FRIEL T., MITCHELL, K. M., »Factor analysis of therapeutic conditions for high- and low-functioning therapists«, in: *J. clin. Psychol.* 26 (1969).

BERENSON, B. G., MITCHELL, K. M., LANEY, R., »Level of therapist functioning, types of confrontation, and type of patient«, in: *J. clin. Psychol.* 24 (1968), 111–113.

BERENSON, B. G., MITCHELL, J. A., MORAVEC, J. A., »Level of therapist functioning, types of confrontation, and patient depth of self-exploration«, in: *J. clin. Psychol.* 15 (1968), 136–139.

BERGIN, A. E., »An empirical analysis of therapeutic issues«, in: D. Arbuckle (Ed): *Counseling and Psychotherapy: An Overview*, (1967), 175–208.

BERGIN, A. E., »The effects of psychotherapy: Negative results revisited«, in: *J. counsel. Psychol.* 10 (1963), 244–250.

BERGIN, A. E., »Some implications of psychotherapy research for therapeutic practice«, in: *J. abnorm. soc. Psychol.* 71 (1966), 235–246.

BERGIN, A. E., »Further comments on psychotherapy research and therapeutic practice«, in: *Int. J. Psychiatry*, 3 (1967), 317–323.

BERGIN, A. E., »The evaluation of therapeutic outcome«, in: Bergin, A. E. und Garfield, S. L. (Eds): *Handbook of Psychotherapy and Behaviour Change*, Wiley (1971), 217–270.

BERGIN, A. E., GARFIELD, S. L., *Handbook of Psychotherapy and Behavior Change*, New York (1971), 299–344.

BERGIN, A. E., SOLOMON, S., »Correlates of empathic ability in psychotherapy«, in: *Americ. Psychologist* 18 (1963), 393.

BERGIN, A. E., SOLOMON, S., »Personality and performance of empathic understanding in psychotherapy«, in: Hart, J. T., Tomlinson, T. M.: *New Directions in client-centered Therapy*, 223–236.

BISCHOF, L., *Interpreting Personality Theories*, New York 1964.

BOMMERT, H., *Die Prozeßvariablen SE und VEE in ihrer Bedeutung für die klientenzentrierte Gesprächspsychotherapie.* Diss. Univ. Hamburg 1971.

BOMMERT, H., »Zur Problematik der Lerntheorie als Bezugsrahmen klientenzentrierter Verhaltensmodifikation«, *Informationsblätter der Gesellschaft für wissenschaftliche Gesprächspsychotherapie e. V.* 13 (1973).

BOMMERT, H., MINSEL, W.-R., FIETKAU, B., LANGER, I., TAUSCH, R., »Empirische Kontrolle der Effekte und Prozesse klientenzentrierter Gesprächspsychotherapie bei psychoneurotischen Klienten«, in: *Z. f. Klin. Psychol.* 1 (1972), 48–63.

BORDIN, E. S., *Psychological Counseling*, New York 1955.

BOULWARE, D. W., HOLMES, D. S., »Preferences for therapists and related expectancies«, in: *J. consult. clin. Psychol.* 35 (1970), 269–277.

BRAATEN, L. J., »The movement from non-self to self in client-centered psychotherapy«, in: *J. counsel. Psychol.* 8 (1961), 20–24.

BRADFORD, L. P., GIBB, J. R., BENNE, K. D., *Gruppentraining; Th.-Gruppentheorie und Laboratoriumsmethode*, Stuttgart 1972.

BUBER, M., *Pointing the Way*, New York 1957.

BUDA, B., »Utilization of resistance and paradox communication in short-term psychotherapy«, in: *Psychother. Psychosom.* 20 (1972), 200–211.

CARKHUFF, R. R., BERENSON, G. B., *Beyond Counseling and Therapy*, New York 1967.

CARKHUFF, R. R., *Helping and Human Relations.* Vol. I/II, New York 1969.

CARKHUFF, R. R., TRUAX, C. B., »Lay mental health counseling: The effects of lay group counseling«, in: *J. consult. Psychol.* 29 (1965), 426–431.

CARKHUFF, R. R., PIERCE, R., »Differential effects of therapist race and social class upon patient depth of self-exploration in the initial clinical interviews«, in: *J. consult Psychol.* 31 (1967), 632–634.

CARSON, R. C., LLEWELLYN, Ch. E., »Similarity in therapeutic dyads: A reevaluation«, in: *J. consult. Psychol.* 30 (1966), 458.

CARTWRIGHT, D. S., »Annotated bibliography of research and theory, construction in client-centered therapy«, in: *J. counsel. Psychol.* 4 (1957), 82–100.

CARTWRIGHT, D. S., KIRSTNER, W. L., FISKE, D. W., »Method factors in changes associated with psychotherapy«, in: *J. abnorm. soc. Psychol.* 66 (1963), 164–175.

CARTWRIGHT, R. D., VOGEL, J. L., »A comparison of changes in psychoneurotic patients during matched periods of therapy and no therapy«, in: *J. consult. Psychol.* 24 (1969), 121–127.

CLARK, J. V., CULBERT, S. A., »Mutually therapeutic perception and self awareness in a T-group«, in: *J. of appl. behav. Science* 4 (1965), 47–73.

COSNIER, J., *Les Névroses expérimentales*, Paris 1966.

CRONBACH, L. J., FURBY, L., »How we should measure ›change‹ – or should we?«, in: *Psychol. Bulletin* 74 (1970), 68–81.

CULBERT, S. A., »Trainer self disclosure and member growth in two T-groups«, in: *J. of appl. behav. Science* 4 (1968), 47–73.

DICKEN, C., FORDHAM, M., »Effects of reinforcement of selfreferences in quasi-therapeutic interviews«, in: *J. counsel. Psychol.* 14 (1967), 145–152.

DICKENSON, W. A., TRUAX, C. B., »Group counseling with college underachievers: Comparisons with a control group and relationship to empathy, warmth, and genuineness«, in: *Pers. Guid. Journ.* 45 (1966), 243–247.

Di Loreto, A., *Cognitive Psychotherapy*, Chicago 1972.

Di Loreto, A., *Comparative Psychotherapy*, Chicago 1971.

Dittes, J. E., »Galvanic skin response as a measure of patient's reaction to therapist's permissiveness«, in: *J. abnorm. soc. Psychol.* 55 (1957), 295–303.

Dollard, J., Miller, N. E., *Personality and Psychotherapy*, New York 1950.

Dunlap, K., *Habits, their Making and Unmaking*, New York 1932.

Eckert, J., Schwartz, H., »Therapieprojekt III«. Z. T. in: Tausch: *Gesprächspsychotherapie*, [5]1973, Anhang; unveröff. Manuskr.

Eckert, J., Schwartz, H., *Prozesse in client-centered Gesprächspsychotherapie.* Unveröff. Dissertation, Univ. Hamburg 1974.

Ends, E. J., Page, C. W., »A study of three types of group psychotherapy with hospitalized male inebriates«, in: *Quart. J. Stud. Alcoh.* 18 (1957), 263–277.

Ends, E. J., Page, C. W., »Group psychotherapy and concomittant psychological change«, in: *Psychol. Monogr.* 73 (1959).

Enzensberger, H. M., Mitchell, K. M., *Das Elend mit der Psyche.* Bd. 1: Psychiatrie, Berlin 1972.

Epstein, S., Fenz, W. D., »Theory and experiment on the measurement of approach-avoidance conflict«, in: *J. abnorm. soc. Psychol.* 64 (1962), 97–112.

Eysenck, H. J., »The effects of psychotherapy: An evaluation«, in: *J. consult. Psychol.* 16 (1952), 319–324.

Eysenck, H. J., »The effects of psychotherapy«, in: Eysenck, H. J. (Ed): *Handbook of abnormal Psychologie*, New York 1961, 697–725.

Eysenck, H. J., »The effects of psychotherapy: A reply«, in: *Psychother.* 1 (1964), 97–100.

Eysenck, H. J., »The effects of psychotherapy«, in: *Int. J. Psychiat.* 1 (1965), 97–178.

Eysenck, H. J., »The non-professional psychotherapist«, in: *Int. J. Psychiat.* 3 (1967), 150–153.

Fietkau-Garthe, H., *Dimensionen des Vorgesetztenverhaltens und ihre Bedeutung für emotionale Einstellungen der unterstellten Mitarbeiter.* Diss., Hamburg 1969.

Fleishman, E. A., Harris, E. F., »Patterns of leadership behaviour related to employee grievance and turnover«, in: *Person. Psychol.* 15 (1962), 43–56.

Ford, D. H., Urban, H. B., *System of Psychotherapy*, o. O. 1965

Frankl, V. E., »Paradoxical intention. A logotherapeutic technique«, in: *Americ. J. Psychoth.* 14 (1960), 520–535.

Frohburg, I., »Die Verwendbarkeit psychodiagnostischer Methoden zur Veränderungsmessung in der Psychotherapie«, in: Helm, J. (Hrsg.): *Psychotherapieforschung*, Berlin 1972.

GENDLIN, E. T., »Experiencing: A variable in the process of therapeutic change«, in: *Am. J. Psychother.* 51 (1961), 233–245.

GENDLIN, E. T., *Experiencing and the Creation of Meaning*, New York 1962.

GENDLIN, E. T., »Focusing«, *Psychother.: Theory, Research, Practice.* 6 (1969), 4–15.

GENDLIN, E. T., »The Experiential Response«, in: *Use of Interpretation in Treatment*, New York 1968, 208–277.

GENDLIN, E. T., »A theory of personality change«, in: Hart, J. T. & Tomlinson, T. M. (Eds.): *New Directions in client-centered Therapy.*

GENDLIN, E. T., »A Short Summary and Some Long Predictions«, in: Hart, J. T. & Tomlinson, T. M. (1970).

GENDLIN, E. T., »Client-centered and experiential Psychotherapy«, in: D. A. Wexler, Rice (Eds.): *Innovations in Client-centered Therapy.* New York 1974.

GENDLIN, E. T., BEEBE, J., CASSENS, J., KLEIN, M., OBERLANDER, M., »Focusing ability in psychotherapy, personality and creativity«, in: *Res. Psychoth.* 3 (1968), 217–238.

GENDLIN, E. T., TOMLINSON, T. M., *Experiencing scale manual*, Mimeo 1960.

GENDLIN, E. T., ZIMRING, F., »The qualities or dimensions of experiencing and their change«, *Counseling Center Discussion Papers I*, 3. Chicago 1955.

GINOTT, H. G., *Between Parent and Child*, New York 1965.

GLUECK, S. u. GLUECK, E. T., *Family environment and delinquency*, London 1962.

GOLDFRIED, M. R., »Systematic desensitisation as training in self control«, in: *J. consult. clin. Psychol.* 37 (1971), 228–234.

GOLDSTEIN, A. P., »Patients' expectancies and non-specific therapy as a basis for (un)-spontaneous remission», in: *J. clin. Psychol.* 16 (1960), 399–404.

GOLDSTEIN, A. P., SIMONSON, N. R., »Social approaches to psychotherapy research«, in: Bergin, A. E., Garfield, S. L.: *Handbook of Psychotherapy and Behavior Change.*

GOLDSTEIN, K., *Human Nature in the Light of Psychopathology*, Cambridge (Mass.) 1940

GORDON, T., »Some theoretical notions regarding changes during Group Psychotherapy«, *Group Psychotherapy* 4 (1951), 172–178.

GORDON, Th., *Parent Effectiveness Training*, New York 1970. Dt. Ausg.: *Familienkonferenz*, Hamburg 1973.

GORLOW, L., »Nondirective group psychotherapy: An analysis of the behaviour of members as therapists«, *Ph. D. Thesis*; Teachers College, Columbia University, New York 1950.

Gorlow, L., Hoch, E. L., Telschow, E. F., *The nature of nondirective group psychotherapy*, Columbia University, Bureau of Publications, New York 1952.

Gottmann, J. M., »N-of-one and N-of-two research in psychotherapy«, in: *Psychol. Bull.* 80 (1973), 93–105.

Gottmann, J. M., McFall, R. M., Barnett, J. T., »Design and analysis of research using time series«, in: *Psychol. Bull.* 72 (1969), 299–306.

Greenspoon, J., »Verbal conditioning and clinical psychology«, in: Bachrach, A. J. (Ed.): *Experimental Foundations of Clinical Psychology*, New York 1962, 510–553.

Grummen, D. L., »Client-centered Theory«, in: Stefflre, B., Graut, W. H., *Theories of Counseling*, New York 1972.

Guardini, R., *Vom Sinn der Gemeinschaft*. Zürich, o. J.

Haley, J., *Strategies of Psychotherapy*, New York 1963.

Halkides, G., *An experimental Study of four Conditions necessary for therapeutic Change*, Chicago 1958.

Hart, J., »The Development of Client-Centered Therapy«, in: Hart, J. T. & Tomlinson, T. M. (1970), 1–22.

Hart, J. T., T. M. Tomlinson, *New Directions in Client-centered Therapy*, Boston 1970.

Hearst, E., »Simultaneous generalization gradients for appetitive and aversive behavior«, in: *Science*, 132 (1960), 1769–1770.

Heising, G. u. Beckmann, D., »Gegenübertragungsreaktionen bei Diagnose- und Indikationsstellung«, in: *Z. Psychother. med. Psychol.* 21 (1971), 2–8.

Heller, K., Marlatt, G. A., »Verbal conditioning, behavior therapy and behavior change: Some problems in extrapolation«, in: Franks, C. M. (Ed.), *Behaviour Therapy: Appraisal and Status*, New York 1969.

Helm, J. (Hrsg.), *Psychotherapieforschung*, Berlin 1972.

Helm, J., »Zur Ermittlung und Verwertung von Gesprächsmerkmalen bei Psychotherapeuten und Klienten«, in: Helm, J. (Hrsg.): *Psychotherapieforschung*, Berlin 1972.

Hertel, R. M., »Application of stochastic analysis to the study of psychotherapeutic processes«, in: *Psychol. Bull.* 77 (1972), 421–430.

Hobbs, N., »Group-centered Psychotherapy«, in: Rogers, C. R. (Ed.): *Client-centered Therapy*, Boston 1951.

Hobbs, N., »Nondirective group therapy«, in: *J. national Ass. of Deans of Women* 12 (1949), 114–121.

Hoch, E. L., »The nature of the group process in nondirective group psychotherapy«, *Ph. D. Thesis*, New York 1950.

HOFSTÄTTER, P. R., »A hypothetical model for the psychotherapeutic process«, in: *J. Psychol.* 34 (1952), 191–196.

HOFSTÄTTER, P. R., »Der gegenwärtige Stand und die gesellschaftlichen Voraussetzungen von Neurosenlehre und Psychotherapie in Nordamerika«, in: Frankl, V. E. et al. (Hrsg.): *Handbuch der Neurosenlehre und Psychotherapie*, München 1959, Bd. I, 212ff.

HOFSTÄTTER, P. R., *Einführung in die Sozialpsychologie*, Stuttgart 1959.

HOLLINGSHEAD, A. B., REDLICH, F. C., *Social class and mental illness*, New York 1958.

HOWARD, K. J., ORLINSKY, D. E., HILL, J. A., »Affective experience in psychotherapy«, in: *J. abnorm. Psychol.* 75 (1970), 267–275.

HOWE, E. S., »Anxiety-arousal and specifity: rated correlates of the depth of interpretive statements«, in: *J. consult. psychol.* 26 (1962), 178–184.

JACOBS, A. u. WOLPIN, M., »A second look at Systematic Desensitization«, in: Jacobs, A. u. Sachs, L.: *The Psychology of Private Events*, New York 1971, 77–108.

JORGENSEN, G. T., HURST, J. C., »Empirical investigation of two presuppositions in counseling and psychotherapy«, in: *J. consult. Psychol.* 19 (1972), 259–261.

KAMINSKI, G., »Diskussionsbeitrag zum Symposion«, in: Hörmann, H. u. a.: »Die Beziehung zwischen psychologischer Diagnostik und Grundlagenforschung«, in: *Ber. 25 Kongr. Dt. Ges. Psychol.*, Göttingen 1967, 122–131.

KANFER, F. H., »Verbal conditioning: A review of its current status, in: Dixon, T. R., Horton, D. L. (Eds.): *Verbal Behavior and its Relation to general S-R-theory*, Prentice Hall 1967.

KANFER, F. H., *Selbstkontrolle in der Verhaltenstherapie.* Vortrag auf dem 2. VT-Kongreß, München 1970.

KANFER, F. H., PHILLIPS, J. S., *Learning Foundations of Behavior Therapy*, New York 1970. Dt. Ausg.: *Lerntheoretische Grundlagen der Verhaltenstherapie*, Kindler München 1975.

KANTER, S. A., BROWN, D. R., »Personality change as a validation of Bereiter Differential-Change-Scales«, in: *Educ. psychol. Measurement* 28 (1968), 125–139.

KELLY, G. A., *The Psychology of Personal Constructs*, New York 1955.

KEUPP, H. (Hrsg.), *Der Krankheitsmythos in der Psychopathologie*, München 1972.

KIESLER, D. J., »Some myths of psychotherapy research and the search for a paradigm«, in: *Psychol. Bull.* 65 (1966), 110–136.

KIESLER, D. J., »Psychotherapy conditions rating scales: congruence«. Zit.: Rogers, C. R. et al., *The therapeutic Relationship and its Impact: A Study of Psychotherapy with schizophrenics*, Madison 1967.

KIESLER, D. J., »A grid model for theory and research in the psychotherapies«, in: Eron, L. D. (Ed.): *The Relationship of Theory and Technique in Psychotherapy*, Chicago 1968.

KIESLER, D. J., *The Process of Psychotherapy: Empirical Foundations and Systems of Analysis*, Chicago 1973.

KÖNIG, F., »Die Verbesserung der Problemlösefähigkeit durch gesprächspsychotherapeutische Reduktion internal motivierter Konflikte«, in: *Kongreßreferate des Intern. Gesprächspsychotherapie-Kongresses*, Würzburg 1974.

KOHLER, CH., *Die wissenschaftstheoretische Situation der Psychotherapieforschung*, Berlin (DDR) 1972, 9–25.

KRASNER, L., »Studies of the conditioning of verbal behavior«, in: *Psychol. Bull.* 55 (1958), 148–170.

KRASNER, L., »The therapist as a social reinforcement machine«, in: Strupp, H. H., Luborsky, L. (Eds.): *Research in Psychotherapy*, Washington 2 (1969), 61–94.

KRATOCHVILL, D., ASPY, D., CARKHUFF, R. R., »The differential effects of absolute level and direction of growth in counselor functioning upon client level of functioning«, in: *J. clin. Psychol.* 23 (1967), 216–217.

LEARY, T., *Interpersonal Diagnosis of Personality*, New York 1957.

LEHNER, G. F. J., »Negative practice as a psychotherapeutic technique«, in: Eysenck (Ed.): *Behavior Therapy and the Neuroses*, Oxford 1960.

LIENERT, G. A., KRAUTH, J., »Profiländerung und Symptomverschiebung«, in: Krauth, J., Lienert, G. A.: *Die Konfigurationsfrequenzanalyse (KFA)*, Freiburg 1973.

LORD, F. M., »The measurement of growth«, in: *Educ. Psychol. Measurement* 16 (1956), 421–437.

LORD, F. M., »Elementary models for measuring change«, in: Harris, C. W. (Ed.): *Problems in Measuring Change*, Madison 1963.

LORR, M., »Client perceptions of therapists: A study of the therapeutic relation«, in: *J. consult. Psychol.* 29 (1965), 146–149.

LUBORSKY, L., »A note on Eysenck's article ›The effect of psychotherapy: An evaluation‹«, in: *Brit. J. Psychol.* 45 (1954), 129–131.

LUNDIN, R. W., *Personality – A Behavioral Analysis*, London 1969.

MAHER, B. A., »The application of the approach-avoidance conflict model to social behavior«, in: *J. Conflict. Resolut.* 8 (1964), 287–291.

MAHER, B. A., *Principles of Psychopathology*, New York 1966, 134–169.

MAIER, N. R., GLASER, N. M., KLEE, J. B., »Studies of abnormal behavior in the rat. III«, in: Hamilton, M. (Ed.): *Abnormal Psychology*, Harmondsworth 1967.

MANDEL, A., MANDEL, K. H., STADTER, E., ZIMMER, D., *Einübung in Partnerschaft*, München 1971.

Martin, D. G., *Learning-Based Client-Centered Therapy*, Monterey 1972. Dt. Ausg.: *Gesprächspsychotherapie als Lernprozeß*, Salzburg 1975.

Masling, J., »The effects of warm and cold interaction on the scoring of an intelligence test«, in: *J. consult. Psychol.* 23 (1959), 336–341.

Maslow, A. H., *Motivation and Personality*, New York 1954.

Massermann, J. H., *Behavior and Neurosis*, Chicago 1943.

Massermann, H. J. u. Pechtel, C., »Conflict engendered neurotic and psychotic behavior in monkeys«, in: *J. nerv. ment. Dis.* 118 (1953), 408–411.

Mayo, E., *Probleme industrieller Arbeitsbedingungen*, Frankfurt 1950.

McGuire, M. T., Lorch, S., Quarton, G. S., »The use of the time-shared computer as a research tool in studying dyadic communication«, in: *J. Psychiatr. Research* 5 (1967), 179–191.

McNemar, Q., »On growth measurement«, in: *Educ. psychol. Measurement* 18 (1958), 47–55.

Meador, B. D., »Individual process in a basic encounter group«, in: *J. counsel. Psychol.* 18 (1971), 70–76.

Mehrabian, A., Wiener, M., »Decoding of inconsistent communications«, in: *J. pers. soc. Psychol.* 6 (1967), 109–114.

Meltzoff, J., Kornreich, M., *Research in Psychotherapy*, New York 1970.

Miller, N. E., »Experimental studies of conflict«, in: Hunt, J. (Ed.): *Personality and the Behavior Disorders*, New York 1944.

Miller, N. E., »Comments on theoretical models illustrated by the development of a theory of conflict behavior«, in: *J. Personality* 20 (1951), 82–100.

Miller, N. E., »Liberalization of basic S-R concepts: extensions to conflict behavior, motivation and social learning«, in: Koch, S. (Ed.): *Psychology: A Study of a Science*. Vol. 2. New York 1958, 195–292.

Miller, N. E., »Some recent studies of conflict behavior and drugs«, in: *Amer. Psychologist* 16 (1961), 12–24.

Miller, D. R. u. Swanson, G. E., *Inner Conflict and Defense*, New York 1960.

Minsel, W.-R., *Praxis der Gesprächspsychotherapie*, Köln und Wien 1974.

Minsel, W.-R., Langer, I., »Methodisches Vorgehen zum Erfassen von psychotherapiebedingten Veränderungen«, in: Reinert, G.: *Bericht über den 27. Kongreß der Deutschen Gesellschaft für Psychologie in Kiel 1970*, Göttingen (1973), 646–651.

Minsel, W.-R., Langer, I., »Forschung in client-centered Gesprächspsychotherapie«, in: Schraml, W. J., Baumann, U.: *Klinische Psychologie*. Bern 1974, 209–244.

Minsel, W.-R., Langer, I., Peters, U., Tausch, R., »Bedeutsame weitere Variablen des Psychotherapeutenverhaltens«, in: *Z. klin. Psychol.* 1 (1973), 197–210.

MOUSTAKAS, C. E., »An objective method for measurement and analysis of child-adult interaction«, in: *Child Development* 27 (1956), 109–134.

MOUSTAKAS, C. E. u. SCHALOCK, H. D., »An analysis of therapist-child interaction in play therapy«, in: *Child Development* 26 (1955), 143–157.

MOSER, U., SEIDENSTÜCKER, G. u. SEIDENSTÜCKER, E., »Modelle des klinischen Gesprächs«, in: Schraml, W. J. und Baumann, U. (Hrsg.): *Forschungsmethoden in der klinischen Psychologie*, Bern 1973.

MOWRER, O. H., »Learning theory and the neurotic paradox«, in: *Amer. J. Orthopsychiat.* 18 (1948), 571–610.

MUEHLENBERG, N., DRASGOW, J., PIERCE, R., »The factorial dimensions of high, moderate and low functioning therapists«, in: *J. clin. Psychol.* 25 (1969), 93–95.

MURRAY, E. J., »A case study in a behavioral analysis of psychotherapy«, in: *J. abnorm. soc. Psychol.* 29 (1954), 305–310.

MURRAY, E. J., »A content-analysis method for studying psychotherapy«, in: *Psychol. Monogr.* 70 (1956).

MURRAY, E. J., JACOBSON, L. I., »The nature of learning in traditional and behavioral psychotherapy«, in: Bergin, Garfield (Eds.): *Handbook of Psychotherapy and Behavior Change*, New York 1971, 709–747.

NAVRAN, L., »Communication and adjustment in marriage«, in: *Family Process.* 6 (1969), 173–184.

PARLOFF, M. B., »Therapist-patient relationships and outcome of psychotherapy«, in: *J. couns. Psychol.* 25 (1961), 29–38.

PARSONS, T., »Definition von Gesundheit und Krankheit im Lichte der Wertbegriffe und der sozialen Struktur Amerikas«, in: Mitscherlich, A., Brocker, T., v. Mering O. u. Horn, K.: *Der Kranke in der modernen Gesellschaft*, Köln 1972, 57–87.

PAUL, G. L., *Insight v. desensitization in psychotherapy*, Stanford 1966.

PAVEL, F. G., »Psychotherapie eines sexual-neurotisch bedingten Waschzwangs«, in: *Z. für Sexualmedizin* 1973 (in Vorber.).

PERES, H., »An investigation of nondirective group therapy«, in: *J. consult. Psychol.* 11 (1947), 159–172.

PERLS, F., *Gestalt Therapy verbatim.* Moab/Utah 1969. Dt. Ausg.: *Gestalttherapie in Aktion*, Stuttgart 1972.

PFEIFFER, W. M., *Erlebnisaktivierendes Vorgehen in der Gesprächspsychotherapie und seine Erfassung durch die Erlebens-Intensitäts-Skala* (im Druck).

PFEIFFER, W. M., »Carl R. Rogers' Theorie der Psychotherapie und ihrer Anwendung auf die Praxis«, in: D. Eicke (Hrsg.): *Die Psychologie des XX. Jahrhunderts*, Bd. III, Zürich (im Druck).

PIERCE, R. M., PFEIFFER, W. M., ZARLE, T. H., »Differential referral to significant others as a function of international effectiveness«, in: *J. clin. Psychol.* 28 (1972), 230–232.

PONGRATZ, L. J., *Lehrbuch der Klinischen Psychologie*, Göttingen 1973.

RADIN, H., »Maternal warmth, achievement, motivation and cognitive functioning in lower class preschool children«, in: *Child. Development* 42 (5) (1971), 1560–1565.

RAUSCH, H. L., »Interaction sequences«, *J. pers. soc. Psychol.* 2 (1965), 487–499.

RIGBY, W. K., »Approach and avoidance gradients and conflict behavior in a predominantly temporal situation«, in: *J. comp. physiol. Psychol.* 47 (1954), 83–89.

RESCORLA, R. H., SOLOMON, R. L., »Two-process learning theory: Relationships between Pavlovian conditioning and instrumental learning«, in: *Psychol. Rev.* 74 (1967), 151–182.

ROGERS, C. R., *Counseling and Psychotherapy*, Boston 1942. Dt. Ausg.: *Die nicht-direktive Beratung*, München 1972.

ROGERS, C. R., *Client-Centered Therapy*, Boston 1951. Dt. Ausg.: *Die klient-bezogene Gesprächstherapie*, München 1973.

ROGERS, C. R., »The necessary and sufficient conditions of therapeutic personality change«, in: *J. consult. Psychol.* 21 (1957), 95–103.

ROGERS, C. R., »The characteristics of a helping relationship«, in: *Person. Guid. J.* 37 (1958), 6–16.

ROGERS, C. R., »A theory of therapy, personality and interpersonal relationships, as developed in the client-centered framework«, in: Koch, S. (Ed.): *Psychology: A Study of a Science*, Vol. III, New York 1959.

ROGERS, C. R., »A tentative scale for the measurement of progress in psychotherapy«, in: Rubinstein, E. A., Parloff, M. B. (Eds.): *Research in Psychotherapy*, Washington D. C. 1959, 96–107.

ROGERS, C. R., *On Becoming a Person*, Boston 1961. Dt. Ausg.: *Entwicklung der Persönlichkeit*, Stuttgart 1973.

ROGERS, C. R., »A process conception of psychotherapy«, in: C. R. Rogers: *On Becoming a Person* (1961).

ROGERS, C. R., »The potential of the human individual: The capacity for becoming fully functioning«, *Mimeographed paper*, Univsity of Wisconsin 1961.

ROGERS, C. R., »The interpersonal relationship: the core of guidance«, in: *Harv. educ. Rev.* 32 (1962), 416–423.

ROGERS, C. R., »Psychotherapy today or where to we go from here?«, in: *Amer. J. Psychoth.* 17 (1963), 5–16.

ROGERS, C. R., »The therapeutic relationship: recent theory and research«, in: *Australian J. Psychol.* 17 (1965), 95–108.

ROGERS, C. R., »The process of the basic encounter group«, in: Bugental,

J. F. G. (Ed.): *Challenges of Humanistic Psychology*, New York 1967.

Rogers, C. R., *Person to Person (The Problem of Being Human)*, New York 1969.

Rogers, C. R., *Freedom to Learn*, Columbus/Ohio 1969. Dt. Ausg.: *Lernen in Freiheit*, München 1974.

Rogers, C. R., »The process equations of psychotherapy«, in: Hart, J. T. u. Tomlinson, T. M., 1970, 190–205.

Rogers, C. R., *On Encounter Groups*, New York 1970. Dt. Ausg.: Encounter-Gruppen, München 1974.

Rogers, C. R., »Carl Rogers describes his way of facilitating encounter groups«, in: *Amer. J. Nursing* 71, 2 (1971), 275–279.

Rogers, C. R., *Becoming Partners; Marriage and its Alternatives*, New York 1972. Dt. Ausg.: *Partnerschule*, München 1975.

Rogers, C. R. u. Dymond, R. R., *Psychotherapy and Personality Change*, Chicago 1954.

Rogers, C. R., Gendlin, E. T., Kiesler, D. J., Truax, Ch. B., *The therapeutic Relationship and its Impact: A Study of Psychotherapy with Schizophrenics*, Madison 1967.

Rogers, C. R., Hart, J., »Looking Back and Ahead: A Conversation with Carl Rogers« (1966), in: Hart, J. T. & Tomlinson, T. M., 1970.

Rogers, C. R., Skinner, B. F., »Some issues concerning the control of human behavior«, in: *Science* 124 (1956), 1057–1066.

Rohr, Ch., »Verhaltensänderung«, in: Rohr, Ch. (Hrsg.): *Verhaltensänderung; Psychologische Theorie der Veränderung menschlichen Verhaltens*, München 1972, 7–58.

Rosenthal, R., »On the social psychology of the psychological experiment«, in: *Amer. Scientist* 51 (1963), 268–283.

Rosenzweig, S., »A transvaluation of psychotherapy – A reply to Hans Eysenck«, in: *J. abnorm. soc. Psychol.* 49 (1954), 298–304.

Sander, K., *Alternierende Gesprächspsychotherapie – Durchführungsmöglichkeiten, psychotherapeutische Effekte und deren Bedingungen*, Diss., Univ. Hamburg 1971.

Sander, K. u. Pavel, F. G., »Einige Ergebnisse zur unterschiedlichen Wirksamkeit von Einzelbehandlung und GT-Gruppenbehandlung«, *Informationsblatt der GwG* 11 (1973), 1–7.

Sander, K., Tausch, R., Bastine, R., Nagel, K., »Die Auswirkungen experimenteller Änderungen des Psychotherapeutenverhaltens auf Klienten in psychotherapeutischen Gesprächen«, in: *Z. exper. angew. Psychol.* 16 (1969), 334–344.

Sander, K., Tausch, R., Bastine, R., Nagel, K., »Experimentelle Änderung des Psychotherapeutenverhaltens in psychotherapeutischen Gesprächen und Auswirkung auf Klienten«, in: *Z. exper. angew. Psychol.* 16 (1966), 334–344.

SHAPIRO, D. A., »Empathy, warmth, and genuineness in psychotherapy«, in: *Brit. J. soc. clin. Psychol.* 8 (1969), 350–361.

SHAPIRO, M. B., »The measurement of clinically relevant variables«, in: Davidson, P. O., Costello, C. G. (Eds.): *N = 1; Experimental Studies of the single Case*, New York 1969.

SHELDON, W. D., LANDSMAN, T., »An investigation of nondirective group therapy with students in academic difficulty«, in: *J. consult. Psychol.* 14 (1950), 210–215.

SHLIEN, J. M., »Phenomenology and Personality« (1963), in: Hart, J. T. & Tomlinson, T. M., 1970.

SHLIEN, J. M., ZIMRING, F. M., »Research directives and Methods in Client-centered Therapy« (1966), in: Hart, J. T. & Tomlinson, T. M., 1970.

SHOBEN, E. J., »Some observations on psychotherapy and the learning process«, in: Mowrer, O. H. (Ed.): *Psychotherapy*, New York 1953, 120–139.

SLOANE, R. B., »The converging paths of behavior therapy and psychotherapy«, in: *Amer. J. Psychiat.* 125 (1969), 493–503.

SMITH, A. B., BERLIN, L., BASSIN, A., »Problems in client-centered group therapy with adult offenders«, in: *Amer. J. Orthopsychiat.* (1963), 550–553.

SPEIERER, G. W., *Über die Theorie, Technik und Prozeßhypothesen der klientenzentrierten Selbsterfahrungsgruppe*, 1973 (im Druck).

SPEIERER, G. W., *Zur Objektivierung der Selbsterfahrung in basic encounter Gruppen*, 1973 (im Druck).

SPEISMAN, J. C., »Depth of interpretation and verbal resistance in psychotherapy«, in: *J. consult. Psychol.* 23 (1959), 93–99.

STEFFLRE, B., GRAUT, W. H., *Theories of Counseling*, New York 1972.

STONE, A. R., FRANK, J. D., NASH, E. H., IMBER, S. D., »An intensive five years follow-up study of treated psychiatric outpatients«, in: *J. nerv. Diseases* 133 (1961), 410–422.

STRUPP, H. H., »The outcome problem in psychotherapy: A rejoinder«, in: *Psychotherapy* 1 (1964), 101.

STRUPP, H. H., BERGIN, A. E., *A Bibliography of Research in Psychotherapy*, Inst. of Ment. Health, Washington D.C. 1969.

TAUSCH, R., »Persönlichkeitsveränderungen durch nicht-direktive Psychotherapie bei deutschen Klienten«, A. Wellek (Hrsg.): in: *Bericht über den 20. Kongreß der Dt. Ges. für Psychol.*, Göttingen 1956.

TAUSCH, R., *Das Psychotherapeutische Gespräch*, Göttingen 1960.

TAUSCH, R., *Gesprächspsychotherapie*, Göttingen 1973.

TAUSCH, R., »Eigenverantwortliches Studium für wissenschaftliche Berufsausbildung in Gesprächspsychotherapie ab WS 1973/74«, in: *Informationsblätter der GwG* Heft 13 (1973), 16–22.

Tausch, A., Kühne, A., Langer, J., Doli, G., Feindt, K., Sternberg, W., *Effekte psychologisch-hilfreicher Gespräche mit sog. Strafgefangenen*, Hamburg 1972 (im Manuskript).

Tausch, R., Sander, K., Bastine, R., Freise, H., Nagel, K., »Variablen und Ergebnisse bei client-centered Psychotherapie mit alternierenden Psychotherapeuten«, in: *Psychol. Rundschau* 21 (1970), 29–38.

Tausch, R., Tausch, A. M., *Erziehungspsychologie*, Göttingen 1970.

Tausch, R., Zehelein, H., Fittkau, B., Minsel, R., *Variablen und Zusammenhänge in psychotherapeutischen Gesprächen*, Ms. 1967.

Telschow, E., *The role of the group leader in nondirective group psychotherapy*, Columbia University New York 1950.

Thomae, H., »Kulturelle Systeme als Sozialisationsvariablen«, in: *Hdb. der Psychol.* Bd. 7;2: *Sozialpsychologie*, Göttingen 1972, 715–747.

Thomae, H., »Soziale Schichten als Sozialisationsvariablen«, in: *Hdb. der Psychol.*, Bd. 7;2: *Sozialpsychologie*, Göttingen 1972, 748–777.

Tiator, G., *Gruppenmethoden der nicht-direktiven Psychotherapie*, Studienbüro der Ruhr-Universität Bochum 1972.

Tomlinson, T. M., Hart, J. T., »A validation study of process scale«, in: *J. consult. Psychol.* 26 (1962), 74–78.

Truax, C. B., *A scale for the measurement of accurate empathy. Psychiatric Institute Bulletin* Vol. 1, Univ. Wisconsin 1961.

Truax, C. B., »The process of group psychotherapy«, in: *Psychol. Monogr.* 75 (1961), Nr. 14.

Truax, C. B., *The Therapeutic Process in Group Psychotherapy: A Research Investigation.* Mimeographed Paper, Wisconsin Psychiatric Institute, University of Wisconsin 1962.

Truax, C. B., *A tentative scale for the measurement of therapist genuiness or self congruence*, Mimeo, Psychiatric Institute, Univ. Wisconsin 1962.

Truax, C. B., »Effective ingredients in psychotherapy«, in: *J. counsel. Psychol.* 10 (1963), 256–263.

Truax, C. B., »Reinforcement and nonreinforcement in Rogerian psychotherapy«, in: *J. abnorm. Psychol.* 71 (1966), 1–9.

Truax, C. B., »Therapist empathy, warmth, and genuineness and patient personality change in group psychotherapy«, in: *J. clin. Psychol.* 22 (1966), 225–229.

Truax, C. B., »Therapist interpersonal reinforcement of client self-exploration and therapeutic outcome in group psychotherapy«, in: *J. counsel. Psychol.* 15 (1968), 225–231.

Truax, C. B., »Therapist's evalutive statements and patient outcome in psychotherapy«, *J. of clin. Psychol.* 26 (1970), 536–538.

Truax, C. B., Carkhuff, R. R., »Concreteness: a neglected variable in research in psychotherapy«, in: *J. clin. Psychol.* 20 (1964), 264–267.

TRUAX, C. B., CARKHUFF, R. R., »Experimental manipulation of therapeutic conditions«, in: *J. consult. Psychol.* 29 (1965), 119–124.

TRUAX, C. B., CARKHUFF, R. R., »Personality change in hospitalized mental patient during group psychotherapy as a function of the alternate session and vicarious pretraining«, in: *J. clin. Psychol.* 21 (1965), 225–228.

TRUAX, C. B., CARKHUFF, R. R., *The effects of vicarious therapy pretraining and alternative sessions upon depth of patient self-exploration, Mimeo., University Kentucky 1966.*

TRUAX, C. B., CARKHUFF, R. R., *Toward effective Counseling and Psychotherapy: Training and Practice*, Chicago 1967.

TRUAX, C. B., CARKHUFF, R. R., KODMAN, F., »Relationship between therapist-offered conditions and patient change in group psychotherapy«, in: *J. clin. Psychol.* 21 (1965), 327–329.

TRUAX, C. B., FINE, H., MORAVEC, H. A., MILLIS, W., »Effects of therapist persuasive potency in individual psychotherapy«, in: *J. clin. Psychol.* 24 (1968), 359–362.

TRUAX, C. B., LISTER, J. L., »Effects of therapists persuasive potency in group psychotherpay«, in: *J. clin. Psychol.* 26 (1970), 396–397.

TRUAX, C. B., MITCHELL, K. M., »Research on certain therapist interpersonal skills in relation to process and outcome«, in: Bergin, A. E., Garfield, S. L. (Eds.): *Handbook of Psychotherapy and Behavior Change*, New York 1971, 299–344.

TRUAX, C. B., SCHULDT, W. J., WARGO, D. G., »Self-ideal concept and improvement in group psychotherapy«, in: *J. consult. clin. Psychol.* 32 (1968), 47–53.

TRUAX, C. B., WARGO, D. G., FRANK, J. D., IMBER, S. D., BATTLE, C. C., HOEHN-SARIC, R., NASH, E. H., STONE, A. R., »Therapist empathy, genuineness, and warmth and patient therapeutic outcome«, in: *J. consult. Psychol.* 30 (1969), 395–401.

TRUAX, C. B., WARGO, D. G., »Antencedents to outcome in group psychotherapy with outpatients«, zit. Truax, C. B., Mitchell, K. M.: (1971).

TRUAX, C. B., WARGO, D. G., SILBER, L. D., »Effects of group psychotherapy with high accurate empathy, and nonpossesive warmth upon female institutionalized delinquents«, in: *J. abnorm. Psychol.* 71 (1966), 267–274.

TRUAX, C. B., WARGO, D. G., CARKHUFF, R. R., KODMAN, F., MOLES, A. E., »Changes in self-concepts during group psychotherapy as a function of alternative sessions and vicarious pretraining in institutionalized mental patients and juvenile delinquents«, in: *J. Consult. clin. Psychol.* 30 (1966), 309–314.

TRUAX, C. B., WARGO, D. G., VOLKSDORF, N. R., »Antecedents to outcome in group counseling with institutionalized juvenile deliquents:

Effects of therapeutic conditions, patient self-exploration, alternate sessions, and vicarious therapy pretraining«, in: *J. abn. soc. Psychol.* 76 (1970), 235–242.

TUCKER, L. R., DAMARIN, F., MESSICK, S., »A base free-measure of change«, *Psychometrica* 31 (1966), 457–473.

VAN DER VEEN, F., »Effects of the therapist and the patient on each other behavior«, in: *J. consult. Psychol.* 29 (1965), 19–26.

VERNON, P. E., *Personality Assessment*, New York 1963.

WALKER, R., RABLEN, R. A., ROGERS, C. R., »Development of a scale to measure process change in psychotherapy«, in: *J. clin. Psychol.* 1 (1960), 79–85.

WATZLAWICK, P., BEAVIN, J. H., JACKSON, D. D., *Menschliche Kommunikation. Formen, Störungen, Paradoxien*, Bern 1969.

WEIZENBAUM, J., »ELIZA – a computer program for the study of natural language communications«, *Comm. of the Association for Computing Machines* 9 (1966), 36–45.

WESTMEYER, H., »Zum Problem der Prüfung von Relevanzbehauptungen«, in: Iseler, A., Perrez, M. (Hrsg.): *Zum Problem der Relevanz in der Psychologie* (1975).

WINDER, C. L., AHMAD, F. Z., BANDURA, A., RAU, L., »Dependency of patients, psychotherapists' responses, and aspects of psychotherapy«, in: *J. consult. Psychol.* 26 (1962), 129–234.

WOLPE, J., *Praxis der Verhaltenstherapie*, Bern 1972.

WOLPE, J., *Psychotherapy by reciprocal inhibition*, Stanford 1958.

WOODY, R. H., *Psychobehavioral counseling and therapy*, New York 1971.

Die Autoren des Bandes

HANKO BOMMERT, Dr. phil., Prof. für klinische Psychologie an der Universität Münster. Geb. 1941. Studium der Psychologie an der Universität Hamburg, dort 1971 Promotion. 1972/73 1. Vorsitzender der GwG. Arbeitsschwerpunkte im Bereich der Klinischen Psychologie (Theorie, Methodik und Praxis verschiedener Formen der Verhaltensmodifikation), der psychologischen Diagnostik und Beratung und der Pädagogischen Psychologie.

JOCHEN ECKERT, Dr. phil., Dipl.-Psych., wiss. Angestellter an der Psychiatrischen Universitätsklinik Hamburg. Geb. 1940. Nach einer Berufsausbildung Psychologiestudium mit Schwerpunkt Klinische Psychologie an der Universität Hamburg. Seit 1970 psychotherapeutische Tätigkeit auf einer Psychotherapiestation. Besondere Forschungsinteressen auf dem Gebiet der Gruppentherapie und Indikationsstellung.

HANS-JOACHIM FIETKAU, Diplom-Psychologe, wiss. Assistent am Psychologischen Institut der TU Berlin. Geb. 1946. Studium der Psychologie 1966–1971 an der TU Berlin. Hauptsächliche Arbeitsgebiete: Lehre und Forschung in Gesprächspsychotherapie, Forschungsmethoden in der Klinischen Psychologie.

DIETRICH GRAESSNER, Diplom-Psychologe, wiss. Assistent im Fach Psychologie an der Universität Osnabrück. Geb. 1944. 1964–1970 Studium der Psychologie an der Univ. Hamburg. Hauptsächliche Arbeitsgebiete: Klinische Psychologie und Psychotherapie, Studentenberatung.

KLAUS HEINERTH, Dr. phil., Prof. der Pädagogischen Psychologie an der Universität Frankfurt. Geb. 1940. Studium der Psychologie an der Universität Tübingen. Dissertation auf dem Gebiet der Psychologie des Vorurteils, Tätigkeit in der Lehrerbildung an der Pädagogischen Hochschule Bonn und Osnabrück. Hauptsächliches Arbeitsgebiet: Veränderung von Einstellung und Verhalten (Psychotherapie, Erziehung, Gruppendynamik).

FRANZ KIENER, Dr. phil., Prof. für Klinische Psychologie an der TU Berlin. Geb. 1910. Psychologie-Studium an der Universität München, 1936 Promotion. In der Folge Fachpsychologie im Arbeitsamt, Heerespsychologie, später im Schuldienst. 1964 Habilitation an der TU Berlin, Arbeitsschwerpunkt: Lehre und Forschung im Bereich der Klinischen Psychologie, befaßt sich zudem mit dem Thema der verbalen Aggression.

WOLF-RÜDIGER MINSEL, Dr. phil., Prof. für Psychologie an der Pädagogischen Hochschule Kiel, Klinischer Fachpsychologe. Geb. 1944. Studium der Psychologie von 1964–1969 an der Universität Hamburg. 1970 Promotion. Wiss. Arbeit an den universitären Hochschulen in Hamburg und Kiel. Arbeitsgebiete: Techniken der Verhaltensmodifikation, Gesprächspsychotherapie, Lehrertraining, Schulversuchsarbeit.

FALK-GISELHER PAVEL, Diplom-Psychologe, Leiter der Erziehungs-, Ehe- und Lebensberatungsstelle des Bistums Trier. Geb. 1944. Von 1964–1969 Studium an der Universität Köln. Seither Tätigkeit in heilpädagogischen Kinderheimen sowie an der Studentenberatungsstelle der Univ. Köln, Dozententätigkeit in der Weiterbildung von Berufspraktikern. Wiss. Arbeitsgebiet: Theorienbildung in der Gesprächspsychotherapie, psychotherapeutische Selbsterfahrungsgruppen.

MEINRAD PERREZ, Dr. phil., Prof. für Klinische Psychologie im Fachbereich Erziehungswissenschaften der FU Berlin. Geb. 1944. Studium der Psychologie, Philosophie und Pädagogik in Paris, Innsbruck und Salzburg. Promotion in Psychologie. Ausbildung in Psychoanalyse und Gesprächspsychotherapie. Wiss. Arbeitsgebiet: Psychotherapieforschung und Eltern-Kind-Interaktionsforschung.

WOLFGANG M. PFEIFFER, Dr. med., Prof. für Medizinische Psychologie an der Univ. Münster. Facharzt für Psychiatrie und Neurologie, Psychotherapie. Geb. 1919. Studium der Medizin. Promotion 1945 im Bereich der physiologischen Chemie, Habilitation 1967. Tätigkeit an den Universitäts-Nervenkliniken Greifswald und Erlangen sowie in Indonesien. Wiss. Arbeit vor allem auf dem Gebiet der transkulturell-vergleichenden Psychiatrie, der Psychopathologie und der Psychotherapie.

Ursula Plog, Diplom-Psychologin, wiss. Angestellte an der Psychiatrischen Universitäts-Klinik Hamburg. Geb. 1940. Studium der Psychologie, Pädagogik und Soziologie in Marburg, Mount Holyoke und Hamburg, Abschluß 1965. Tätigkeit in Heimen der Jugendbehörde Hamburg, seit 1967 an der Psychiatrischen Klinik der Universität. Besonderes Arbeitsgebiet: Partnertherapie, Sozialpsychiatrie.

Klaus Sander, Dr. phil., Diplom-Psychologe, Leiter der Psychologisch-therapeutischen Beratungsstelle für Studierende der Universität Köln. Geb. 1940. Studium der Psychologie von 1961–1968 an der Univ. Hamburg. Anschließend Forschungsassistent im Psychologischen Institut der Univ. Hamburg. 1971 Promotion mit einem Thema der empirischen Psychotherapieforschung. Lehraufträge am Psychologischen Institut der Univ. Köln und der Pädagogischen Hochschule Rheinland. Wiss. Untersuchungen zum Gesprächsverhalten, zu klientenzentrierten Gruppenverfahren und zur Problemanalyse von Studenten.

Hansjörg Schild, Dr. theol., Diplom-Psychologe, Leiter der Psychologischen Ausbildungsstelle für Ehe- und Familientherapie in Freiburg. Geb. 1942. Studium der Philosophie und Theologie in Graz, dann der Psychologie an der Univ. München. Von 1971–1974 wiss. Assistent am Psychologischen Institut der Univ. München. Lehraufträge an den Universitäten München und Freiburg. Wiss. Arbeitsgebiete: Vergleichende Therapieforschung von Gesprächs-, Verhaltens- und Kommunikationstherapie.

Hans Joachim Schwartz, Dr. phil., Diplom-Psychologe, wiss. Assistent an der Fachhochschule Braunschweig-Wolfenbüttel. Geb. 1944. Psychologie-Studium 1964–1970 an der Univ. Hamburg. Promotion über ein Thema der empirischen Psychotherapieforschung. Schwerpunkt der wiss. Arbeit: auf dem Gebiet der Psychotherapeutischen Prozeßforschung.

ELLEN SEIDENSTÜCKER, Diplom-Psychologin, Doktorandin am Lehrstuhl für Psychologie an der Univ. Regensburg. Geb. 1947. Studium der Psychologie an der Univ. Münster. Spezialisierung auf Klinische Psychologie. Hauptsächliches Arbeitsgebiet: Interview und Methodologie in der Klinischen Psychologie.

GERHARD SEIDENSTÜCKER, Diplom-Psychologe, wiss. Assistent am Lehrstuhl für Psychologie an der Univ. Regensburg. Geb. 1946. Psychologie-Studium an der Univ. Münster, hauptsächliches Arbeitsgebiet: Allgemeine und Klinische Psychologie.

GERT-W. SPEIERER, Dr. med., Privat-Dozent, Diplom-Psychologe, Oberarzt an der Abteilung für Medizinische Psychologie der Univ. Göttingen. Geb. 1941. Studium der Medizin und Psychologie, Promotion im Bereich der Medizinischen Psychologie. Von 1971–1975 wiss. Assistent am Psychosozialen Zentrum der Univ. Ulm. Hauptsächliches wiss. Arbeitsgebiet: Gruppendidaktik, klientenzentrierte Selbsterfahrungsgruppe.

FRAUKE TEEGEN, Diplom-Psychologin, Dozentin am Psychologischen Institut III der Univ. Hamburg. Geb. 1943. 1. Studium: Biologie und Germanistik (Ausbildung als Realschullehrerin); 2. Studium: Psychologie. Veröffentlichungen im Bereich der pädagogisch-klinischen Verhaltensmodifikation, jetziger Forschungsschwerpunkt: Selbstmodifikation.

LIESELOTTE THIEDE, Diplom-Psychologin, wiss. Assistentin am Institut für Psychologie an der TU Berlin. Geb. 1948. Studium der Psychologie von 1967–1972 an der TU Berlin. Hauptsächliche Arbeitsgebiete: Lehre und Forschung in Gesprächspsychotherapie, sozialpsychologische Modelle in der Klinischen Psychologie.

DIETER TSCHEULIN, Dr. phil., Diplom-Psychologe, Akademischer Rat am Psychologischen Institut (II) der Univ. Würzburg. Geb. 1938. Studium der Psychologie, Psychopathologie und Philosophie. Seither am Psychologischen Institut der Univ. Würzburg. 1973/74 1. Vorsitzender der GwG. Schwerpunkt in Forschung und Lehre: Therapeutisches Basisverhalten, Differentielle Psychotherapie, Führungs- u. Lehrverhalten; Psychotherapietheorie.

AGNES WILD-MISSONG, Dr. phil., Diplom-Psychologin, Kinderpsychologische Praxis, Lehrauftrag am Psychologischen Institut der Univ. Zürich. Geb. 1931. Studium der Psychologie in Bonn und Bern, Promotion 1955 im Bereich der Kinderpsychologie. Anschließend Assistentin am Psychologischen Institut der Univ. Bern. Schwerpunkt der praktischen und wiss. Arbeit: Einzeltherapie, Kindertherapie und Gruppentherapie klientenzentrierter Orientierung.

Namen- und Sachregister

Abwehrmechanismus 72, 74
Affekte, reziproke 32, 129, 215f.
Aktivität 119, 125, 134, 136
Aktualisierung 44
Aktualisierungstendenz 65, 68f., 71, 75
Akzeptieren 27, 32, 79ff., 84, 130, 212
uneingeschränktes 190, 210
Allen, T. W. 135
Angst 95
Angyal, A. 65
Annäherungshemmung 89
Annäherungsverhalten 91, 94, 97
Anteilnahme, innere 170
Approach-Avoidance-Konflikt 88, 90
Approach-Tendenz 89, 91
Äquifinalität, Prinzip der 110
Argyle, M. 141f.
Arzt-Patient-Beziehung 140, 142
Ashby, W. R. 112
Aspy, D. 135
Attneave, F. 112
Avoidance-Tendenz 89, 91, 93
Axline, V. M. 28, 46

Bandura, A. 135
Barrett-Lennard, G. T. 40, 127ff., 132f., 135f., 169, 185, 190
Basisvariable, therapeutische 137
Basisverhalten, therapeutisches 197, 203
Bastine, R. 59, 127, 133, 163, 172, 174
Bateson, G. 102
Beavin, J. H. 100
Beckmann, D. 139f., 142, 145
Bednar, R. L. 213
Bemühen, aktives 40, 170
Beratung 52
Berenson, B. G. 130, 134
Bereiter, C. 174
Bergin, A. E. 126, 135, 141, 149, 162f., 165, 189f., 194
Berufsberatung 53
Betriebspsychologie 214
Beziehung, soziale 83, 144, 212
therapeutische 26f., 30, 32, 34, 40, 101, 136, 144, 212
zerfallende 206
zwischenmenschliche 26, 33f., 41, 199, 204, 212, 216
Beziehungsentwicklung 205
Bischof, L. 61, 66
Bommert, H. 50, 57, 85, 127, 134
Bordin, E. S. 124
Boulware, D. W. 135
Braaten, L. J. 121
Buber, M. 18, 21, 24, 62f.
Buda, B. 112

Carkhuff, R. R. 32ff., 37, 40, 57, 93f., 118, 121, 125f., 128ff.
Carson, R. C. 145
Cartwright, D. S. 163
Cartwright, R. D. 135, 168
Computersimulation, Methode der 179f.
Cosnier, J. 90
Counseling s. Beratung
Cronbach, L. J. 173f.

Desensibilisierung 33, 93
systematische 49, 51, 80, 147
Dewey, J. 13
Dicken, C. 82
Differenzenbildung 172f.
Di Loreto, A. 98
Diskrepanzen 83, 132
Diskriminationslernen 83f.
Dittes, J. E. 216
Dollard, J. 87
Doppelbindung 102
therapeutische 103f., 110
Doppelbindungstheorie 109, 112f.
Drasgow, J. 134
Drogenberatung 53
Du-Exploration 207, 210
Dunlap, K. 103
Dymond, R. R. 26, 29, 43, 163, 167

Eaton 143
Echtheit 34, 37ff., 76, 117, 124, 132f., 135, 140, 190, 197f., 205
Eckert, J. 134, 136, 152, 190
Einfühlung s. Empathie
Einfühlungsvermögen s. Verständnis, einfühlendes
Einschätzungen 166
Einschätzungsskala 197
Einsicht 72f., 98, 100, 147
Einsichtstherapie 98, 100
Einzelfallstudien 37, 40
Einzeltherapie 198, 208, 210
Ellis, A. 103
Emotionale Wärme 32, 34, 37ff., 80, 109, 117ff., 124, 128ff., 140, 197, 212, 216
Empathie 67, 142, 190, 211
Empathieskala 94

Encounter-Gruppen 19
Engagement 119
Epstein, S. 89
Ergebnisanalyse 163
Ergebnisforschung 162ff.
Erklärungsmodelle, lerntheoretische 32f., 40
Erleben 26, 34, 75, 117, 121, 127, 129, 139, 156, 159f.
  Aktivierung des 75f., 160
  organismisches 76, 98
Erlebnisfeld 157
Erlebens-Intensitäts-Skala 158, 160
Erlebnisstrukturen 35
Erlebenstherapie 26, 29, 34ff.
Es 45f.
Existentialismus 62
Experiencing s. Erleben
Experiencing-Skala s. Erlebens-Intensitäts-Skala
Experiential Therapy s. Erlebenstherapie
Extinktion 92
Extraversion 135
Eysenck, H. J. 162f., 171

Facilitator 38, 196, 201
  schwierige Situationen des 202
Fehlanpassung 45ff.
Fehlverhalten 205
Feindseligkeit 95
Fenz, W. D. 89
Fiedler 143f.
Fietkau-Garthe, H. 214
Fiske, D. W. 163
Fittkau, B. 127
Fleischman, E. A. 214
focusing 76, 160
Fordham, M. 82
Fragebogen 126, 152, 210
Frank, J. D. 128
Frankl, V. E. 103
Freise, H. 133
Friel, T. 134
Freud, S. 62f., 138, 143
Frohburg, J. 172
Fromm, E. 47
fully functioning person 195, 197f.
Furby, L. 173f.

Garfield, S. L. 141, 149, 189f., 194
Gefühle 75, 156, 159
  Reflektieren der 29
  Verbalisierung der 35
Gegenkonditionierung 79ff., 92, 99
Gegenübertragung 78
Gendlin, E. 34f., 37f., 40, 75, 77, 83, 126, 150, 158, 160f.
Gesprächswechsel 170
Gestalttheorie 161
Gewichtsfunktion 186
Ginott, H. G. 46
Glueck, E. T. 213
Glueck, S. 213
Goldfried, M. R. 80f.
Goldstein, A. P. 57f., 65
Gordon, T. 209
Gottman, J. M. 177ff.
Grant, W. H. 52
Greenspoon, J. 96
Gruppe 67
  Homogenität der 200
Gruppenentwicklung 201
Gruppenklima 196, 198
Gruppenprozeß 198f., 202
Gruppenpsychotherapie 37, 81, 144, 195, 200
Gruppensituation 197, 199
Guardini, R. 206

Haley, J. 100f.
Halkides, G. 126, 128, 136
Harris, E. F. 214
Hart, J. T. 27, 40f., 72, 76, 150, 156
Hearst, E. 89
Heising, G. 145
Heller, K. 83
Helm J. 121, 163
Hemmung, reziproke 80, 99
Hertel, R. M. 180
Hill, J. A. 135
Hinweisreize 92
Hofstätter, P. R. 87, 208
Holingshead, A. B. 57
Hollingworth, L. 13
Holmes, D. S. 135
Hospitalismusschäden 212
Howard, K. J. 135
Howe, E. S. 94
Hurst, J. C. 135
Hypnose 138

Ich 45f.
Idealkonzept 30
Indikation 97, 181ff., 200
  Kernfrage der 188
  und Erlebnis-Kategorien 189
  und situative Verhaltensregistrierung 191
Indikationsmodelle 188
Indikationsproblem 87
Inkongruenz 74, 111, 156, 161
Intelligenzentwicklung 213
Interaktion 77, 100, 104, 112, 122, 129, 138f., 141ff., 212ff.
  Eltern–Kind 212f.
  Lehrer–Schüler 213f.
  therapeutische 109, 182
  Vorgesetzter–Untergebener 214f.

Interaktionssituationen, quasi-therapeutische 212ff.
Interaktions-Skala 210
interpersonal attraction 141
Interpretation 94, 182
Intervention, kritische 158, 161
Interventionseffekt 173
Intimität 142
Introversion 134

Jackson, D. D. 100
Jacobs, A. 92f.
Jacobson, L. J. 149
Jaffe 141
Jorgensen, G. T. 135

Kaminski, G. 79
Kanfer, F. H. 47, 82, 96
Katharsis 72, 139
Katharsis-Therapie 138
Kelly, G. A. 85
Keupp, H. 56
Kierkegaard, S. 18
Kiesler, D. J. 126, 132, 163, 176, 181
Kilpatrick, W. H. 13
Kindertherapie 46
  nichtdirektive 28
Klienten-Erfahrungs-Bogen 152
Kirstner, W. L. 163
Klientenvariable 96, 165
Klientenzentriertes Konzept 44ff.
Kodman, F. 128, 133
Kognition 85
Kohler, Ch. 56
Kommunikation 47f., 100, 111f., 118, 132, 206, 216
  nonverbale 110
Kommunikationsprozeß 98ff.
Kommunikationstraining 206, 210
Komplementarität 140
Konditionierung 90, 96
  instrumentelle s. Konditionierung, klassische
  klassische 47
  operante 50, 80
  stellvertretende 84f.
  verbale 80f.
Konflikt 88ff., 95, 98, 148
  external motivierter 97
  internal motivierter 92ff., 97
Konfliktreduktion 91
Konfliktregion 93f.
Konflikttheorie 94
Konfrontation 38, 40, 83, 110, 119, 125, 134, 136, 161, 182, 199
Kongruenz 85, 117ff., 124, 195, 205
König, F. 90
Konkretheit 110, 119, 125, 134
Kontraindikation 181ff.
  und Erlebnis-Kategorien 189
  und situative Verhaltensregistrierung 191
Kornreich, M. 94
Krankheitsbegriff, medizinischer 56
Krasner, L. 96, 139
Kratochvill, D. 135
Kurvenangleichung, Methode der 176f.

Langer, J. 50, 115, 127f., 131, 136, 169, 172ff., 194
Laotse 20f.
Leary, T. 112
Lehner, G. F. J. 103
Lernen 100
Lerngeschichte 98
Lerntheorie 79, 84f., 94
Lipsher, D. H. 135
Llewellyn, Ch. E. 145
Lorr, M. 127
Lundin, R. W. 91

Maher, B. A. 87ff.
Maier, N. R. 90
Mandel, A. 206
Marlatt, G. A. 83
Martin, D. G. 87, 89, 93f.
Masling, J. 215
Maslow, A. H. 65
Masserman, J. H. 90
Mayo, E. 214
McGuire, M. T. 179
Mehrabian, A. 112
Meltzoff, J. 94
Menschenbild 33, 55, 58
Meßinstrumente 164
Metakommunikation 102
Miller, D. R. 87
Miller, N. E. 87ff., 90
Miller, P. E. 135
Minsel, W.-R. 50, 115, 127, 131, 134, 136, 169, 172ff., 184ff., 189f., 193f.
Mitchell, K. M. 32, 34, 118, 125, 127f., 130f., 134, 182, 193f.
Moser, U. 179
Moustakas, C. E. 112
Mowrer, O. H. 90
Muehlberg, N. 134
Murray, E. J. 95, 149

Nachahmung 84f.
Nagel, K. 127, 133

Ödipus-Komplex 46
Offenheit 212

Organismus 44f., 65ff., 88, 196
Aktualisierungstendenz des 46
Orlinsky, D. E. 135

Paradoxien, therapeutische 104
Parloff, M. B. 143f.
Parsons, T. 56
Partnerbeziehung 206
Partnerschaft 206ff.
Partner-Therapie 204ff., 210
Partnerwahl 208
Paul, G. L. 98
Pavel, F. G. 25ff., 40, 201
Perls, F. 161
Personal Questionnaire 175
Persönlichkeit 45f., 61, 64, 66
Persönlichkeitsfragebogen 166
Persönlichkeitspsychologie 165
Persönlichkeitsstruktur 145
Persönlichkeitstheorie 44, 61ff.
Persuasion 182
Perzeption 85
Peters, U. 128, 131, 136, 169
Pfeiffer, W. M. 159
Phillips, J. S. 47, 82
Phobien 90
Pierce, R. M. 57, 134, 136
Pongratz, L. J. 98, 131
Problemlösefähigkeit 90
Projektion 48, 72
Prozeß 74f.
gesprächspsychotherapeutischer 97
psychotherapeutischer 25, 27, 33ff., 39f., 72ff., 98, 109, 139, 146, 155ff.
Prozeßforschung 114ff., 122
Prozeßmerkmale 115f.
Prozeßmodelle 172, 175ff.
Prozeß-Skala 149ff., 160
Prozeßvariable 147ff.
Prüfungssituationen 215
Psychoanalyse 50f., 61f., 138f., 144
Psychoanalytisches Konzept 46f.
Psychoneurotizismus 134f.
Psychotherapeutenmerkmale 124ff.
Psychotherapie, gefühlsverbalisierende 26, 29ff., 34
nichtdirektive 26ff.
Psychotherapieforschung 25, 43
vergleichende 99

Rahlen, R. A. 74, 155
Radin, H. 213
Rank, O. 17, 27
Rausch, H. L. 112
Reaktionsmodell, adaptives psychotherapeutisches 192
Redl 143
Redlich, F. C. 57
Regression 48
Regressionseffekt 172f.
Reize 89f.
externe 90, 97
interne 90, 97
unkonditionierte 90
Remission, spontane 162f., 171
Rescorla, R. H. 92
Reziprozität 141
Rigby, W. K. 89
Rodenfeld 141
Rogers, C. R. 26ff., 49, 55, 61ff., 79, 83, 85f., 98ff., 111f., 117, 119, 124ff., 143, 149, 155f., 158, 163, 167, 184f., 195, 198f., 204ff., 212
Rohr, Ch. 59
Rollenkonzept 56
Rollenspiele 209
Rosenthal, R. 135

Sander, K. 50, 81, 121, 127, 133, 201
Sapolsky 145
Sartre, J. P. 62
Schätzskalen 116, 118
Scheflen 141
Schichtzugehörigkeit 57f.
Schwartz, H. J. 119, 121, 134, 136, 151f., 190
Selbst 73f., 156f., 184, 206
Theorie des 195
Selbstbild 147
Selbsteinbringung des Therapeuten 77, 134, 136, 161
Selbsteinschätzung 167
Selbstentfaltung 44
Selbsterfahrung 27, 31, 34, 36f., 48, 68, 132, 195ff., 207
therapeutische 199
Selbsterfahrungsgruppe 37, 48, 195ff., 209
Selbstexploration 26f., 29, 34, 38f., 58, 80f., 86, 94, 99, 120, 122, 127, 129, 133, 139f., 148f., 151f., 159f., 170, 183, 196f., 207
Selbstexploration-Skala 151, 160
Selbst-Ideal 73f.
Selbstinkongruenz 197
Selbstkongruenz 132f.
Selbstkontrolle 80
Selbstkonzept 30, 33, 35, 45, 48, 67ff., 82, 85, 98, 157, 205
Selbstreferenzen 121
Selbstreflexion 27
Selbststruktur 30, 71
Selbstverstärkung 82
Selbstverwirklichung 26, 206
Sexualität 208
Shapiro, M. B. 86, 118, 175
Shilien, J. M. 26, 40

Shoben, E. J. 124
Silber, L. D. 128, 131
Simonson, N. R. 57f.
Skalen 124, 126, 129f., 132, 134, 210
komplexe 155ff.
Skinner, B. F. 33, 43, 49, 60
Sloane, R. B. 99
Solomon, R. L. 92
Solomon, S. 126, 135
Sozialisation, schichtspezifische 56
Sozialisationsprozeß 45
Speierer, G. W. 198
Speisman, J. C. 94
Sprache 82, 184
Stefflre, B. 52
Stereotyp, diagnostischer 142
Stimuli s. Reize
Stone, A. R. 164
Sullivan, H. S. 47
Summenfunktion 186
Supervision 210
Swanson, G. E. 87
Symptom 100f., 104

Tausch, A. 46, 59
Tausch, R. 26, 31, 38ff., 46, 59, 86, 116ff., 120f., 125ff., 130f., 133, 136, 139, 163, 167, 169, 184f., 189f., 194, 213
Tests, projektive 166
Therapeuten-Anwärter, Eignung von 187
Therapeutenpaar 209
Therapeuten-Variable 92, 96, 166
Therapieerfolg 169
Therapiesituation 209
Therapieziele 166, 197
Thomae, H. 56
Tomlinson, T. M. 41, 72, 76, 150, 156, 158
Traumdeutung 144
Truax, C. B. 32ff., 37, 40, 57, 81, 84, 86, 116ff., 121, 125ff., 151, 182, 193f.

Über-Ich 45f.
Übertragung 48, 78, 138f.
Überzeugungskraft 119
Umwelt, soziale 207
Unbewußtes 46

van der Veen, F. 127
Variable, gesprächspsychotherapeutische 164
Veränderungsmessung 165, 172ff.
Veränderungsprozeß 148
Verbalisierung 120f.
emotionaler Erlebnisinhalte 32, 38f., 50, 76, 80f., 83f., 86, 109, 118, 122, 125ff., 130, 134f., 144, 148, 153, 161, 170, 197, 210
Verbal Potency 110
Verdrängung 46, 62
Verhalten 26
offenes 163
Verhaltensmodifikation 51, 91, 171, 182
Verhaltenstherapeutisches Konzept 47
Verhaltenstherapie 41, 50f., 98, 103
Verhaltenstraining 201
Verlaufsanalyse 152
Verlaufsforschung 148f.
Vermeidungsverhalten 90ff., 94, 97
Vernon, P. E. 85
Verständnis, einfühlendes 32, 37ff., 48, 80, 118, 124, 197, 210, 212
Verstärker, generalisierter 80
positiver 91
Verstärkung 33, 81
Verstärkungsplan 97
Vogel, J. L. 135, 168

Walker, R. 74, 155
Wargo, D. G. 128, 131, 133
Watson, G. 13
Watzlawick, P. 100ff., 104, 110f.
Weinberg, S. L. 213
Weizenbaum, J. 179
Wertschätzung 32, 196f.
bedingungsfreie 205
positive 109, 117ff., 124, 128ff., 140
Wertungsprozeß, organismischer 62
Westmeyer, H. 87
Whyte 66
Wiener, M. 112
Wild, A. 74
Winder, C. L. 135
Wineman 143
Wir-Exploration 207, 210
Wolpe, J. 47, 79, 81, 99
Wolpin, M. 92f.
Woody, R. H. 98f.

Zehelein, H. 127
Zeitreihenanalyse, Methode der 177ff.
Zimring, F. M. 26, 34, 158
Zuwendung, emotionale 134f., 212

Studienausgaben

BURGHARD BEHNCKE
Psychoanalyse in der Erziehung
160 Seiten

JOHN BOWLBY
Bindung
Eine Analyse der Mutter-Kind-Beziehung
Ca. 352 Seiten (erscheint im Juni '75)

ANNA FREUD
Das Ich und die Abwehrmechanismen
Ca. 192 Seiten (erscheint im Oktober '75)

EDRITA FRIED
Der intensive Mensch
264 Seiten

H. GOETZE / W. JAEDE
Die nicht-direktive Spieltherapie
220 Seiten

IWAN PETROWITSCH PAWLOW
Die bedingten Reflexe
248 Seiten

JOSEF RATTNER
Psychoanalyse und Gruppenpsychotherapie der ngst
196 Seiten

CARL R. ROGERS
Die nicht-direktive Beratung
(Counseling and Psychotherapy)
360 Seiten

CARL R. ROGERS
Die klient-bezogene Gespräch
(Client-Centered Therap
474 Seiten

H. F. SEARLES
Der psychoanalytische Beitrag zur
(Collected Papers on Schizophre
276 Sei

B. F. SK
Wissenschaft und m
(Science an

Die Funktion der Verst
(Cont
n

Die th
(Ther

eforschung
ubjects)

alten

nswissenschaft

ndern
ychiatry)

dler

7-1-10-5-5